Basic Study Books

# 地方自治入門

Introducion to
Japanese Local Government

馬塲 健・南島和久 編著
Baba Takeshi & Najima Kazuhisa

法律文化社

## 目　次

## Ⅱ　自治体の構造

## Ⅳ　自治体の活動

# 序　章

# 自治の展望

　　いわゆる地方分権一括法が成立してから20年あまり，地方分権に関する制度的改革は20年前と比較すれば進展したといえる。他方で，改革開始時にすでに予見されてはいたものの明示的には示されていなかった人口減少に伴う自治体運営を巡る課題は，1つには合併によって市域が拡大した市町村においては市域内で人口集中と過疎という形で，今ひとつには人口減少による地方，国双方の税収不足に伴う自治体の財政悪化という形で顕在化した。地方分権以前から地方自治の主体とされてきた住民は，好むと好まざるとにかかわらず，地方議会（地方議員），首長・公務員とともに，この課題に向き合わなければならない。

## 1　住民の守備範囲

　上水道，下水道，家庭ごみ，道路，橋，保育園，小学校，中学校，高校，公園，介護，火葬場，思いつくままに生活に必要なサービスを思い浮かべてみよう。これらの多くはいずれも従前は自治体が直接提供してきたがその状況には変化が生じている。では，歴史をさかのぼってみてもこれらのサービスはやはり自治体が提供していたのだろうか。

### 1　第二次世界大戦以前の守備範囲

　ここに面白いデータがある。「住みたい街ランキング」で常に上位に位置する吉祥寺のある東京都武蔵野市の前身に当たる武蔵野町が誕生したのが1929（昭和4）年，このときの人口は1万3021人，これに対して町役場の職員数（**書記＋傭人**）は14人であった。他方，現在，人口が同規模の自治体に大阪府太子町がある。その人口は1万3172人（2022年4月段階）であるのに対して，職員数は114人（2020年段階）である。このデータからわかるのは，今から約100年前の日本では，現在と比較すると1人の職員が10倍近くの住民への対応を行っていたという事実である。

　この状況は武蔵野町に限ったことではなく，当時の日本全国で普遍的にみられるものであった。それでは，携帯電話は

\*1　➡第7章「職員の責務」*Column* 8 参照。

**\*書記＋傭人**
書記をはじめとする戦前の官吏・公吏について　➡第7章「職員の責務」参照。

おろか固定電話も庁内に数台しかなく，コピー機もインターネットも e-mail も，ましてや 1 人 1 台のパソコンも存在しない時代に，当時の職員はどのようにサービスを提供していたのだろうか。この14人はスーパーマンだったのだろうか，それとも府県や国がほとんどのサービスを提供していたのだろうか。答えは，そのいずれでもない。例えば，武蔵野町役場には当時，庶務，戸籍，兵事，税務，会計の 5 係しか設置されておらず（課はそもそも設置されていない），現在私たちが自治体から提供を受けているサービスのほとんどが提供されていなかった。とすると，誰がそのサービスを提供していたのだろうか。

そもそも主に自治体が提供しているサービスは，そのサービスの質から**公共財**と呼ばれることがある。公共財とは，非排除性，非競合性という性格を併せもつ財・サービスのことで，いうなれば「儲からない」から市場が形成されない／できない（商売が成り立たない）。だからといって，このような財・サービスが人々の生活に不必要かというとそうではない。例えば，治安維持機能（具体的には警察）のようにサービスの対価を支払っているかどうかにかかわらず，生命や身体を守る機能は生活に必要不可欠である。とはいうものの，かつてはこのような機能ですら，上述の状況と同様にそのすべてが警察官によって担われていたわけではなさそうである。

例えば，関東で東京に次ぐ人口の神奈川県を見てみよう。現在，警察官 1 人当たりが担当する住民数は約544人である。これに対して，1923年段階では約567人で，現在と比較すると当時の警察官は，人数に限っていえば 1 人当たり 5 パーセントほど多い住民に対応していただけのように見える。だが，上記のように現在入手可能な種々の通信手段等が存在しない中では，その不足を何らかの形で補う必要があったことは想像に難くない。

このような必要不可欠とされる財・サービスの提供水準を現在と比較して低位に置く状況を容認できたのは，第 1 に都市化が現在ほどには進展しておらず，それによって引き起こされる都市問題がそれほど深刻だとは認識されなかった点，第 2 に生存権の保障を憲法によって国家の責務としていなかった点，そしてこの 2 点にもまして，個人，家族，町内会などと呼称される地域社会の三者が地域の公共的課題の解決を広範囲にわたって担ってきた点にある。特に一部の都市部

**＊公共財**
➡第 9 章「政策と財務」❶ ①参照。

を除いては，この時期，その基本的構成単位を家長を中心とする家の集合体である地域社会としてのいわゆる農村共同体が曲がりなりにも維持されていたという状況が存在した。この共同体では，構成単位の家の家長がその家を代表して共同体の決定に参画し，そこでの決定に基づいて各家長をはじめとした家族が共同体の公共的課題の解決策を共同で実施する体制にあった。具体的には共同体内にある道路の補修である道普請や河川の清掃である川浚い（かわざらい）などの共同作業への参加が典型例であり，もし参加できない場合には「出不足」（でぶそく）などと呼ばれる「罰金」が共同体から共同作業に参加しなかった各家に対して課せられた。また，当該共同体の掟に反したものに対して，「**村八分**<sup>*</sup>」という制裁を科して，その秩序維持と同時に公共的課題解決の資源（人員・資金等）の調達を図ってきた。

　さらに，第二次世界大戦期には，国は総力戦に向けての国家総動員体制の一環としてそれまでの町内会等を市町村行政の下部機関として整備し，さらにその下部機関として10戸程度を単位とする隣組制度を全国に導入した。<sup>*3</sup>したがってこの時点では，地域社会は共同体の自己規制に基づく「自治」の単位であると同時に国の地方行政制度の末端を担う準行政機関という二重の側面をもつこととなった。

[2]　福祉国家実現期の守備範囲

　これに対して，第二次世界大戦の敗戦で，戦前の価値観に大きな揺らぎが生じたのと同時に占領軍による民主化の一環として家制度が廃止される<sup>*4</sup>とともに隣組や町内会の制度も解体されたこと，<sup>*5</sup>また日本国憲法が制定されて生存権の保障が国家の責務とされた（憲法第25条）ことによって，このような地域の公共的課題の解決手法は変容を迫られることとなった。より具体的にいえば，前者については，確かに上記諸制度は解体されはしたものの，人間の行動様式は一朝一夕に変わるものではないことから家内部の男女平等や共同体の決定形態が即座にいわゆる民主的な方向に向かったわけではなく，またいったんは解体された隣組等が国によるサービス提供の利便性から新たな地域集団である防犯組合などという別の形で存続し，講和条約の発効によって日本が再独立を果たした段階で町内会として復活を遂げ，一見戦前の構造が温存されたかのようであった。しかし，その一方で，核家族化の

<sup>*2</sup>　新潟県から北陸地方にかけては，この川浚いを「江浚い」（えざらい，いざらい）または「江浚え」（えざらえ，いざえら）と呼び，田植えの前などに用水路，側溝，排水路の清掃を地域社会で実施してきている。

<sup>*</sup> 村八分
農村共同体の秩序を乱す行為（掟やしきたりを破る）を行ったことに対する制裁として農村共同体の行事や共同作業によってもたらされる便益から本人とその家族（家）が排除されることをいう。ただし，村八分におかれていたとしても，農村共同体の基盤それ自体を脅かすことになる火事に際しては共同で消火に当たってもらうことができ，葬儀についてはその制裁を受けていた人物が死亡により制裁が終了するという意味も含めてその手伝い（埋葬や会葬者へ振る舞う食事の準備など）をしてもらうことができる。

<sup>*3</sup>　内務省が1940（昭和15）年9月に発出した部落会町内会等整備要領（内務省訓令第17号）による。
➡第3章「地域と社会」参照。

<sup>*4</sup>　戦前の家制度は，両性の本質的平等を謳った日本国憲法第24条に反するとして，1947（昭和22）年制定の日本国憲法の施行に伴う民法の応急的措置に関する法律により廃止された。

<sup>*5</sup>　総司令部民政局からの指令に基づいて，内務省訓令第17号（前掲）を廃止する形で，1947年4月1日をもって戦前から続く隣組制度が解体された。

＊6 昭和館 HP 資料「"隣組"って何ですか？〜助けられたり助けたり〜」平成28年特別企画展概要（最終閲覧日：2022年5月11日）。

**＊地方出先機関**
中央省庁等が地方において直接事務執行を行うために設置する組織。例えば，国土交通省であれば，○○地方整備局，農林水産省であれば，○○農政局などがある（○○には地域名が付される）。

**＊機関委任事務**
➡第1章「自治の歴史」参照。

**＊外部不経済**
個人や企業が行う経済活動が，第三者に対して市場の外側で影響を及ぼすもののうち，第三者にとって不利益になるものをいう。

進展や農村部の産業構造の転換（兼業農家の増加など），都市外縁部の農業用地の宅地化に伴う新興住宅地の拡大と農村部への「新住民」の流入という地域社会を取り巻く環境の変化とも相まって，地域社会から地域の公共的課題を解決する能力が徐々に失われていった。

また，後者については，かつて地域社会が有していた互助機能に代えて，国家が直接個人に対して生存権に関わるサービスを提供するということを意味しており，例えば隣組の解体に際して当時の農林省が従来隣組を介して行われていた主食の配給について市町村がそれに代わる出張所を設置できない場合には，直接個人に対してその配給を行う旨の通知を発出していることに如実に表れている。ただし，地域社会をバイパスすることに変わりはなかったものの，このような国家と個人とを直接つなぐ体制は，直接国民一人一人にサービス提供を行うための国の**地方出先機関**を設置するというよりはむしろ，**機関委任事務**によって自治体を介して国民に提供される場合の方が圧倒的に多かった。

さらに，このような構造は生存権の保障には直接には関係しないサービスにも徐々に拡大し，これと反比例して地域社会の公共的課題解決能力は失われていくこととなった。現在，直接の提供者が自治体であれ，その委託を受けた委託業者等であれ，住民の側からすれば，自治体がサービス提供を行っており，それによって生じた問題は自治体に責任があるという体制はこのような経緯を経て成立したことになる。この地域の公共的課題の解決手法の変容は，逆の見方をすれば，従前のような公共的課題解決に住民総出の地域社会が直接携わる状態から住民個々人をある程度解放することによって，戦後の高度経済成長を支える労働力を産業に提供し，その対価として得られる売り上げや賃金に基づく納税により，上記サービスを国・自治体が提供するという循環を生み出したともいえる。

しかし，この福祉国家の維持メカニズムとしての高度経済成長は，1960年代以降産業とりわけ第2次，第3次産業に有利な立地への人口集中に伴う都市問題の深刻化を招いたのと同時に，**外部不経済**としての広い意味での公害問題を発生させるという負の側面を住民の生活環境にもたらした。これらの問題に対して，国や自治体は全く手をこまねいていたとはいえないものの，住民の望む水準の対応策を当初採ることは

なかった。

　そこで，戦後，国や自治体に公共的課題の解決を委ね自ら
は経済活動に軸足を置いていた住民ではあったが，特に自分
たちに身近な自治体に対してこのような高度経済成長の様々
なひずみを是正するように訴えていった。この活動が住民運
動と呼ばれるようになる。さらに，住民が自治体の活動に
様々な形で参加することを通して，公共的課題を解決すると
いう**住民参加**[*]という形態も登場する。

### 3　現在の守備範囲

　このような住民の主体的活動という契機とは別に，福祉国
家は揺らぐことになる。その直接的契機は**オイルショック**[*]が
もたらした経済停滞による税収の減少であった。この時期を
境にして，**行政改革**[*]という言葉は「減量経営」と同義で使用
される場面が増加し，この「減量」部分である従来国や自治
体が公共的課題の解決を目的として提供してきたサービスを
再び住民が担うことが求められることになっていく。

　ただし，だからといって地域社会が従来有していた公共的
課題の解決能力は前述の通り失われており，地域社会での共
同作業等にも参加した経験がなく，家制度などの戦前の制度
や価値観に立脚しない地域社会の担い手と目される新世代の
住民の間で従前と同等の紐帯を再生するのは困難な上，そも
そも核家族化して第2次，第3次産業での夫婦共働きが一般
化した中で，公共的課題解決の資源を供出するだけの余力は
住民には残っていない。この低成長によるサービスの担い手
問題は，1980年代後半にはバブル経済による一時的景気浮揚
によりいったんは解消されるかにみえたものの，バブル崩壊
後の税不足に直面した国や自治体はより住民の解決能力に
期待すること[*7]になってきている。

　それと相前後して注目されることとなったのが，**NPO**[*]
（Non-Profit Organization）である。地域社会が，ある地理的区
分を基礎としてその範囲内において公共的課題を解決するた
めの親睦を含めた様々な機能を果たす領域社団であるのに対
して，NPOは本来的には例えば高齢者に対する配食サービ
スの提供といったある特定の公共的課題を解決する機能を
もった機能集団ないしアド・ホック（ad hoc）な団体という
ことができる。このような団体が従来存在していなかったわ
けではなかったが，その役割が脚光を浴びることになったの

**＊住民参加**
➡第3章「地域と社会」参
照。

**＊オイルショック**
1973年の第4次中東戦争を
契機とするものを第1次オ
イルショック，1979年のイ
ラン革命を契機とするもの
を第2次オイルショックと
呼ぶ。このいずれもが原油
価格の急騰によって世界経
済に対して大きなマイナス
の影響をもたらしたため，
危機（ショック）といわれ
る。日本の場合，特に第1
次オイルショックによっ
て，消費者物価指数が23%
上昇し，その沈静化のため
に公定歩合が引き上げられ
た結果，1950年代から続い
た高度経済成長が終焉を迎
えた。

**＊行政改革**
➡第13章「政策の実施」参
照。

**＊7**　住民個々人について
いえば，2000年代初頭の小
泉純一郎政権下で頻繁に使
われるようになった自己責
任に代表され，地域社会に
ついては地方制度調査会の
答申（例えば2003（平成
15）年の第27次答申に盛り
込まれた地域自治組織設置
の提案）などに見ることが
できる。

**＊ NPO**
➡第3章「地域と社会」❹
参照。

は阪神・淡路大震災発生後の救助活動や生活支援活動であった。

このように，住民個々人，家族，地域社会，NPO，自治体，国の役割は変化してきた。この変化の概要をまとめたのが**図序−1**である。この図では，各時期におけるサービス量の総量に占める各主体の役割の割合を示しており，サービス総量の変化を示すものではない。しかし，実際には，国民の生活水準の向上，生存権の保障に伴って必要となるサービスの発生・拡大などの社会状況の変化から，自治体レベルであってもサービス量は拡大してきたと考えるのが妥当である。

このサービス総量の増加とその提供を担当する主体の決定はどのようになされてきたのだろうか。また，従来の主体による決定には揺らぎが生じていないのだろうか。

## ② ローカル・ガバメント，ローカル・ガバナンス

ある年齢以上の読者にとって『大草原の小さな家<sup>*</sup>』というアメリカのテレビドラマはなじみ深いものである。西部開拓時代のある家族の日常を描いたこのドラマの中で，主人公の父親はあるときは農民，またあるときは大工，またあるときは火事を消す「消防士」の役割をこなすまさに「万屋のヨーマン（独立自営農民）」であった。当然彼は住民総会にも出席して1票を投じ（当時女性参政権は確立していない），そこでの決定に基づいて「行政サービス」提供の一端を担うことになる。

### 1　ガバメントによる自治

このような住民自治の祖型からすると直接民主制による地域の公共的課題解決手法が理想という説にはある程度説得力がある。ただし，これは住民が比較的少数で住民間の諸格差がそれほど拡大していない状況，別の言い方をすれば住民が議論できる状況が存在していることが前提となる。現在，日本において最も人口が少ない村は伊豆諸島の青ヶ島村の170人で，人口条件からみれば**直接民主制**の導入が原理的には可能かもしれないが，この人数であっても住民が一堂に会する場所を設けることは容易ではない。<sup>*8</sup>また，住民数が増加すればするほど全員参加で議論することは困難になっていく。さらに，住民は自らの生活を維持していくために地域の公共的

課題解決だけに従事するわけにはいかない。

　これらの諸条件から，現在日本を含め多くの国では国，自治体を問わず代表者を選んでその代表者に公共的課題の解決を委ねている。これを代表制民主主義ないしは間接民主主義と呼び，その代表者が政府を構成して様々なサービス提供を行っていく体制が「ガバメント」とされ，自治体においてはローカル・ガバメントと呼称される。この際，議院内閣制，首長制（二元代表制），委員会制，理事会制等のいずれを採るかにかかわらず，代表者による決定と実施がローカル・ガバメントの要諦となる。ただ，実際には少なくとも代表者が直接実施に携わることはほとんどなく，代表者の補助者である**公務員**[*]が代表者の決定した内容を実施するという構造を採る。したがって，住民は長（市区町村長や都道府県知事）や地方議会議員を自分たちの代表者として選出し，それらのチェックアンドバランスに基づいて決定された政策が住民に対して公務員を通じて実施されていくという循環となっている。

### 2　ガバメントによる自治の揺らぎとガバナンスの登場

　ここで問題となるのは，この選出された代表者は自分たちの代表として機能しているのかという点である。自治体による公害問題や都市問題への対応の遅れが住民運動を惹起したように，そもそも代表者が住民の意向を迅速かつ完全に体現することは制度上は不可能であり，それを補完する形で住民参加の導入といった改革が進んできた。

　ただし，この改革はあくまでも垂直的な決定過程に対する補完的機能しか果たさないとして，このようなローカル・ガバメントによる公共的課題の解決に代えて域内の様々な主体が水平的なネットワークを構築することで

**図序 - 1　個人，家族，地域社会，国・地方の守備範囲変遷のイメージ**

戦前のイメージ

戦後福祉国家のイメージ

低成長以降今後のイメージ

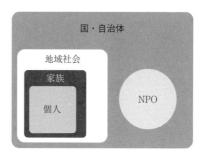

**\*9** ➡ 第 5 章「議会と首長」参照。

**\*公務員**
➡第 6 章「内部の組織と人事」参照。

問題解決を図ろうという考え方が登場するに至った。この考え方が「ガバナンス」であり，地方レベルを想定する場合には「ローカル・ガバナンス」と呼ばれる。このローカル・ガバナンスという考え方を実際に自治体による地域の公共的課題の解決のどの部分に対して，どの程度適用するかについては論者によって異なるため，必ずしも一様に議論することはできない。

　それでも，このような考え方が登場した背景については若干の整理は可能である。すなわち，まず，近時，広い意味での住民の側に自治体と同等の資源が蓄積されてきたという状況である。前節で住民が経済活動に軸足を置いてきたという点を指摘しておいたが，この住民は企業活動に従事することで組織運営や財務知識などを身につけ，退職後地域社会にその知見を提供でき，かつ平均余命からしても十分地域社会で活動できる状況にある。また，戦後直後から高度経済成長期までは自治体の側に資金や知識といった資源が偏在し，民間に自治体の活動を委ねることは困難であったが，高度経済成長を経て民間の側にもそれらの資源が蓄積されてきていた。具体的には，直営によって実施されてきたサービスが民間委託や指定管理者によって実施されるようになったのはその証左である。

　他方で，自治体の側では，平成の大合併によって行財政能力の確保を図ろうとしたものの[*10]低成長と人口減少により多くの自治体で従前のサービス水準を維持することが困難となってきており，広い意味での住民にサービス提供を委ねたいと考えるようになった。この住民の側の資源の蓄積と自治体の側の資源の枯渇が重なったことが，ネットワーク型の問題解決手法であるローカル・ガバナンスが注目されるようになった大きな要因と考えられる。

### ［3］　ガバナンスの課題

　このガバナンス論は多元的な主体が決定に関与する構造がある程度想定される。この多元的主体による決定というアイデアは何も最近になって初めて登場したわけではなく，今から100年近く前に「**多元的国家論**[*]」として提唱された。ここでは詳細には立ち入らないが，政府の，国家における優越的地位を否定して労働組合などのその他の集団と同列に置くことで個人の自由を実現しようとしたこの理論は，少数の国で

---

\*10　➡第4章「広域と地域」参照。

\*多元的国家論
代表的な論者として，H. J. ラスキや G. D. H. コールなどがいる。

職能代表という形で試験的に導入されはしたものの問題を抱え中止されることとなった。その理由は，どうやって選挙区からの代表（地域代表）以外から代表者を選出したらよいのか，言い換えれば選挙区以外のどのような母集団から代表者を選出したらよいかについて国民全体の意見の一致をみることができなかったからである。

　ひるがえって，ローカル・ガバナンスもこれと同様の問題を抱えることになる。すなわち，先に挙げた様々な主体がネットワークを組むといった際の住民代表以外の主体に対する決定権限付与の問題である。ローカル・ガバメントでは，普通選挙権がごく最近までは20歳，現在では18歳以上の住民票を有する住民全員に付与され，投票するという行為（投票しないという行為も含めて）の結果として選出された代表者が決定を行う。これに対して，ローカル・ガバナンスでは，問題解決能力がある等の理由から住民の投票によらずにそのネットワークに参加した主体が決定に関わることが想定される。ただ決定には関与せず参加するというだけ（意見を述べるだけ）であれば，住民が自治体の政策過程に参加するのとさほど大きな違いはないが，これでは自治体が最終的に決定するという垂直的構造のローカル・ガバメントと同様であって水平的なネットワークを組むということにはならない。逆に住民代表以外が決定するという構造では，住民が選んでいない主体が下した決定によって住民が拘束されるという問題が生じる。

　さらに，責任の所在の問題もある。すなわち，ローカル・ガバメントの場合には，決定によって住民が損害を被った場合には自治体がその責任を負うことになることは自明である。これは，自治体から委託を受けた業者が住民に損害を与えた場合も変わることはない。それに対して，ローカル・ガバナンスでは，このような責任体制は必ずしも明確ではない。もし，ネットワークに参加している自治体が単独で責任を負うとすれば，ローカル・ガバメントと何ら変わりはないし，もしネットワークが責任を負うとすれば，ネットワークの参加者が法人格を与えられた団体のように共同して責任主体となるのか，それとも参加の程度に応じた按分で責任を引き受けるのか等の取り決めをあらかじめしなければならず，加えてその損害の原因が決定によって引き起こされたのか，実施によって引き起こされたのかについての切り分けも必要

*11　➡第2章「住民の地位」参照。

*12　➡第12章「自治体の政策」参照。

である。この責任分担があらかじめ決められていない場合には，損害を被った住民の救済が困難になることが予想される。

### ④　ガバメントの補完としてのガバナンス

したがって，ローカル・ガバナンスを万能と捉えて，ローカル・ガバメントに取って代わる仕組みと考えることは得策とはいえない。むしろ，あくまでも住民からの代表者から構成されるローカル・ガバメントの補完機能としてローカル・ガバナンスという考え方を利用し，自治体をハブ（結節点）として各主体がつながっていく仕組みを構築することが求められていると思われる。というのは，実際に自治体が提供するサービスを必要としている住民は，必ずしも弱者ということはできないかもしれないが，自らの力では直面する問題を解決できないばかりではなく，その解決手段，解決の手助けや解決それ自体を依頼する主体を自ら探すことができない場合が多いからである。このような状況で水平的ネットワーク型の問題解決では，そもそもどこに相談に行ったらよいのかすらわからない。

そこで，自治体がネットワークの中心にあって住民の窓口になることが必要となる。特に，自治体が従来実施してきたサービスを手放して，ネットワークを形成する別の主体に移管した場合にはこの窓口機能は問題を抱えた住民にとっては今まで以上に重要なものとなろう。この際，住民の代表者である長や議会のみならず解決策の企画立案や実施に携わる補助機関である公務員の組織，資質がこのネットワークのハブ[13][14]となるローカル・ガバメントとしての機能を十分に果たすものとなっている必要がある。また，自治体と住民をはじめとする各主体間との情報の共有はこれまで以上に重要になるだろう。そして，ローカル・ガバメントという体制を前提にする[15]のであればこそ，自治体の活動が住民に寄り添うものとするために，逆説的ではあるがその活動に対する統制と評価が注目されることになろう。[16][17]

*13　➡第6章「組織と人事」参照。
*14　➡第7章「職員の責務」参照。
*15　➡第10章「情報の管理」参照。
*16　➡第11章「自治と統制」参照。
*17　➡第14章「政策の評価」参照。

## ３　住民，自治，サービス

### ①　自治体という用語

これまで，自治体という言葉も住民という言葉も定義せずに用いてきた。そこで，まず，自治体から見てみよう。この

用語は現在それなりに市民権を得て，一般的に使用されている。これと似通ったものに，地方団体，地方公共団体，地方自治体，地方政府といったものがある。地方団体以外は，自治権を有する団体のことを総称し，具体的には概ね市区町村，都道府県がこれに当たる。なお，憲法及び法律上の正式名称は地方公共団体である。このように呼び名が様々存在する理由については *Column* 1 に譲るとして，自治権をもつ団体として自治体という呼称を使う場合と，その団体の区域を示す場合とがあり，やっかいである。さらに，その構成要素の関連からこの用語が示す内容が限定されることもある。

　まず，自治体を場所として捉えたらどうなるだろうか。例えば「〜県ではスキーができる」といえば，住民や長，議会などとは直接には関係なく，自然環境から降雪量が多いか気温が低いことでスキー場が設置されていてスキーができるという区域のことを示している。ただし，区域としての自治体は，時として単なる区域のみならず自治権をもつ団体のことを指す場合がある。例えば，「〜市の政策は……」といえば，〜市という「場所」で行われている政策という意味と同時に〜市という団体が実施している政策のことを示している。したがって，自治体という用語は区域を示す場合と団体を示す場合があり，それが重なり合っていることで聞き手のみならず話し手の側にも誤解や混乱が生じる場合があるといえよう。

　では，団体を示す場合の自治体という用語は一義的に使われているだろうか。この問いに答えるために，自治体の構成から考えてみよう。自治体はどんな人々から成り立っているだろうか。日本の場合，当然はじめに住民がいる。そして，その住民から選ばれた代表者である長（**執行機関**[*]）と議員がおり，長の下には補助機関としての自治体職員が雇用され，議員は総体としてその地域の議会（議事機関）を形成している。したがって，自治体は住民，長，議会の三者から構成される。

　しかし，「〜市の政策は……」では一般には住民が直接政策を策定したことは想定されず，むしろ長と職員，場合によっては議会を含む自治体という団体（法人）が想定され，さらに，自治体の意思を外部に対して表明する権限をもつのは長であることから，長が責任をもっている政策という意味とも解釈することができる。こうしてみると，自治体を団体

**＊執行機関**
自治体の場合，執行機関は長のみならず行政委員会も存在し，これを執行機関多元主義と呼ぶ（➡第6章「組織と人事」参照）。

として捉えたとしても自治体という用語について一義的な想定が成り立つわけでないことが理解できよう。この混乱は，自治体が誰のもので，誰が主役なのかが明確ではないという曖昧さを生み出している。

またその逆で主役が誰かが明確ではないという曖昧さがこの混乱を引き起こしているといってもよい。このような曖昧さは自治体という団体を創設することに本質的に内包する問題でもある。すなわち，自治体という団体が設立された段階で，住民はその団体の行為に対する法的責任からは免れる。選挙で代表者を選んだからといって，選んだ住民がそれをもって法的責任を問われることはない。例えば，財政破綻によって**財政再生団体**[*]に指定されたある自治体 A において，その破綻の原因となった政策を決定した当時の長や議員を選んだ住民がその破綻によって生じた負債の支払い義務を直接負うことはない。確かに，財政再生団体に指定されたことで自治体 A が提供するサービスの水準は従前と比べれば明らかに低下し，住民生活が重大な影響を受けることは明白である。だからといって，住民が保有する預金や土地が差し押さえられて，債務返済に充てられることはない。

これは極端な例ではあるが，住民はいったん選挙によって代表者を選んだ段階で，その代表者に自治体の運営やその活動によって生じた法的責任を委ねることになるがゆえに，勢い直接自らの生活に影響がない自治体の活動について関心が希薄化し，他方で直接影響をもたらす公共的課題の解決を求めて受益者化することもある。この場合，住民 = 顧客という構図が成立する。前述したとおり，住民は経済活動等に軸足を置いて公共的な課題の解決を代表者で構成される自治体に委ね，その代わりに不等価交換ではあるが納税を行うことでその自治体の活動を支えているから，よほど自らに影響を及ぼす問題が生じない限りは自らが解決に乗り出さないのは当たり前であり，逆の言い方をすれば，自治体に公共的課題の解決を任せているからこそ，住民は経済活動等に専心することができるともいえる。

したがって，本来の主人公は住民という構造である自治体において，実際には長とその補助機関と議会，さらにいえば権限等資源の偏在から長が主人公という齟齬が生じており，その齟齬のおかげで各主体は自らの意図に基づいた活動に専心できるのと同時に，その齟齬がこの三者の「言い訳の道

**＊財政再生団体**
➡第 9 章「政策と財務」参照。

***18** ➡第 2 章「住民の地位」**②** **①**，第11章「自治と統制」**③** **③**及び第14章「政策の評価」参照。

具」（主人公は自分ではない）に使われる危険性を招来している
ということである。

### 2　住民という用語

　さて，もう一つ定義をしないまま使ってきた言葉がある。
「住民」という用語である。広辞苑によれば，住民とは単に
「その土地に住んでいる人」とされる。これに対して，前述
の選挙権との関係でいえば，原則的には，日本国籍を有し，
18歳以上で，その自治体に住民票を有するものということに
なり，代表者を選出できるのは後者の定義に該当する住民に
限定される。しかし，ある自治体の区域内で生活を営む人々
の中で，この後者の定義に該当しないものも多い。例えば，
様々な事情から住民票をその自治体に移さずに居住している
人，通勤通学でその自治体に1日のある一定時間滞在してい
る人，住民票はあるものの18歳未満の人，その自治体に居住
する外国人などである。また，その自治体の活動によって影
響を受けるという意味は，その区域に住んではいないものの
土地などの財産を有している人，その区域に工場などを立地
している企業も固定資産税などの地方税を納税していること
からも住民の範疇に入るかもしれない。特に，前出のネット
ワーク型の問題解決手法を採用するのであれば，このような
選挙権をもたない「住民」も包摂していくことが考えられる[*19]
一方で，指摘したとおり，この広範な住民全体に決定権限を
付与するということになると決定と責任との間の深刻な問題
が生じることになる。

*19 ➡第2章「住民の地位」参照。

　こう見てくると，地域の公共的解決は，住民の選挙によっ
て選ばれた代表者である長と議会を**補助機関**[*]である職員組織
を使って対応し，住民は既存の制度的枠組みである選挙や条
例の制定改廃請求をはじめとした**直接請求権，情報公開請求**[*]
といったもので自治体の政策の方向性を定めていく方が容易
に思えてくる。しかし，少子高齢化や自治体の税収減など住
民を取り巻く環境はそれを許す状況にはない。では，どのよ
うな解決策を考えていったらよいのだろうか。

*補助機関
➡第6章「組織と人事」参照。

*直接請求権，情報公開請求
➡第10章「情報の管理」参照。

## 4　地方自治が必要な理由

　少子高齢化や税収減，主要産業における国際競争力の低
下，AIによる意思決定メカニズムの変容などといった日本
を取り巻く社会・経済環境の変化には，日本全国に一様に影

## ▶▶ *Column 1* 　名は体を表す ◀◀

　本書では，例外を除いて，市区町村，都道府県を総称して自治体とすることとした。しかし，これらの呼び名は序章本文でも書いたとおり様々である。同じものを呼ぶのにこんなにもバリエーションがあるものはなかなかない。何でこんなに名前が多いのか。少し歴史を紐解いてみよう。

　第二次世界大戦前までの地方には，府県と市町村が存在したがこれを総称する名称は基本的にはなく，あえていえば地方団体であった。その含意は，地方に存在する団体であって自治権が限定されているというものであった。したがって，戦後になって自治権が付与された後も，旧内務省系の官僚を初めとして戦前からの官僚たちは総称に地方団体を使っていた。これは自治権など地方には認めないという表れかもしれない。現在でも海外の地方制度の説明の際にこの地方団体が使われることがあるが，その場合には自治権のないものを示している場合が多い。

　次に地方公共団体（Local Public Entities）という用語が登場する。これは日本国憲法に地方自治の章が設けられた際に登場した言葉で，現在でも正式な法律用語として使用されている。しかし，この言葉では「自治」という内容が一見してはわからないという批判が生まれ，地方公共団体に代えて地方自治体という用語を使おうという機運が生まれた。現在では新聞を初めとしたマス・メディアでもこの地方自治体が一般的に使われている。

　それでもこの呼び名にも批判が集まる。「地方」は中央に対して辺境という意味をもつ場合がある。自治を行う団体に「辺境」も「中心」もないのだから地方を外すべきだという批判である。そこで，自治体という用語が普及することになった。

　そして，一番新しく登場したのが，地方政府である。2000年の地方分権以降，国と地方は法的に対等な関係になったのだから，中央政府に対して地方政府と呼ぶのがふさわしいという考え方からであった。ただし，これに対しては，地方に行政権があるようにも思えることから日本国憲法の規定（「行政権は内閣に属する」）を理解していないという批判もあった。しかし，2008（平成20）年の地方分権改革推進委員会勧告では政府文書にこの呼び名が正式に採用された。

　このように，当たり前かもしれないが，1つの単語にもその背景があり，その選択を行ったことで使った人の思想・信条まで透けて見えることがある。言葉選びは難しいという実例だろう。

（馬場　健）

響を及ぼすものと自治体ごとに影響に濃淡があるものとがある。それでも，社会・経済環境の変化を全く被らない地域はほとんどなく，**民間委託**などの提供手法の改革を行ってはいるものの，自治体が従前と同様のサービス水準を維持するのは困難を極め，協働の名の下に住民にサービス実施を委ねざるをえない状況にある。また，日本の国土は面積と比較すると細長く気候も地域ごとに大きく異なっており，それに対応したサービス提供が求められる。こうした中で，国は，ナショナルミニマムすなわち最低限度の生活を国民に保障することが憲法上の要請でもあるため，一定程度の全国基準を設定してサービスを提供しなければならない。そこで国は様々な法令を制定すると同時に財政出動を自治体に対して行っている。これに対して，自治体は社会・経済環境や自然環境を含めた地域特性に応じた政策を実現するための最大限の諸資源を，まずは法令や補助金の補助基準という「ゲームのルール」の中で獲得・活用していかなければならない。したがって，自治体には法令の自主解釈権を確保するための政策法務能力が求められることになる。

　また，地域特性に応じた解決策を策定，実施する上では，４年に一度の選挙による選挙権をもつ住民の信託のみならず，地域の実情を理解した様々な人々がその過程に携わることが必要な場合もあるだろう。逆に，４年に一度の選挙によって選ばれた代表者に公共的な課題の解決を委ねれば事足りるという自治体もあろう。

　つまり，各自治体が抱える公共的課題も，そしてその解決策も地域によって様々だからこそ，その多様性に対応できる体制が必要となる。確かに，国が地域に応じた枠組みを細かくメニュー化しそれを自治体が選択するという方法もないわけではない。しかし，国がいくら子細に場合分けしたとしても1700を超える各自治体の実情を踏まえたメニュー化は不可能である。それゆえ，自治体の自律的な決定を可能とする地方自治が不可欠といえるのではないだろうか。

（馬場　健）

＊民間委託
➡第13章「政策の実施」参照。

＊20　➡第15章「危機と管理」参照。

＊21　➡第8章「政策と法務」参照。

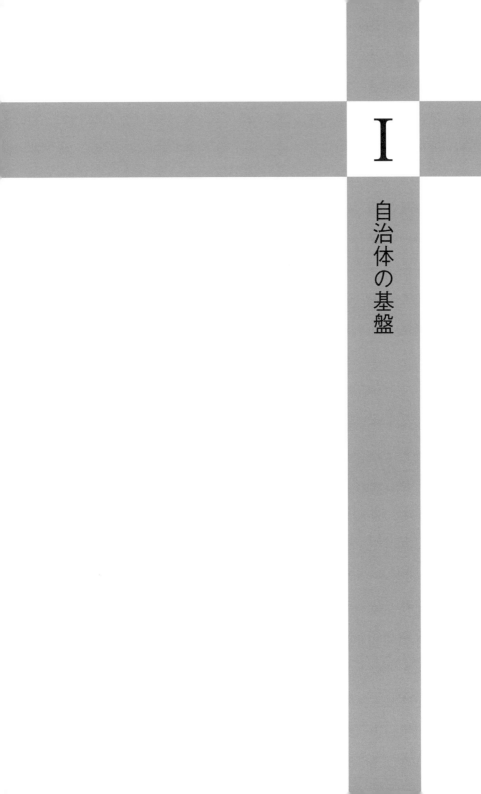

# I

自治体の基盤

# 第1章

## 自治の歴史

　日本の**地方自治**[*]を知るためには，近代国家として再出発した明治維新以降の地方自治の歴史を学ぶ必要がある。まず廃藩置県により封建的な幕藩体制が払拭された後，明治中期には府県制や市制町村制などの旧制度が成立したが，昭和の敗戦とともに，地方自治法下での新しい自治制度に生まれ変わった。

### 1　日本の地方自治制度の特色

　民主主義は，一人一人の自治自立が出発点である。ところが，日本の行政を解釈・運用してきた行政法学は，行政は立法・司法と並ぶ国家の作用であり，それを支配服従関係にあった都道府県や市町村に分担させるとしていた。この民主主義以前の考え方は日本国憲法の施行により逆転したはずだったのに，そのまま存続している。また，憲法と同日施行の地方自治法も旧制度を下敷にしたため，本来主人公たるべき住民の規定が旧制度を踏襲した消極的受動的なものにとどまった。旧市制・町村制では，まず団体ありきで，その規定の後にそこに住むから住民だとしていたが，地方自治法もまったく同じで，第1条から第9条の5までは団体の規定が置かれ，第10条第1項でようやく市町村や都道府県に住所を有する者を住民とするとしているにすぎず，これは第1条に，住民がその権利と責任において自治体を主体的に構成・運営すると規定すべきであった。[*1]

　このように，民主憲法に改められたにもかかわらず，自治体の主人公として積極的能動的たるべき住民の規定が，生まれなかったのはなぜなのか。百数十年に及ぶ日本の近代的地方自治制度の確立・発展過程を概観した上でその理由を訪ねてみることにしよう。

### 2　旧体制下の地方自治制度

　ここで旧体制と呼ぶのは，明治維新から敗戦後日本憲法施行までのあいだであり，それ以後，地方自治法により統一的

**＊地方自治**
一般に地方自治は団体自治と住民自治から構成されると説明され，後述の「地方自治の本旨」もこの両者を体現するものと解釈される。まず，団体自治とは，国の機関とは別の機関を地方に設置して当該地域課題を解決するしくみのことをいう。これに対して，住民自治とは，住民が自らが居住する地域の課題を自らで解決するしくみのことをいう。
＊1　➡本章❶参照。
＊2　市制町村制，府県制，郡制は，明治憲法の施行前に勅令という形で制定された。その主たる理由は，明治憲法によって設置されることとなった帝国議会が仮に西南雄藩によって形成されている当時の政府に敵対的な自由民権派によって占められた場合でも，その影響が地方にまで波及しないようにできること，議会は地方自治のような重要な制度を議するに適さずという当時のドイツ人政府法律顧問であるA.モッセ（グナイ

の弟子）の助言を入れたことの双方にある。このことは，本章④2の住民の地位とも深く関係する。

に扱われるようになるまで府県と市町村とは別個の法律によって規定されていたので，本節ではまず府県と郡，ついで市町村について主な制度改正の変遷をたどることにする。

### 1 府県制度

日本の近代的地方自治制度の創設は，明治維新（1868〔慶応4・明治元〕年〜）による藩の改革に始まり，1869（明治2）年の版籍奉還（形式的に藩の支配権を天皇に移す）を経て，1871（明治4）年に一挙に**廃藩置県**へと進んだ。その後，さらに県は現在とほぼ同じ43に統合されて，1890（明治23）年，府県制と郡制の制定をみた。この府県は敗戦に至るまでの旧地方制度下官治的中間団体として市町村を監督，地方自治法施行以降もその性格を色濃く残してはいるが，市町村を包含する広域的自治体として生まれ変わった。

この旧体制下の府県制度の動きをみると，まず維新直後に当時最進と思われたアメリカ合衆国の三権分立を模倣した「政体書」に初めて府と県が登場する（**府藩県三治の制**）。府は京都・江戸・大坂の三府，また県は旧幕府の直轄地であった。だが，政体書の三権分立は当時の日本の国情にそぐわず，1869年の版籍奉還に伴う「**職員令**（しきいんれい）」では，王政復古だというので天皇家最古の支配体制の大宝律令に依拠して太政官制が採用されたが，ここでは藩主を藩知事に任命したにとどまった。ついで，2年後の廃藩置県で，府県二治の制が確立，3府72県となった。その後，政府は，府知事・県令（大県）・権令（小県）らを招集した地方官会議を開いたりしたが，一方各府県には自発的な府県会が相次いで生まれ，政府はこれを統制するため1878（明治11）年府県会規則を制定している。

この頃の府県の機能は，「府県制並ニ事務章程」（1875年）に部内の安寧・部民の保護・徴税・勧業・教育が挙げられていたが，最初に府県の事務について具体的に列挙したのは1878（明治11）年の地方税規則で，当時からしばらくは「地方税」は府県税を意味し，そこには警察費，河港道路堤防橋梁建築修繕費，流行病予防費，府県立学校費，小学校補助費，病院・救育所費，浦役場・難破船諸費，勧業費が挙げられていた。

だが，府県についての最初の統一的な法制は1890（明治23）年の府県制であり，内務大臣に直属し，市町村を厳しく監督

する**官選知事**[*]を頂点とする官治的地方団体としての府県が成立した。この時点での府県は，自治体化を恐れて法人格も条例制定権も与えられず，住民に関する規定も設けられず，すでに各地に設置されていた府県会の存続は認められたが，市会議員・市参事会員・郡会議員・郡参事会員による間接選挙（複選制）で，被選挙権も直接国税年10円以上の富裕者に限られていた。そして，府県会の権限は制限され，知事や有力府県会議員の構成する**参事会**[*]も議決機関とされた。また，府県の機能も財産営造物の管理と土木工事に必要なものに限定された。

　ところが，その後も大府県に府県制未実施の所が多く，[*4]行政上支障が生じ，複選制は中央の党争を市町村に集中させて政府を困惑させ，日清戦争後の産業の発展に伴い府県への委任事務が増えたことなどから，府県制を整備する必要に迫られ，1899（明治32）年の改正となった。これにより，府県は市町村と同様公法人（府県債の発行が可能になった）となり，府県会は被選挙権はそのままながら3円以上の直接国税（市町村会は2円以上）を納める公民の直接選挙に改められ，また府県会の権限は縮小された反面，知事は府県吏員の任免権の付与，統率権の強化などその権限の拡大が図られた。さらに，国の許可なしに教育・勧業・衛生・土木・慈善事業への補助ができるようになった。

　その後，大正期に入り政党の勢力が強まるとともに，中央の監督権が後退し，逆に府県会の権限が拡充されるなど自治権強化の方向が顕著になった。まず，1914（大正3）年の府県制改正では府県会選出の参事会員の増員，参事会の権限を弱める**副議決機関**[*]化，国の財政監督権の緩和，ついで1922（大正11）年の改正では，国税納入の要件が市町村民税に改められるなど選挙権・被選挙権の拡大や財政行為への中央の許可権の緩和，さらに1926（大正15）年の改正では自治体の選挙でも普通選挙が実現，被選挙権の制限撤廃も行われ，最後に1929（昭和4）年の改正では，執行機関の権限縮小と議会権限の強化が図られるとともに，議会に提出する議案の参事会による事前審査制も廃止された。

　だが，自治権拡充の動きは，この後戦時体制期に移って一挙に逆転し，1935（昭和10）年の府県制改正では，軽易な府県会議決権が参事会に委任され，頂点に達した1943（昭和18）年の府県制改正では，重要事件以外の府県会権限も条例制定

神祇伯を頂点に，左大臣，右大臣各1名を長官とする太政官，その下に民部省，大蔵省，兵部省，刑部省，宮内省，外務省の6省が設置される体制であった。

**＊官選知事**
国の官吏（内務省設置〔1873（明治6）年〕以降は内務官僚）が府県知事として派遣される制度。
➡第7章「職員の責務」❶❷(1)参照。

**＊参事会**
府県参事会は，知事，高等官（ともに内務官僚）および府県会の互選で選ばれた名誉職参事会員から構成される。

**＊4**　府県制を最初に施行したのは長野県の1891（明治24年）7月1日でその後五月雨式に各県で施行されたものの，3府と神奈川県，岡山県，広島県，香川県は1899年の府県制改正時になって初めて当該制度が施行された。最後に残ったのは沖縄県で1909（明治42）年であった。

**＊副議決機関**
副議決機関としての参事会とは，議決機関である府県会が参事会に委任した事項や，府県会が事情により開催できないといった緊急の場合に，府県会に代わって議決を行う補充機関である。

権まですべて参事会に委任された。なお，その年の東京都制
は，府県制の例外として，長らく東京市が自治権拡充のため
に府からの独立をめざして運動してきていたのを，東京府と
東京市の合体という官治的な形で実施したものであった。

　府県制は，敗戦の後も東京都制や市制町村制とともに存続
し，占領軍の指導による1946（昭和21）年の第一次地方制度
改革で大幅な改正が行われ，特に重要なものとして婦人参政
権，選挙権年齢の20歳への引下げ（それまでは25歳），名誉職
廃止，知事公選制，直接請求制度などの導入，議会による知
事不信任とそれに対抗する知事への議会解散権付与，それに
加えて戦時期に拡大された**参事会の権限縮小**などがあった。

＊参事会の権限縮小
参事会は，旧来の副議決機
関の地位に戻り，後の地方
自治法の制定により廃止さ
れた。

＊5　郡制の施行も，旧郡
と新設の市の区域の整理が
必要であったため，その整
理が終了した場所からとい
うことになり，最終的に全
国に郡制が敷かれるように
なるのは，1899（明治33）
年のことである。

### 2　郡制度

　郡が明治以降の近代的地方制度の一環として登場してくる
のは，1878（明治11）年の郡区町村編制法で，単なる地理上
の区分ではなく，自治体としての地位を認められた。この当
時，郡は全国に717あったとされ，郡長が置かれたものの，
制度は未整備であり，また後年の市に当たる区をすべて包含
したが，一方区が数郡を包含する所もあった。この郡が，府
県制と一緒に制定された郡制により，市を除く地域に（当時
市は全国に40前後しかなかった）町村を監督する府県の出先機
関として整備されるようになるのは1890（明治23）年であっ
た。郡には，官吏の郡長のほか郡会と郡参事会が置かれ，そ
の権限は府県会や府県参事会と同じだったが，郡会議員は郡
内町村会で選挙した議員と，郡内で町村税の賦課を受ける所
有地の地価総額1万円以上を有する大地主が選挙した議員か
ら成っていて（被選挙権は町村の公民と大地主），町村に対する
大地主の支配を強化する意図が明白だった。

　その機能は，郡有動産不動産と，学校・病院・救貧院，道
路・橋梁・水道・運河・鉄道・瓦斯・電灯などとされ，その
廃止時点では教育関係として（旧制）中学校・高等女学校・
各種実業学校・補習学校・図書館・巡回文庫・博物館・公会
堂，産業関係として農事試験場・物産陳列場・開墾造林事
業・蚕種製造所・同貯蔵所・採種田，土木関係として道路・
堤防・海面埋立，社会事業として市場・住宅・病院が挙げら
れていた。ただし，郡には起債権は認められたが課税権は持
たず，経費は郡内町村に分賦した。その後，1899（明治32）
年に府県と一緒に法人格が認められ，また郡会議員も府県会

同様の理由で直接選挙に改められたが，選挙権は府県と同じ直接国税3円以上，被選挙権は同5円以上と市町村よりどちらも高かったし，これまた府県知事同様郡長の統括代表権が明確化された。

　ところが，この郡制は，制定の当初から批判が強く，2度も廃止案が帝国議会に提出された後，1923（大正12）年ついに**廃止**され，3年後には残されていた郡長も廃止された。

**＊郡の廃止**
現在，郡は市部以外の住所表記として残っている。

### ③　市制度

　日本の市は，1889（明治22）年施行の市制町村制で新設され，その年末までに39誕生した。もっとも，市の前身として，郡区町村編制法で生まれた区があった。この時の区は，政府原案の「市」を修正したもので，「三府五港並其他人民輻輳ノ地」に設けられることになり，東京の15区をはじめ京都・大阪に置かれて現在に及んでいる。市の数は，その後1920〜30年代（大正後期から昭和初頭）の東京，大阪など大都市への周辺市町村の吸収合併，さらに1950年代の昭和の大合併を経て町村の激減と反比例して急増し，この趨勢は20世紀末からの平成大合併によりいっそう拍車が掛かっている。ここでは，まず旧体制下の市の動きから見てみよう。

**＊6**　この3地域では，郡区町村編制法で設置された区のそれぞれが市にならずに，区を統括する形で市が設置された。それ以外の地域では区が市に転換した。

　市は，町村と違って，1889年の市制（最初は町村制と1本の法律）で区同様人為的に新設され，市民のためというよりは国にとって重要な存在であり，市長も国が選任し，自前で選出することはできなかった。市は，府県と異なり，町村とともに当初から**法人格**が認められ，条例・規則制定権が与えられ，住民の権利義務も規定が置かれた。そして，執行機関として市長・助役・名誉職参事会員で構成する市参事会が設けられ，市長は任期6年，参事会議長としてこれを代表し，市政事務全般の指揮監督に当たるが，市会はその候補者3人を推薦するだけで，内務大臣がそのうちの1人を天皇の名で決めることになっていた。

**＊法人格**
市は法人格を持つことにより，市債の発行も可能であった。

**＊7**　➡本章 *Column* 2参照。

　一方，市には市会が置かれたが，その選挙権と被選挙権は，後述の町村会と同一で，満25歳以上の独立の男子で2年以来その市の住民となり，市の負担を分任し，地租あるいは直接国税2円以上を納める者だけに与えられた。また，納税額の多い順に選挙人総員の納める地租その他の直接国税総額の3分の1ずつに分けて3級選挙制を採り，納税額の多い者に極端に有利な制度とし，市会議員の任期も6年，3分の1

ずつ改選とした。市が国にとって重要だった例証として，東京・京都・大阪の3大都市には前述の一般市並みの市長選出方法さえ認めず，特例措置で市長は府知事，助役は府書記官が兼ねたということが挙げられる。だが，この特例措置は，3市の猛運動の展開によりようやく1898（明治31）年廃止にこぎ着けた。[*8]

ところが，日露戦争の後，産業の発達に伴い都市が発展し，その自立性が強まってくると，府県を通じての国の厳しい監督が実情に合わなくなり，市制の抜本的改正を求める声が高まって，1911（明治44）年の全文改正（この時市制と町村制が分離された）に進んだ。まず，参事会は執行機関から副議決機関に変えられ[*9]，市会議員も市長も任期は4年に短縮，市会は全員同時改選となった。その後，大正期に入ると，特に6大都市を中心に府県からの独立への動きが活発化し，東京都制や**特別市制**[*]の実現をめざすことになった。このうち，前述のとおり東京都制だけが後に官治的な形で誕生したが，特別市制は地方自治法に規定が設けられたものの，府県が一応完全自治体に生まれ変わったために1956（昭和31）年の法改正で，日の目を見ないまま削除されることになる。

ところで，大正デモクラシー下での自治権拡充に伴い，まず1921（大正10）年の市制改正で，公民の要件が直接国税から市税納入に改められ，公民以外に付与されていた選挙権の廃止，市会選挙の3級制の2級制への変更も行われた。ついで，1926（大正15）年には府県同様普通選挙の実施[*10]，市会の等級選挙の廃止，市会による市長公選の実現，市会提出議案の市参事会事前審査制廃止へと進んだ。さらに，1929（昭和4）年の市制改正では，議員への議案提出権の付与など議会権限の強化が図られた反面，執行機関の権限縮小や国の監督権の緩和もみられた。

だが，その後戦時体制期に移ると，1935（昭和10）年，軽易な市会議決権の参事会への委任，1940（昭和15）年，地方税制度の抜本的改革に伴う市制改正が行われた後，1943（昭和18）年，市長は市会の推薦者を内務大臣が選任する制度に後退，また府県同様重要事件以外の市会権限を参事会へ委任するなど，市会の権限が圧縮されることとなった。

なお，敗戦後の1946（昭和21）年の第一次地方制度改革では，前述の府県制とまったく同様な改正が行われている。

*8 東京都はこの自治権回復を記念して「都民の日条例」（1952年制定）により10月1日を「都民の日」としている。

*9 本章❷①参照。

**＊特別市制**
戦前の特別市昇格運動については，高木（1989）を，戦後の動向については，天川（2017），近時の大都市制度について第4章をそれぞれ参照。

*10 当然のことながら，当時の普通選挙は男子のみを対象としていた。男女普通選挙権が保障されるのは日本国憲法制定によってであり，最初の男女普通選挙による地方選挙はその発布直前の1947年4月に実施された。

## ④　町村制度

　町村は，市と異なり幕末から旧来の約9万の町村をそのまま引き継ぎ，1872（明治5）年に初の戸籍編製のために設けられた大区小区の制に取って代わられた地方もあったが，1878（明治11）年の郡区町村編制法で復活した。その後の町村制施行に当たり大規模な合併でその数は1万5820となって，明治憲法下の基礎的自治体として再出発した。

　大区小区の制は，近代国家の出発点として不可欠の人口把握のため全国的に戸籍の編製が実施されることになり，1871（明治4）年**戸籍法**＊を制定，翌年から施行されて区が設けられたことに始まる。当初は戸籍編製のための行政区画にすぎなかったこの区が，従来の村役人だった庄屋や名主を廃止して**大区小区の制**＊で大区に区長，小区に副区長が置かれることが決まり，町村の役割を演ずるようになった。ところが，大区小区は未実施の所も少なくなく，実施の状況もまちまちで混乱が生じたとして，前述の郡区町村編制法により廃止されて町村が復活，戸長が置かれた。ついで，1880（明治13）年には区町村会法が制定されて，すでに各地に設置ずみのものを含めて区会とともに町村会の設置が認められた。

　その後，1889（明治22）年に市制町村制の施行を見て，市と並ぶ町村の制度が発足した。これにより，任期6年，半数ずつ改選，2級選挙制の議員により構成される町村会（市会同様の条件で選挙権を認められた住民＝公民の選挙）と，町村会が選挙して府県知事の認可を受けるやはり任期6年の町村長とが置かれ，また同時に前述のとおり全国的に町村合併が行われた。

　こうして発足した新町村は，残されている町村会への事務報告で見る限り府県同様国の出先機関にすぎず，国の機関とされる町村長に国から委任された事務（機関委任事務）の執行がその主たる任務だった。事務報告の項目は明治期には，村会・選挙・吏員更迭・庶務・戸籍・兵事・教育・衛生・勧業・土木・社寺・土地・収税・会計・財産と並び，一部の村では昭和期に入って統計・地方改良・社会事業・警備などを加えていて，昭和初頭からの統計の重視，不況下での救貧対策としての地方改良・社会事業の展開・戦時期に入ってからの防空など警備の浮上がうかがわれる。

　この町村制の最初の改正は，市制と同じ1895（明治28）年，主旨も同じ公民権の内容の明確化や町村会開催要件の緩

**＊戸籍法**
江戸時代には宗門人別改帳と呼ばれる戸籍台帳が藩ごとに存在したが，統一的な戸籍の編製（戸籍台帳の作成）は，日本が近代化を進める上で重要とされた徴税と徴兵のために必要な基礎資料であった。なお，当該戸籍は，明治4年の干支である壬申（みずのえさる）から壬申戸籍と呼ばれる。

**＊大区小区の制**
戸籍の編製を実施する主体として設置されたのが区であったが，戸籍法ではその規模等について明確な基準が定められず，さらに翌年導入された大区小区の制（「区長副区長ヲ置キ給料ハ民費ニ課セシメ府県死亡票様式ヲ領ツ」（大蔵省達第146号）においても大区，小区の規模についても先と同様であった。このことから各地に導入された大区小区の規模も地域の事情によりばらばらで，かつ本文にあるように未実施の地域も少なからず存在した。

和であった。ついで，1911（明治44）年の改正も，内容は市制改正と同様町村会議員と町村長の任期を４年に短縮するとともに，議員の全員同時改選への変更などが行われた。その後大正期に入ってからの３度の改正も，参事会関係を除き市制とほぼ同内容だったが，町村会の等級選挙廃止は市会より一足早く1921（大正10）年の改正で実現した。さらに，昭和期の戦時体制下の最初の２回の改正も，やはり参事会関係を除いて市制と同じだったし，敗戦後の第一次地方制度改革も市制と同趣旨だった。[*11]

## ③　地方自治法下の歩み

### 1　日本国憲法と地方自治

　日本国憲法は，民主主義の憲法として基本的人権をその基本に据え，それを保障する国の基本的政治制度として国会，内閣，裁判所と並べて第８章に**地方自治の規定**[*]を置いた。このように，本来は国の制度とは別個の地方自治を，あえて国の基本的政治制度の１つに加えたということは，日本の民主政治が，論理上はまず地方自治を基礎にして運営されるものであることを意味する。そして，地方自治法は，この憲法の規定を根拠法として，憲法と同日の1947（昭和22）年５月３日に施行されたのであった。

　ところで，憲法第８章地方自治の４か条は，いずれもきわめて重要な，しかも強烈な民主主義の保障をうたった含蓄のある内容のものばかりである。一方，日本の地方自治の制度を具体的に規定する地方自治法は，この憲法の規定を受けたものとされるが，その内容を精査してみると，特に住民や地方公共団体の部分で旧体制下の市制・町村制・府県制との連続性が強く，[*12]逆に日本国憲法との断絶性さえ目につく。そこで，憲法第８章の４か条を見てみよう。

　まず，第92条（地方自治の基本原則）は，「地方公共団体の組織及び運営に関する事項は，地方自治の本旨に基いて，法律でこれを定める。」と規定している。「地方公共団体の組織及び運営に関する事項」とは，要するに地方自治にかかわるすべての事柄を指すといってよい。本条で大事な点は２つあり，第1は地方自治については「法律」で定めること，第2はそれも「**地方自治の本旨**[*]に基」づく法律であることである。前者は，旧地方制度がいずれも成立の当初帝国議会での審議を避けて議会の制定法でなく，その後も勅令等で重要事

**＊11**　住民自治の観点から見ると，時期によって変化はあるものの，首長と議員の選出方法や参事会の位置づけから，町村＞市＞３大市＞府県の順に自治権が弱められている。

**＊地方自治の規定**
明治憲法と日本国憲法で条文の組み立てという観点から見た場合，後者で初めて挿入されたのが，第9条と第8章の地方自治の項目である。なお，日本国憲法施行と同日に地方自治法も施行されたが，これ以外にも皇室典範，国会法，内閣法などが同日施行されている。

**＊12**　➡本章❶⓸参照。後に記載の通り地方自治法の条文の構成（団体，住民の順）は，明治憲法下の市制町村制と全く変わらない。

**＊地方自治の本旨**
地方自治の本旨については，前掲「地方自治」に詳述の通り団体自治と住民自治をともに実現するという理念と一般に解されているが，その均衡点については論者によって一様ではない。

項を規定してきたことへの反省を意味し，国権の最高機関であり，国の唯一の立法機関である国会の制定する法律で規定することを義務づけたのである。また，後者は，その法律も「地方自治の本旨に基」づく法律であることを要求する。したがって，法律の形式を採っていても，それが「地方自治の本旨に基」づかない場合は違憲で無効といわざるをえない。

つぎに，第93条（地方公共団体の機関，その直接選挙）は，2項に分かれる。第1項では，「地方公共団体には，法律の定めるところにより，その議事機関として議会を設置する。」と規定し，議会制民主主義の基本である**議会**を地方公共団体の中心的機関として位置づけた。ただ，国会と違い，立法機関ではなく「議事機関」という旧体制以来のあいまいな位置づけのため，執行機関との関係で脇役の域を脱することができず，議員定数削減などの動きに表れる議会無用論にさらされることになった。一方，第2項では，「地方公共団体の長，その議会の議員及び法律の定めるその他の吏員は，その地方公共団体の住民が，直接これを選挙する。」と定めている。これにより，アメリカの自治体の半数で採用されている強力な執行権を持った公選の長と公選の議会との併存する機関対立主義（二元代表制）が必須条件とされ，また一時期**教育委員の公選**制も実施された。ただ，民主的地方自治制度としては，イギリス流の議院内閣制や市支配人制など多様なものが考えられ，現在のようにすべて一律の制度にそろえるのではなく，それぞれの自治体に選択の余地を残す必要があろう。

つぎの第94条（地方公共団体の権能）は，「地方公共団体は，その財産を管理し，事務を処理し，及び行政を執行する権能を有し，法律の範囲内で条例を制定することができる。」と規定する。旧体制下の自治体は，財産の管理と事務の処理だけが認められ，一方権力作用としての行政の執行は国に専属するので，国の官吏である府県知事と国の機関とみなされて委任を受けた場合の市町村長にだけしか認められず，これらの行政への議会の関与は許されなかった。したがって，事務処理とは別個に行政執行を地方公共団体に認めたことは，その団体としての性格を根本的に変える画期的なものだった。ただし，実際には機関委任事務方式の拡大によってこれを骨抜きにしてきたのは周知のとおりである。また，**条例制定権**を認めたことにも大きな意義があった。旧制度下では，

**＊議会**
地方自治法第94条では，「町村は，条例で，第89条の規定にもかかわらず，議会を置かず，選挙権を有する者の総会を設けることができる」と規定されており，町村においては住民総会を議会に代えて設置することができる。ただし，このような例は，明治憲法下で1件（神奈川県足柄下郡芦野湯村），現行憲法下でも1件（東京都宇都木村，1951年から1955年）のみで，現在は存在していない。

**＊教育委員の公選**
教員委員の公選は，憲法の規定にある「法律の定めるその他の吏員」の唯一の具体例であり，1948年の教育委員会法に基づいていた。これが1956年の地方教育行政の組織及び運営に関する法律により廃止され，教育委員の選任は首長が議会の同意を得て任命する方法に変更された。

**＊条例制定権**
他方，この憲法の条文を受けて制定されている地方自治法は，度重なる改正はあったものの自治体の自治立法権である条例制定権については，「法令に違反しない限りにおいて」と規定することで，法律のみならず政省令の枠内にその権限の範囲を限定し続けている。

＊13 自治体の権能は，先に挙げた自治立法権のほかに，自治財政権，自治行政権があり，さらに自治財政権の中には課税権が含まれる。この課税権は，住民の代表者である議会が持つ議

会の本来的機能である課税承諾権に裏づけられる。

**＊特別法の住民投票**

この規定に基づいて行われた特別法制定のための住民投票は、これまでに19件あるが、いずれも昭和20年代で、それ以降は実施されていない。その理由の一つとして、1950年首都建設法制定に際しての混乱があるとされる。東京の戦災復興を首都であることを理由に優先して行うために提案されたこの法律は、国会では共産党のみが反対していたにもかかわらず、東京都の住民投票では過半数をわずかに上回る56％の賛成という結果で辛くも成立した。この後、政府は重要度の高い特定地域に適用する法律については住民投票を迂回するようになった。

条例の制定は財産管理と事務処理に限られ、それも原案は国から準則で示されていたのに、さらに市町村の場合は府県知事、都道府県の場合は内務大臣の認可がそれぞれ必要だったからである。

最後に、第95条（**特別法の住民投票**）*は、「一の地方公共団体のみに適用される特別法は、法律の定めるところにより、その地方公共団体の住民の投票においてその過半数の同意を得なければ、国会は、これを制定することができない。」と規定する。この条文は、前3か条と違い、特定の場合にのみ適用されるという点でやや異質の感があるが、これこそ地方自治の神髄といえなくもない。国権の最高機関にして唯一の立法機関たる国会の立法の例外は最高裁判所の規則制定権だけだが、国の一部分にすぎないいずれかの地方公共団体だけに適用される法律については、国会の意思だけで制定できず、その地方公共団体の住民の投票による過半数の同意を必要条件としているからである。

もっとも、この憲法が施行されたからといって直ちに実態がそれに見合うものに変化したわけではなかったし、地方自治に限ってみても機関委任事務の拡大を初めそこに示された原則をゆがめるような状況がいろいろ見受けられる。また、地方自治の主たる内容がこの4か条にすべて集約されているわけでもない。とはいえ、この4か条は、民主政治の基礎を形づくる地方自治について、まさに憲法にふさわしい指針性を備えていることは確かである。

## ［2］ 地方自治法の施行とそれ以降の動き

次に、地方自治法の施行以降2008（平成20）年までの日本の地方自治の動きを概観してみよう。まず、地方自治法施行に伴う変化のうち、重要なのは都道府県が官治団体から完全自治体に変わったことと、国と自治体とが対等同格になったこととである。また、憲法に沿って公選の長と直接請求の制度とが生まれたが、これは前年の第一次地方制度改革ですでに登場していた。

### （1） 占領下の施策

この時期占領下での改革が地方自治の分野でほかにも相次いだが、それから半年余りたった1947（昭和22）年末、1873（明治6）年設置以来、官僚的中央集権の牙城として地方を強力に支配してきた内務省が廃止解体された。そして、まず、

自治体を支配してきた地方局は地方財政委員会等に改められ、２年後に地方自治庁、1952（昭和27）年サンフランシスコ講和条約発効直後に自治庁、1960（昭和35）年には自治省に昇格、2000（平成12）年の省庁統合で総務省となった。つぎに、内務省警保局に直属する純然たる国家警察もやや遅れて改革され、国家地方警察本部とは別に市と人口5000人以上の市街的町村には、自治体警察とそれを所管する公安委員会も設置されたが、６年後にはこの自治体警察もすべて廃止となり、警察庁が新設されて国家警察である**都道府県警察**に一本化されてしまった。さらに、この自治体警察発足時に、警察の支配を脱して自立した消防は、市町村に移管され、国には国家消防庁が設置されたが、これも講和直後に国家消防本部となった後、自治省設置に伴いその外局の消防庁となった。一方、国土局は、建設院から建設省へと昇格し、やはり2000年の省庁統合（再編）で国土交通省となった。

　そのほか、占領下での重要な出来事を拾ってみると、まず財政関係では、1948（昭和23）年の地方財政法制定、翌年のシャウプ勧告、その翌年の地方交付税法と地方税法の施行があった。地方財政法は、地方財政の運営・国の財政との関係等の基本原則を規定したもので、国の財源への依存度が高く、その統制を強く受けている自治体にとってはきわめて重要な法律である。また、地方税法も、国によって税の種類、税率その他がんじがらめにされている自治体にとってはそれに劣らず重要であり、さらに**シャウプ勧告**は、日本のその後の地方税制のあり方を決めると同時に後述の昭和大合併の引金ともなったし、自治体の自己財源の不足を補てんする地方交付税の制度を生み出したものでもあった。次に、1948年アメリカの制度に倣った教育委員会が都道府県と市町村に新設され、一時期教育委員の公選制も実施されたが、公選制はまもなく廃止され、任命制に切り替えられた。一方、国家公務員法から３年ほど遅れて地方公務員法が制定され、各自治体はそれに合わせて各種条例を整備するとともに、人事委員会や公平委員会の設置を進めていった。さらに、1950（昭和25）年に制定された国土総合開発法は、アメリカの**TVA**による河川総合開発を手本に敗戦直後の乏しい財源を一点に集中して電源開発を図ろうとした総合開発（特定地域総合開発）と、戦時期にナチス・ドイツから導入した全国土に均衡の取れた発展をめざす**国土計画**との妥協の産物であり、当初は特定地

**＊都道府県警察**

一見すると都道府県という自治体が統括する警察に見えるものの、実際には警察法により、警視正（概ね警察署長クラス）以上の職位は国家公務員（地方警務官という）でなければならず、一般には国の機関である警察庁で採用された職員が占めることになっており、都道府県警察に採用された場合（地方警察職員という）でもこの職位に昇進する際には国家公務員に身分移管（特定地方警務官という）が行われる。

**＊シャウプ勧告**

占領軍総司令官マッカーサーの求めに応じて来日したカール・シャウプ博士を中心とする使節団が1949、50年２度にわたって提出した報告書のことをいう。この勧告は納税者の税負担と政府の責任の関係を明確にするという理念に基づいて、従前の間接税中心から直接税中心への転換、中央から地方への財政移転を廃して自治体の自立を促す地方税制の確立や各省庁による国庫補助金の原則廃止などを提案した。また、地方財源の不足に対する国庫からの平衡交付金制度の導入も併せて勧告している。この根幹には、国、都道府県、市町村の事務権限を明確化して、住民に身近な市町村を地方自治の主体とするべきという考え方があった。

**＊TVA**

Tennessee Valley Authority（テネシー渓谷開発局）の略。1929年の株価暴落に

端を発する大恐慌に対して
ローズベルト大統領が行っ
た経済政策である New
Deal の一環として設置さ
れた政府機関をいう。この
機関を通じてテネシー川流
域に多目的ダムを複数建設
することで，その建設によ
る雇用の創出のみならず，
河川航行の改善，洪水調
整，流域の植樹や土地の有
効利用，農業及び工業振興
などという地域総合開発
（general economic devel-
opment）をめざした世界
初の試みである。

＊国土計画
このナチス・ドイツの国土
計画として有名なのが，全
国高速道路網であるアウト
バーンの建設である。

＊逆コース
一般に，サンフランシスコ
講和条約による日本の独立
前後から，民主化・非軍国
化という当初の GHQ の方
針の転換を背景として戦前
の制度に類似の制度等が復
活することをいう。代表例
としては，公職追放の解
除，警察予備隊の創設と保
安隊への改組などが挙げら
れる。

＊14　➡第13章「政策の実
施」参照。

＊区長公選制
1952年地方自治法の改正
で，特別区は東京都の内部
団体である行政区に位置づ
けられたことにより，公選
の区長を置くことができな
くなっていた。

＊関与
議会による関与とは，議会
が機関委任事務に対して事
務調査権を持つようになっ
たことをいい，監査委員の

域だけが進んだが，それが一段落した後，1960年代以降は全
国総合開発計画策定の根拠法となって世紀末までに計 5 回の
全国計画が策定された。

### (2)　地方自治法の主な改正

　ところで，地方自治法は，制定以後世紀末までの50年
ちょっとのあいだに合計220回に達する改正が行われてい
て，その後も改正が続き全容を説明するわけにはいかないの
で，とりわけ重要と思われるものだけをみておこう。まず，
1950（昭和25）年ごろまでの改正は，なかには1948（昭和23）
年の改正のように税やその他の収入に対する条例の制定改廃
の直接請求を禁止したものもあったが，概して自治の拡充の
方向を採った。ところが，朝鮮戦争以後の逆コース＊期，講和
の直後の1952（昭和27）年の改正は，議会定例会の開催制限
を初め，自治権の縮小と国の監督権の強化の方向に転じ，
1956（昭和31）年の改正は，さらに議会権限の圧縮，特別市
制廃止とそれに代わる政令指定都市制度新設，国の監督権の
いっそうの強化を図るとともに，市町村との関係で都道府県
の機能を広域・統一（この部分は後述の地方分権推進一括法で削
除）・連絡調整・市町村の処理不適当の 4 種と明確化した。
この傾向は1963（昭和38）年の改正にもみられ，議決事件の
制限等議会権限の圧縮となったが，この改正では財務会計制
度の導入，公の施設の条文新設も行われた。

　その後，1969（昭和44）年の改正では，市町村の行政を合
理的なものに改善するために必要な基本構想の策定を義務づ
け，1974（昭和49）年改正では，東京特別区の悲願であった
区長公選制＊を復活した。平成期に入って，1991（平成 3）年
の改正では，それまで許されなかった国からの機関委任事務
への議会や監査委員の関与＊を認め，1997（平成 9）年改正で
監査制度強化のために外部監査制度を新設，2000（平成12）
年地方分権推進一括法施行に伴う改正でついに機関委任事務
の廃止が実現した。また，この間1994（平成 6）年改正で
は，人口30万人以上の中核市制度，自治体間の広域協力を強
化する広域連合・全部事務組合・役場事務組合の諸制度，
1999（平成11）改正では人口20万人以上の特例市制度も新設
された。さらに，2000年，東京特別区がそれまでの東京都の
下部機構の地位をようやく脱して一般市並みの憲法上の地方
公共団体となった。さらに，2003（平成15）年公共施設の運
営に当たる指定管理者制度の新設，翌年の市町村合併に伴う

吸収された旧町村の不満解消策としての地域自治区・地区協議会の設置, 2006 (平成18) 年の長年親しんできた助役の副市町村長, 県出納長と市町村収入役の会計管理者への改称と続いた。

(3)　講和以降のその他の主な動き

講和以降のその他の主な動きとして, なお2, 3挙げておこう。その1つは, 1952 (昭和27) 年の地方公営企業法の施行で, これにより水道や病院などの事業が一応自治体から独立して運営されることになった。つぎに, 1953 (昭和28) 年町村合併促進法が施行され, 3年の時限立法で全国的に大々的な合併が進み, 市町村の数は3分の1に減少した。そして, 期限内に手続きが完了しなかった地域のために, さらに3年の期限で新市町村建設促進法が施行された。*15 この町村合併との関連で, それにより市町村が強化されたことなどを理由に, 府県の区域が狭くなったとして, それを廃止し, もっと広域の官治的な「地方」を新設しようとする**地方制度調査会** (地制調) 答申が, 1957 (昭和32) 年に可決されたが日の目を見ず, このいわゆる道州制の提案はその後も時折顔を出していた。また, 地制調答申が意図した公選知事廃止が実現しそうにないとわかってからは都道府県合併法案が1960年代政府から再三提出されたが, これも実を結ばなかった。なお, 20世紀末から市町村の3度目の平成大合併が強行され, 道州制も, 21世紀に入ってあらためて地制調で検討が進められたが実現には至っていない。*16

### 4　日本の地方自治制度の他律性と住民の地位

**1**　日本の地方制度の生立ち

ところで, 明治維新以後新政府は, ひとり地方制度のみならず, 政治, 法律, 行政, 裁判, 経済から社会の諸制度まで, 基本的に欧米先進諸国のモデルの継受をよぎなくされた。これは, 幕末に欧米諸国列強から押しつけられた不平等条約を改正してもらうための不可欠の前提条件であった。日本の旧来の諸制度のもとでは, 安心して商取引も行えないし, 裁判の場合何をされるかわからないという不安があったりして, すべてを欧米流に作り替えるよう要求されたことによる。そして, 地方制度を含めて最初の10年余りは主としてフランスの制度の導入が図られたが, その後はドイツの制度導入に方針を変え, 地方自治の制度もドイツ人のモッセの指導

関与とは, 議会が監査委員に監査を請求できる事務に機関委任事務が含まれるようになったことを指す。

*15　➡第4章「広域と地域」**2**参照。

***地方制度調査会**
1952 (昭和27) 年の地方制度調査会設置法により設置された国の審議会で, 憲法の基本理念を具現するよう現行地方制度に全般的な検討を加えることを目的として, 内閣総理大臣の諮問に応じて, 地方制度に関する重要事項を調査審議する。その構成は, 内閣総理大臣が任命する国会議員, 地方議員, 自治体の長, 学識経験者など原則30名からなる。現在までに33次の調査会が設置され, 32回の答申を提出している。

*16　➡第4章「広域と地域」**3**参照。

*シュタイン市制

プロイセン宰相シュタイン（明治憲法制定に際して欧州視察中の伊藤博文，山縣有朋らに講義をしたロレンツ・フォン・シュタインとは別人）によってプロイセン全土に導入が図られた都市自治制度。王による首長の任命と派遣，ギルドのような職能団体からではなく選挙区の有産者の制限選挙による議員選出，地方議会議員から主に構成され終身ではない任期制の参事会の設置等が日本の地方制度，特に市制に導入されることとなる。

*イギリスの制度

19世紀中葉のイギリスの地方制度は，王による任命職，地方の有産者の代表者からなる地方議会や国会が地方からの請願に応じてある地域にある特定の権限を付与する地域的個別法（Local Act）を制定することによって設置された道路，都市改良等のための特定目的団体（ad hoc body）から重層的に構成されていた。ただし，この段階ですでに王の権限の大部分は慣習的に国会に委譲されており，かつ地域課題については一部の例外を除いて地方が自律的に処理していたことから，住民自治を体現していたと考えられる場合がある。

によりドイツの**シュタイン市制**[*]に範を採って確立された。

　地方自治の制度が，本来はその母国といわれる**イギリスの制度**[*]ではなく，当時の日本に国情の似通ったドイツを模倣したということは，官治的性格を色濃くとどめることになった。その創設の目的が，住民自らの自治による体制づくりとはまったく逆に，立憲政治を発展させるに当たって，自由民権派が仮に中央で政権を握ってもその影響を地方に波及させないための予防措置を講ずるにあり，府県も市町村も住民（その一部たる公民）によって選出される議会は，中央各省と直結する府県知事や市町村長に従属する地位に置かれていた。

　このように，本来は住民自身が自らの意思によって作り上げるべき地方自治の制度が，もっぱら国によって官治的制度として作り出された結果，住民にとっては自らが自主的自律的に運営すべき制度だという自覚が育ちにくかったのは当然であり，この自治制度への住民の違和感はかなり薄れたとはいえ現在にまで尾を引くことになった。このため，住民が自分たちの自治制度を自由に選択できるようにすべきだという意見が台頭してきている。

　またそれとともに，日本の地方自治の区域も，前に述べたとおり，都道府県も市町村もすべて国が決定したものである。例えば市町村の場合，アメリカの市（シティ）のように一定の範囲だけを州に市域と認定してもらって，それ以外は州の直轄地とするというような制度にはなっていない。だが今後は，山間僻地の市町村など，無人の広大な山林原野を区域内に包含しているような場合には，一方でまばらに点在する住宅をもっと便利な地区に集め，そこに都会並みの上下水道，ガス，電気などのライフラインや小中学校その他各種教育・文化施設を効率よく整備するとともに，何よりも高齢化が極端に進行したこれらの地域で最も深刻な医師不足解消に役立て，他方で無人の地帯は都道府県や国が直轄地として直接責任を負って，山林の手入れその他国土保全のために，重労働に見合うだけの高給を保証された新たな作業集団を投入するなどの集落再編成が必要不可欠となろう。そして，こうすることによって，高齢者がいなくなったら後継者難で荒廃してしまう山間僻地を守り，また高齢者のみならず後継者たちにも都会並みの生活が保障されるとともに，そこから既存の農地など働く場所へ車で出掛けることも可能となろう。

### 2　住民の地位

　日本の地方自治制度が，その出発点において住民自らの手によって作り出されたものでなかったことは，冒頭に指摘した。そのことが，住民に関する規定を消極的受動的なものにし，それが主権在民の日本国憲法施行と同時に成立した地方自治法にもそのまま引き継がれて，本来主人公たるべき住民にふさわしい規定となっていないのである。

　これは，まず団体に関する規定が，団体の種類，法人格，事務，名称，事務所，区域の順で第1条から第9条の5まで続き，その後第10条第1項に初めて住民が，それも消極的受動的な形，自治体の人的要素，行政客体として出てくるという市制町村制以来の条文の配列に端的に表れる。これは，前述のとおり第1条に住民の規定が置かれるべきであった。[*17] つぎに，第10条第2項は，1963（昭和38）年の改正までは市制町村制をそのまま踏襲した「財産及び営造物を共用する権利」を認めていたが，これは旧体制下の通説では，真の意味の権利ではなく住民たる地位に随伴して認められた公共用物利用上の特別関係を表現したにすぎず，住民たる以上理由なくその利用を拒否されないとか，一部の住民だけに独占使用させないとかを明らかにしたにとどまるとしており，判例もその線に沿っていた。したがって，改正された憲法にふさわしいものに改正するよう望まれ，それが1963年改正でようやく実現，広く「役務の提供をひとしく受ける権利」に改められた。また，それとともに，それまでの「この法律の定めるところにより」として地方自治法に限られていたのを「この」を削除してすべての法律に拡大し，判例も，従来の反射的利益にすぎないとしてきた解釈から積極的権利説に転換するものも現れた。[*18]

　さらに，住民のいま一つの権利たる参政権も，旧制度から引き継いだ公民の選挙権・被選挙権と敗戦後に新設された直接請求権に限定された感があり，住民参加などは議会制民主主義に反するとして，特に地方議員の拒否反応が強いが，これは広く様々の形での参政権を認めた現行憲法の精神に違背するといわざるをえない。一方，直接請求の制度も，地方税等の条例制定改廃を禁止したり，リコールの必要署名数を有権者の3分の1以上とハードルを高くしたり，住民への不信感が見え隠れしていて，民主主義の拡大とは受け取れないが，これは内務大臣や府県知事が行使してきた地方議会の解

**\*17**　いわゆる1990年代の地方分権改革の一環として，1999年の地方自治法改正により，第1条の2に地方公共団体が住民の福祉の増進を目的とした総合的行政主体である点，国と地方の役割分担及び地方の自主性を尊重した国の地方に対する関与のあり方の一般的原則が規定された。ただし，この改正においても団体，住民という規定の順番及び住民の地位を積極的能動的なものとする規定の変更はなかった。

**\*18**　地方自治法のこの部分の沿革については，佐藤（2002）参照。

## ▶▶ Column 2　旧市制下の市長選任 ◀◀

　ひと口に市町村といっても，旧地方制度下では，町村と違って市はそこに住む住民のものではなく，まず国家のものという考えが強く，したがって市制は当初から市長を町村長のように議会で決定することを許さず，市会は3人の候補者を順位をつけて決定し，これを内務大臣に送り，内務大臣がそのなかの通常第1順位の者を天皇の名で勅裁して任命するという方式が採られていた。このため，ごくまれに第1順位者に異論がある場合には，第2順位者に決定することもあって，市側に混乱が生じたという。また，東京・大阪・京都の3大都市に至っては，市制施行直前に特例によって市長は府県知事が，助役はその部下の書記官がそれぞれ兼任することとされ，他の市並みに3人の候補者を推薦できるようになるのは市制施行後9年半たった1898年の10月のことである。ともあれ，市会が市長を直接選挙できるようになるには，大正デモクラシーの影響が強まった大正の末年に当たる1926年の市制改正をまたねばならなかった。

　ところで，大正末の市長選出方法改正の直前に3か町村が合併して誕生した東京近郊のある市では，初代の市長に，市制施行後の準備に県から任命されていた市長代理を退けて地付きの憲政党系有力者が第1順位者となり就任した。だが，この市長が2期目に今度は制度改正で市会に直接公選されてまもなく辞職してからは，市長に選ばれたのはすべて県の知事や部長だった者ばかりで，それも1期で全員お払い箱となった。また，1人を除ききみな政友会系だったが，憲政党系は昭和初頭の浜口憲政党内閣成立で市会への激しい干渉により選出されたものの，中央の政権交代によりわずか10か月で放り出されている。そして，町村の場合と違って市長には国から代理がやってくること（職務管掌）もなく，中央政界の大物にあっ旋を依頼したのにひどいときは1年も空白が続いたこともあった。さらに，このような官僚の古手は年俸も極端に高かったのに，せっかく市長に決めても重大な失態をやらかしたり，自己への利益誘導が目に余ったり，迷惑施設の場所の決定など中立的立場からの期待された決断をしなかったり，仕事ぶりがいい加減だったりといった理由で，いずれも再選されなかった。

（佐藤　竺）

*19　➡第2章「住民の地位」参照。

散権，吏員の解職権，条例の認可権などが自治と相いれないとして廃止されたことへの肩代わりだったことを意味する。[19]

　ともあれ，このようにみてくると，現行地方自治法における住民規定には，民主的地方自治の発展の観点から，なお抜本的な改正を要する点が多々あることは確かである。

（佐藤　竺／馬場　健）

# 第2章 住民の地位

住民は地方自治を担う重要な役割を担っている。自治体の活動に
おいて単に有権者として代表者を選出するだけではない。分権改革
では住民自治を高める見直しはほとんどなかったが，分権の流れの
中で住民が自治体の活動に関心をもち意識する必要が高まった。間
接民主制の機能不全も指摘される中で，これを補完する住民投票の
活用も模索され，「自治体の憲法」と位置づけられる自治基本条例
の制定も広がった。住民自治の側面から住民の地位や役割を中心に
考えていく。

## 1 住 民

### 1 地方自治の考え方と住民

住民は，地方自治を担う主体であり，自治体の主人公であ
る。住民の**共同体**やコミュニティとして自治体は存在してい
る。日常生活において，私たち自身が自治体の住民であるこ
とを意識する場面はどのくらいあるだろうか。自治体の活動
において重要な役割を担っているはずであるが，そこには住
民不在ともいえるような状況がみられないだろうか。

＊共同体
➡序章「自治の展望」参
照。

第1章で指摘されているように，地方自治の基本を定めた
地方自治法において，住民に関する規定は，団体としての自
治体（地方公共団体）よりも後に置かれている。このこと
は，戦後の地方自治成立と憲法の規定とも関係していること
に留意する必要がある。憲法第8章に置かれている各条文の
主語が住民となっていないこととも関係がありそうである
（今井 2017：197）。

憲法第92条にある「**地方自治の本旨**」は，地方自治の原則
を表すことばであり，学説上，その内容は住民自治と団体自
治であると説明される。イギリスで発達した住民自治は住民
自身の手によりその構成員で運営するという考え方であり，
ドイツで発達した団体自治は国から独立した団体がその意思
を決定することができるという考え方である（佐藤 1990：21）。

＊地方自治の本旨
➡第1章「自治の歴史」参
照。

どちらか一方が優れているといえるものではなく，車の両
輪の関係に例えられて説明されるように，ともに必要な考え

方である。ただ，解決できないような問題は，外部の機関等に託しているのではなく，自分たち自身がコントロールできる手段が保障され整備されている必要性があることから，住民自治が団体自治を規定するものであるという指摘もある（今川編 2014：2）。地方自治の考え方はヨーロッパ諸国で発達してきたが，古典的な民主主義論の中にも地方自治，とりわけ住民自治の有用性を説くものがある。

**A. トクヴィル**＊は，『アメリカのデモクラシー』（第1巻1835年，第2巻1840年）の中で，共同体（自治体）の社会的意義をとおして，地方自治の役割を強調している。住民は，共同体を指導しているために関心をもっており，共同体的生活のどんなできごとにも関わりをもっているとする。住民自治の要素を基礎とする共同体での住民は種々の公務の引き受けることなどによって権力が分散されていることを指摘している。

**J. S. ミル**＊は，『代議制統治論』（1861年）の中で，住民が社会全体に関わる業務に直接関与する機会が少ないことを指摘し，選挙によって自らが投票するのみならず，自らが地方行政職に就任する可能性のある地方自治が政治教育にとって重要であると主張した。また，自治体を教師に擬えて「教師がいてこその学校」と古い格言を用い，自治体という場における自治体（政府）による適切な政治教育の必要性を併せて強調した。

トクヴィルもミルも，地方自治を基盤として，住民の参加の機会を確保し，そこは政治教育の場ともなりえるとする。このことは，**J. ブライス**＊が『近代民主政治』（1921年）において「地方自治は民主政治の最良の学校」と表現したことと共通する。住民自身にとっては自治体が政治的経験や訓練の場となり必要な能力を身につけることができるという側面があり，代表者にとっては国家より小さな規模で公共に対して責任をもつことを経験できるという側面がある。

身近な自治体への参加という経験は住民自治の点において有用であり，このことは今日にもいえることであろう。

近年，地方自治に関係する基本的な考え方として，**補完性の原理**＊が広く認識されるようになってきた。補完性の原理は，「公的な問題は住民に身近な主体が処理し，それらができないときはより広域な主体がこれを補完する」（若松・山田 2008：ⅱ）という考えである。防災でいわれる自助・共助・公助ともつながるものであり，この点では住民自治の側面を

---

**＊A. トクヴィル**（Alexis-Charles-Henri Clérel de Tocqueville, 1805-59）
フランスの歴史家・政治家。

**＊J. S. ミル**（John Stuart Mill, 1806-73）
イギリスの哲学者・経済学者。

**＊J. ブライス**（James Bryce, 1838-1922）
イギリスの法学者・歴史学者で，政治家としての経験も有する。

**＊補完性の原理**
1985年のヨーロッパ地方自治憲章で明文化されたもので，日本でも，地方分権改革などでも意識され，各党の憲法改正草案にも地方自治の章の中で明示されているものである。

有しているといえる。

### 2　住民の地位

地方自治法では住民の定義はどのようになっているのだろうか。

第10条第1項では「市町村の区域内に住所を有する者は，当該市町村及びこれを包括する都道府県の住民とする」と規定している。この規定による住民は，人種，国籍，性別，年齢，財産による差別はないものとされる。住所は，居住や現在地で判定されるものではなく，客観的な事実として「生活の本拠」がある1つの市町村となる。複数の住所を認めることになると，住民の正確な情報把握が困難になるからである。なお，住民には**法人**＊も含まれ，この場合，「主たる事務所の所在地」または「本店の所在地」が住所となる。

また，同条第2項では「住民は，法律の定めるところにより，その属する普通地方公共団体の役務の提供をひとしく受ける権利を有し，その負担を分任する義務を負う」と規定している。「役務の提供」は，住民の福祉の増進を図るような道路・上下水道・公園・教育などの公共サービスの提供を受ける。一方，「負担の分任」は，自治体が活動するに当たって必要となる経費について住民が負担することであり，地方税だけでなく，分担金・使用料・手数料などが含まれる。＊1

地方自治法における住所は，**住民基本台帳**＊における住所と同一のものとなる。住民基本台帳は，氏名，生年月日，性別，世帯主とその続柄，住所などが記載された住民票をまとめたものであり，この情報は，自治体における事務処理の基礎となる。住民基本台帳は，**国勢調査**＊とともに人口や世帯数などについて知ることができる情報でもある。

なお，住民基本台帳は住所がある市町村での住民の世帯・居住関係を証明する制度となるが，これとは別に，日本国民について，出生から死亡までの親族・家系の身分関係（結婚，親族関係など）を証明する制度として**戸籍制度**＊がある。

## ② 民主主義のあり方と住民の権利

### 1　地方自治と民主主義

住民と自治体との関係において，住民は主として3つの側面をもっている。＊2 1つ目は，自治体の活動に参加（あるいは参画）する有権者としての側面である。2つ目は，公共サー

**＊法人**
会社だけでなく，一般社団・財団法人や農業協同組合・漁業協同組合なども含むものである。住民としての法人は，住民監査請求，住民訴訟，議会への請願・陳情の権利を有しているが，長・議長の選挙権・被選挙権，直接請求などの権利は有していない（白藤ほか編 2020：9）。

**＊1** ➡第9章「政策と財務」参照。

**＊住民基本台帳**
住民基本台帳法に基づき，これを整備する責務は市町村長にあり，住民に関する正確な記録が行われるように努めることとされている。この記録は，例えば，選挙人名簿への登録，国民健康保険，後期高齢者医療，介護保険，国民年金の被保険者の資格の確認，児童手当の受給資格の確認，学齢簿の作成，生活保護及び予防接種に関する事務，印鑑登録に関する事務などで利用される。➡第10章「情報の管理」❶〔2〕及び第15章「危機と管理」❹〔4〕参照。

**＊国勢調査**
国勢調査は5年ごとに実施する国の最も基本的な統計調査で，その調査結果は将来推計人口などで用いられる。住民基本台帳とともに自治体の施策を行う上では重要な統計である。

**＊戸籍制度**
戸籍法に基づくもので，国民の身分関係を公示する公文書である。国が本来果たすべきものであるが，法定受託事務として市町村が事務を処理している。

*2 ➡第14章「政策の評価」③ 2 参照。

**＊民主主義**
住民自治に関係するものとして，1960年代に代表制の機能不全とそれへの不信から参加民主主義の考えが台頭した。1990年代には話し合いが重要として，公開討論の中で多様な意見から意思決定を行う熟議民主主義への関心が高まっていった（山本 2021）。

**＊町村総会**
アテネの民会やアメリカのタウンミーティング（town meeting）と同種のもので，小規模町村を想定し，有権者が一堂に会するものである。明治憲法下の町村制の規定を継承したものであるが，1955年以降設置された例はない。

**＊公民**
市制町村制第7条では，公民は，帝国臣民で，独立の生計を営む満25歳以上の男子で，2年以上市町村の住民として負担を分任し，市町村に地租を納めるか国税を年額2円以上納める者とされていた。1921（大正10）年の改正で直接市町村税を納める者と納税要件が緩和され，1926（大正15）年の改正でこれが撤廃され，男子普通選挙制に移行した。

ビスの受益者（あるいは顧客）としての側面である。3つ目は，自治体の活動を負担する納税者としての側面である。住民の一部は，これら以外にも，公共サービスの提供を担う側面を有していることもある。

　地方自治のあり方は，**民主主義**の捉え方や国の体制とも関わるため，多様な形態がみられる。最も代表的なものとして，直接民主主義（直接民制）と間接民主主義（間接民主制・代表制・議会制）を挙げることができる。

　自治体は，一定の区域を管轄する団体である。逆に住民側からみれば，自治体は共同体（コミュニティ）でもある。したがって，自治体においては，何らかの意思決定をする際には民主的であることが求められ，一定の区域内のすべての住民が参加して治めることが究極の理想となる。これを直接民主主義という。しかし，こうした直接民主主義をそのまま採用することは難しく，規模が小さい自治体といえども容易なことではない。このため，間接民主主義に基づくしくみが現代の自治体では採用され，少数の代表者を選挙等によって選出する代表制を採用している。

　具体的に住民自治を規定している憲法第93条においては，二元代表制を採用している。ただし，間接民主制は直接民主制の代替的な制度であるが，必ずしも間接民主制がすべてではないという点は理解しなければならない。

　間接民主制の採用には，住民の権利を明確にしておく必要がある。間接民主制を基本としたものとしては選挙権，被選挙権，直接請求権，住民監査請求・住民訴訟，議会への請願・陳情，情報公開請求，意見提出などであり，間接民主制を補完する直接民主制としては地方自治特別法の住民投票や自治体が条例で定める住民投票などを挙げることができる。なお，町村に限って例外的に，議会を置かずに**町村総会**を設置（地方自治法第94条）することが認められている。

### 2 選挙権・被選挙権

　それでは有権者としての側面についてみていくことにしよう。

　1888（明治21）年に公布された市制町村制では，住民と**公民**とに分けていた。公民は，市町村の選挙に参与（選挙することと選挙されること）し，名誉職に選挙される義務を負っていた。公民は，原則として選挙権を有し，被選挙権を有して

いたが，公民の要件を満たさない大地主などの多額納税者に
も選挙権が認められていた。また，市町村会（議会）の選挙
では等級選挙制が採用され，財産による差別があった。その
後，段階的に選挙権が拡大され，戦後，住民と公民の区分は
なくなるとともに男女普通選挙制が導入された。

　憲法第93条第2項において「地方公共団体の長，その議会
の議員及び**法律の定めるその他の吏員**\*は，その地方公共団体
の住民が，直接これを選挙する」と規定され，住民は，財産
等による差別なく選挙権を有すこととなった。衆議院や参議
院といった他の選挙と同様，普通・直接・秘密・平等・自由
選挙の基本原則のもとにあり，年齢以外での差別がないこと
になる。

　具体的な選挙権と被選挙権は，地方自治法と公職選挙法に
おいて規定されている。日本国民である住民は自治体の選挙
に参与する権利を有している。市町村における住民の選挙権
は，①日本国民，②年齢満18歳以上，③引き続き3か月以上
市町村の区域に住所を有するという3つの要件が必要であ
る。被選挙権は，議会議員については，①市町村の議会議員
の選挙権を有する者，②年齢満25歳以上となっている。つま
り，選挙権の3要件のうち年齢のみ高くなっている。これに
対して長については，知事は①日本国民，②年齢満30歳以
上，市町村長は①日本国民，②年齢満25歳以上となってい
る。議会議員とは異なり，住所要件は必要とされていない。
これにより，全国から優秀な人材を集めることができると説
明されている。

　議会議員選挙では，都道府県と指定都市では，その区域内
に複数の選挙区を設置している。指定都市を除く市町村では
その全域を1つの選挙区としているが，必要がある場合には
選挙区を置くことができる。複数の選挙区を置く場合には，
投票の価値についても配慮する必要がある。

　**統一地方選挙**\*の結果をみると，投票率の下落傾向が続いて
いる。2019年には投票率が50％を下回った。**無投票当選**\*の割
合も増加傾向にある。このことは，政策や地域課題などが選
挙によって表出される機能が失われ，また，有権者の選択肢
を失うことにもなる。こうした状況は，二元代表制の根幹に
も関わる問題となる懸念がある。

\*3　➡第1章「自治の歴史」参照。

**\*法律の定めるその他の吏員**
その他の吏員は，すべての地方公務員（職員）と解されている。現在，その他の吏員を選挙する制度は存在していない。多様な選出方法が特徴である行政委員会（➡第6章❶⎡1⎤）の1つである教育委員会では，その委員の選出に当たり，かつて公選制を採用していた。

**\*統一地方選挙**
全国一斉に選挙を実施することで有権者の関心が高まることが期待されている。1947年4月の第1回統一地方選挙以降，4年ごとに実施されている。現在は，4月の前半に都道府県と指定都市，後半に市区町村（指定都市を除く）の選挙が行われている。長の死亡や辞職・解職，議会の解散，市町村合併などの理由により統一率が低下している。

**\*無投票当選**
総務省の調査によると，2019年の統一地方選挙では市長31.4％，市議2.7％，町村長45.5％，町村議23.3％と，特に長の選挙において高くなっている。議会議員選挙においては立候補者数が定数を下回って無投票当選となる例もあり，議員のなり手不足の問題（➡第5章❸⎡1⎤）が顕在化してきている。

表2-1　市区町村議会議員の属性（性別・年齢）

| | 団体数 | 議員定数（人） | 議員実数（人） | 性別（%） | | 年齢構成（%） | | | | | | |
|---|---|---|---|---|---|---|---|---|---|---|---|---|
| | | | | 男性 | 女性 | 30歳未満 | 30歳以上40歳未満 | 40歳以上50歳未満 | 50歳以上60歳未満 | 60歳以上70歳未満 | 70歳以上80歳未満 | 80歳以上 |
| 市区 | 815 | 19,056 | 18,738 | 82.8 | 17.2 | 0.4 | 4.7 | 14.8 | 23.6 | 35.4 | 20.1 | 1.0 |
| 町村 | 926 | 10,947 | 10,769 | 88.4 | 11.6 | 0.2 | 2.0 | 7.4 | 13.4 | 40.5 | 34.0 | 2.4 |

（注）　2021年7月現在。議員実数は定数から欠員数を除いた数。構成割合は議員実数に対する割合。
（出所）　全国市議会議長会（2021），全国町村議会議長会（2021）を基に筆者作成。

表2-2　市区町村議会議員の属性（職業，%）

| | 議員専業 | 第1次産業 | | | 第2次産業 | | | 第3次産業 | | | | | | | | | | | | その他（分類不明等含む） |
|---|---|---|---|---|---|---|---|---|---|---|---|---|---|---|---|---|---|---|---|---|
| | | 農業・林業 | 漁業 | 鉱業・採石・砂利採取業 | 建設業 | 製造業 | 電気・ガス・熱供給・水道業 | 卸売・小売業 | 宿泊・飲食サービス業 | 医療・福祉 | 学術研究、専門・技術サービス業 | 不動産・物品賃貸業 | 教育、学習支援業 | 生活関連サービス・娯楽業 | 金融・保険業 | 運輸・郵便業 | 情報通信業 | 複合サービス業 | その他サービス業 | |
| 市区 | 47.2 | 10.5 | 0.4 | 0.1 | 3.9 | 3.4 | 0.9 | 5.6 | 2.0 | 2.5 | 2.3 | 2.0 | 1.5 | 1.0 | 1.0 | 0.8 | 0.6 | 0.2 | 4.6 | 9.5 |
| 町村 | 23.8 | 27.9 | 1.5 | 0.1 | 6.4 | 2.7 | 1.5 | 6.0 | 3.8 | 1.9 | 1.3 | 1.1 | 1.1 | 0.6 | 1.0 | 0.4 | 0.2 | | 3.8 | 13.5 |

（注）　2021年7月現在。構成割合は議員実数に対する割合。
（出所）　表2-1と同じ。

表2-1と表2-2をみると，属性に偏りがあることがわかる。2016年から18歳選挙権となったが，被選挙権の見直しには至らなかった。また。2018年には政治分野における男女共同参画の推進に関する法律[＊]が施行されたが，女性議員ゼロの市町村が3割を超える状況にある。

都道府県や大都市では，無所属議員が大半を占める市町村とは異なり，政党に所属している議員の割合が高く政党化が進んでいる。地域政党[＊]など国政とは異なる枠組みもみられる。議員の属性に偏りがある中で，長の相乗り候補[＊]の存在は，代表的な対決構図が崩れていることを意味する。掲げる理念や政策が異なる政党と相乗りする候補への抵抗感もなくなってきているという（今川ほか編 2007）。有権者の選択肢を奪うものであり，地域課題が選挙に表出しないという問題がある。

表 2 - 3　直接請求制度の概要

| 制度 | 必要署名数 | 請求先 | 対応 | 結果 |
|---|---|---|---|---|
| 条例の制定改廃請求 | 有権者の50分の1 | 長 | 意見を付して議会に提出 | 過半数の議決で成立 |
| 議会の解散請求 | 有権者の3分の1* | 選挙管理委員会 | 住民の投票 | 過半数の解散同意で解散 |
| 長・議員の解職請求 | 有権者の3分の1* | 選挙管理委員会 | 住民の投票 | 過半数の解職同意で解職 |
| 主要公務員の解職請求 | 有権者の3分の1* | 長 | 議会に付議 | 議員3分の2以上の出席で4分の3以上の同意で解散 |
| 事務の監査請求 | 有権者の50分の1 | 監査委員 | 監査の実施 | 監査結果の通知・公表 |

（注）　*　有権者数が40万超80万未満の場合は40万の3分の1と40万を超えた数の6分の1を合算した数，
　　　　80万超の場合は40万の3分の1，40万の6分の1，80万を超えた数の8分の1を合算した数。

### 3 　直接請求制度

　住民は，代表者に自治体運営を委任しているが，すべてのことについて白紙委任しているわけではない。間接民主制の欠陥を是正し弊害を除去するために，直接民主制の理念・しくみを部分的に導入している。直接請求制度を採用し，これを活用することで，住民の意思をより反映させることができ，より住民自治を実現できることになる。

　直接請求制度は，**条例の制定改廃請求**，議会の解散請求，長・議員・主要公務員の解職請求，**事務の監査請求**である。それぞれの概要は**表2-3**のとおりである。なお，議会に対する請願や陳情は直接請求に該当しない。

　直接請求制度は地方自治への住民の参加の手段としても活用されるものであるが，その実現には厳しいものがある。『地方自治月報』（60号）によると，2018〜20年度の3年間に条例の制定改廃請求は全国で60件あり，このうち可決（修正可決）された条例は3件にすぎない。また，解散請求と解職請求の要件は厳しいものがある。分権改革の流れの中で有権者数が多い自治体を対象に要件が段階的に一部緩和されたものの，解職請求は5件であり，このうち投票が行われたのは1件（市町村議会議員）であった。

### 3 　住民自治を高める自治基本条例と住民投票

### 1 　自治基本条例の意義

　日本の自治体は，アメリカの自治体のように自治権を獲得

において，複数の政党から支持・支援を受けている候補者のことである。1970年代後半以降，国政で野党の中道政党が保守との相乗りに傾斜し，1980年代は官僚出身者で，2000年代以降は無党派首長との相乗り候補が増加している。

**＊条例の制定改廃請求**
条例の制定改廃請求が導入された当初，その内容に制限はなかったが，1950年の改正で「地方税，分担金，使用料及び手数料の賦課徴収に関するものを除く」が追加された。当時，各地で地方税等の引き下げの請求が提出されていたことが背景にある。認められると，自治体運営に支障をきたすことが懸念されたからである。

**＊事務の監査請求**
事務の監査請求は，自治体の事務全般が対象となる。なお，違法・不当な公金の支出があるなどの場合におこなわれる住民監査請求と

**＊都市憲章**

川崎市のほか逗子市も草案を策定したが，いずれも制定に至らなかった。なお，アメリカの自治体は州の創造物で，憲章によって自治権が付与される。代表的なものとして，住民自らがその内容を起草するホームルール憲章がある。

**＊知る権利**

➡第10章「情報の管理」参照。

**＊条例**

条例は，法令事務条例と，「法令に違反しない限り」制定することができる自主条例とに区分される。行政手続や意見公募手続（パブリック・コメント➡第3章❸ 2 ），情報公開，行政評価などの条例が制定されている。個別政策分野に関する基本条例も増えており，これらを束ねるような条例が存在していなかった。➡第8章「政策と法務」参照。

**＊議会基本条例**

議会の組織・運営の方針とルールを定める条例で，北海道栗山町で制定されて以降各地で制定されている。①議会のあり方や基本理念を定める理念型，②議会の組織・運営の基本を定める基本事項型，③議会審議の活性化や住民参加の推進などに重点を置く改革推進型，④総合型に類型される（礒崎 2018：64-65）。

は異なるもので，これは住民（法人を含む）1人でも請求することができ，住民訴訟の前提になる。

してきたという歴史や経験がない。明治期に作り出された「上からの」自治制度は，戦後に英米型のしくみも採り入れて相当の期間が経過してもなお自治体の活動に影響を及ぼしている。このことは自治意識の弱さとも結びついている。

川崎市は，1970年代に**都市憲章**＊の制定をめざした。アメリカでみられる憲章（charter）によって「下からの」自治制度を構築するものとは異なるものであったが，分権改革が進んだ今日からみると当然視とされているような内容を含むものであった。「**知る権利**＊」や住民投票など当時の自治体では意識していなかったことや，自治体のあり方や関係枠組みを根本から変えるものでもあった。住民が自覚をもつような自治体内部の問題だけではなく，機関委任事務など官治的制度に一石を投じようとしたところにも特徴があった（辻山 2002：12-13）。

自治体が活動するためには，法令以外にも**条例**＊によらなければならない。地方行革や分権改革が議題にのぼるものの，地方自治法だけでは自治体運営をすることが難しくなり，自治体が自立化するためには核となる条例の必要性が高まった。「自治体の憲法」として位置づける自治基本条例の制定がめざされていった。辻山幸宣は，自治基本条例について「住民による自治体行政・議会の役割そして住民自身の責務と権利の定義」をすることによる「住民と自治体との関係の再定義」と位置づけている（辻山 2002：7）。

自治基本条例は自治の方針とルールを定めるものであり，①まちづくりの基本理念を定める理念型，②各種の基本的権利を保障する権利保障型，③参加や住民投票などのしくみを定める住民自治型，④行政施策の方向性や運営の指針を定める行政指針型とに類型される（礒崎 2018：62-64）。団体自治の側面だけではなく，住民を主語とした，住民自治に関する規定が置かれ保障していることも特徴として挙げることができる。

なお，自治基本条例に議会を含めている場合もあれば，議会を含めずに行政基本条例として別に**議会基本条例**＊を定めている自治体もある。

### 2 自治基本条例によるまちづくり

自治基本条例のきっかけは，北海道ニセコ町のまちづくり基本条例の制定である。これを契機に，杉並区で自治基本条

**図2-1　ニセコ町まちづくり基本条例の構造**

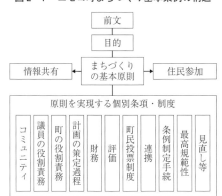

（出所）　ニセコ町資料を基に筆者作成。

例が制定され全国に広まっていった。公共政策研究所の調査によると，2022年4月現在，402自治体で制定されているが，新規制定自治体数は2010年をピークに鈍化している（公共政策研究所HP）。

　自治基本条例は，住民の権利と役割・責務を明確化し，これを原則としているところに特徴がある。ニセコ町のまちづくり基本条例の構造（**図2-1**）では，個別条項・制度を串刺し的に置くとともに，自治体運営において他の条例よりも最上位に位置する最高規範性をもっている。つまり，「私たちのまちの憲法」条例として「最高条例」としている。ニセコ町の説明によると，重視している点は情報共有と**住民参加**[*]である。「住民自治＝まちづくり」と捉えて「まちづくり基本条例」とし，住民自治に重きを置いている。公共課題の解決は公共サービスの名の下で行政がすべて引き受けるというのではなく，町民自身が主体的に考え解決することをめざしているという（ニセコ町HP）。

　自治基本条例の制定に当たっては，自治体の事情に応じて，必要な権利をカタログ的に明示し，そこから選択している例がみられる。また，長が提案するのではなく，住民が自ら学び提案する例もみられる。このような制定過程を経ることで，住民自身が自分たちの条例という意識が醸成されるであろう。

＊住民参加
➡第8章「政策と法務」④
参照。

### 3　間接民主制を補完する住民投票

　直接民主制に最も近いしくみは住民投票制度である。住民の意思は，常に代表である長や議会の意思と一致するとは限らない。公共事業や環境保全などをめぐる問題などで住民投票の実施を求める運動が各地でしばしば起こっている。これは既存の二元代表制が問題解決の手段となっていない制度疲労や機能不全の状況にあることを示している。

　住民投票は，間接民主制を補完するものである。一般に，特定の案件や政策について住民が投票によって意思を表明することである。これによって自治体は，的確に住民の意思をつかむことができる。日本では，住民投票の手続きを定めた一般法（**住民投票法**[*]）は存在していない。現在，特別法の住民投票（憲法95条，地方自治法）のほか，特別区の設置（大都市地域における特別区の設置に関する法律），合併協議会の設置（市町村の合併の特例に関する法律）に関して個別法の中で住民投票に関する規定が置かれている。

　住民投票というとき，大きく３つの場面が想定される。

　１つは住民表決（レファレンダム：referendum）として特定の政治的課題について賛成・反対などの票を投じるものである。これには，首長や議会が必要に応じて実施する場合があるほか，特定の案件を成立させるために住民の承認をえなければならない場合（義務的レファレンダム），議会の議決などに対して一定期間内に住民が一定の署名を収集し投票を請求して実施する場合（抗議的レファレンダム）がある。これらの方法によって，賛成が多数となれば成立し，反対が多数となれば不成立となる（横田編 1997：148-152）。日本では，義務的レファレンダムとして，特別法の住民投票と特別区の設置が該当する。

　次に住民発案（イニシアティブ：initiative）として住民の一部からの提案について賛成・反対などの票を投じるものである。一定の署名をもって請求があったときに自動的に投票を実施する場合（直接イニシアティブ）と議会で否決されたときに再度一定の署名を収集し投票を請求して実施する場合（間接イニシアティブ）がある（横田編 1997：148-152）。合併協議会の設置は有権者の50分の１の署名をもって請求することができ，請求があった市町村の議会で否決された場合に有権者の６分の１以上の署名をもって投票を請求することができることから間接イニシアティブに該当する。

＊住民投票法
一般的な住民投票の手続きを定めた法律には，対象となる案件，投票の請求者（必要署名数），投票結果の効力などを内容とするものである。2000年に民主党（当時）から国会に法案が提出されたことがあったが，審議未了で終わり，これまでに制定されたことはない。

図 2-2　住民発案と条例の制定改廃
　　　　請求の相違

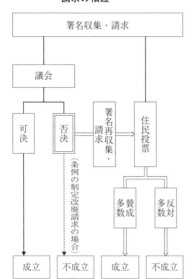

(注)　議会で否決後の⇒（二重線の矢
　　　印）は住民発案（間接イニシアティ
　　　ブ）の流れ，⋯→（破線の矢印）は
　　　条例の制定改廃請求の流れ。
(出典)　筆者作成。

　もう 1 つは解職投票（リコール：recall）として住民の一部
からの長・議員などの公職者の解職の提案について賛成・反
対などの票を投じるものである。ただし，解職投票は，政策
ではなく人物に対する投票であり，この点では住民投票の趣
旨とは異なることに注意が必要である。

　日本ではこれら 3 つすべてが導入されているが，住民表決
と住民発案は本来の機能と比べると限定的である。例えば，
条例の制定改廃請求は間接イニシアティブに相当するが，手
続きとしては議会での議決までにとどまり，**図 2-2**にある
ようなその後の署名再収集の手続きがなく不完全なイニシア
ティブとなっている。また，個別法によって採用されている
手続きも異なっており，恣意的な面も否めない。

### ［4］　住民投票の課題

　個別法に基づく住民投票以外では，自治体は**住民投票条例**[*]
を制定し，これに基づいて投票を実施している状況にある。
住民投票条例は，1970 年代から議論がみられ，1996 年に新潟

＊住民投票条例
住民投票条例は大きく 2 つ
に大別される。1 つは，条
例の名称に住民投票の対象
が明示されているようなア
ドホックの条例であり，も
う 1 つは手続きを規定する
ことで常設となる条例であ
る。また，自治基本条例に
も住民投票を権利として保
障しているものがあるが，
その多くでは，別途，条例
を定める必要がある。

県巻町（現在の新潟市の一部）で原発建設をめぐる投票が実施されて以降，分権改革の流れと住民自治の必要性の高まりの中で関心が高まっていった。その後，議会の抵抗にあいながらも条例が制定され，産廃施設の建設，可動堰の建設，市町村合併などをテーマとして投票が実施されている。

　住民投票条例は，2018年末現在までに可決された条例数は504にのぼるという。これを提案者別でみると，長の提案は半数超の264であり，議員提案が125，住民による直接請求が115となっている。制定率をみると，直接請求が2割程度であるのに対して，長の提案が9割，議員提案が5割程度と大きな差がある。また，投票の実施は430件余りあるものの，その大半が市町村合併に関するもので，これ以外では53件（うち直接請求は15件）に過ぎない（『朝日新聞』2019年5月13日）。

　住民投票条例による投票結果は，**法的拘束力**[*]はないとされ，長や議会は投票結果と異なる決定をすることができる。このようなことをすれば，政治的な責任問題となり，新たな問題が生じることにもなる。また，現在，**外国人住民の地方参政権**[*]が認められていないが，外国人住民にも投票権を認めている条例や，選挙権がない若年層にも投票権を認めている条例もあり，より多くの住民が投票に参加できるようにしている条例もある。

　自治体基本条例に住民投票権が盛り込まれ，長や議会の住民投票に対するアレルギーは減少しつつあるが，投票に当たっては問題も存在している。総じて，投票率は選挙よりも高い傾向にあるが，例えば，投票率による開票条件がある場合，投票を促すのではなく，投票ボイコット運動に展開することがある。短い期間に複数回の投票が実施されることもある。また，投票権者に対する情報提供が公平ではないといった問題もみられる。

## ④　さらなる住民自治の実現に向けて

### ［1］　選挙と住民投票

　いわゆる**迷惑施設**[*]の問題など地域の大きな問題が起こると住民の関心度が高まる。近年，新庁舎の建設でも問題が提示されている。こうした問題が発生したとき，一部住民の行動例としては，①選挙で対立候補を擁立する，②条例の制定改廃請求により住民投票条例の制定をめざす，③住民投票の実

---

**＊法的拘束力**
自治体の意思決定をするのは長や議会であり，このことから住民投票条例では「投票の結果を尊重しなければならない」とする旨の規定が置かれている。この点では，個別法に基づく住民投票と異なるものとなっている。

**＊外国人住民の地方参政権**
最高裁第三小法廷判決（1995年2月28日）は，選挙権を日本国民に限っていることについて，外国人住民の選挙権は立法政策に関わる問題であって，法律により選挙権を付与することは憲法上禁止されているものではないとした（磯部ほか 2013）。ヨーロッパ諸国では，一定年数住民登録している外国人（欧州域内外で異なることもある）に対しても地方選挙を開放している。

**＊迷惑施設**
社会全体としては必要な施設であるが，その近隣住民にとっては建設してほしくない施設のことをいう。NIMBY（not in my backyard）ともいう。ごみ焼却場や下水処理場，火葬場などのほか，近年は公園や保育所・学校なども問題となり，多様化してきている。

施がかなわなかったときに解職運動（リコール）をめざす，という既存のしくみを最大限に活用するものがみられる。住民投票に対する理解は長や議会から得られるようになってきたものの，こうした問題に直面すると抵抗を示すことがある。

しばしば長の選挙において，シングル・イシューとして，特定の候補者を賛成・反対にみたてて住民投票的に行うことがみられる。選挙は多様な論点を含むもので，住民の代表を選ぶものである。選挙結果だけをもって，民意として判断できるのであろうか。特定の争点のみで当選した場合，その後の 4 年間，他の政策については自治体運営が停滞する，あるいは思っていなかった方向に展開されかねない。同じ投票とはいえ，人を選ぶ選挙と政策を選ぶ住民投票とを分けて考える必要がある。

選挙と住民投票との問題は，戦後改革期でもみられた現象である。「憲政の常道からすれば，新しく重要な問題が出たときには，あらためて可否を問うのが民主的」（佐藤 2009：33-36）であり，住民投票だけでなく，あらためて選挙もすべきであろう。

### ② 無作為抽出によるアイデア

近年，ミニ・パブリックス*やくじ引き民主主義*という考えが広がりをみせつつある。両者に共通するのは，無作為抽出による方法を採用して，社会の縮図をつくろうとしている点である。ミニ・パブリックスは，自治体としての意思決定をするものではなく，行政に対して提案するものであり，審議会のような位置づけとなるものである。これに対して，くじ引き民主主義は，無作為抽出された者によって構成される議会を置こうというもので，自治体としての意思決定に関わるものである。投票結果が重視される住民投票とは異なり，参加と熟議を特徴としている（吉田 2021：134）。

また，特に小規模市町村会が抱える議員のなり手不足などの問題を中心に議論した総務省の研究会は，その報告書（2018年）の中で持続可能な議会の実現として**集中専門型と多数参画型**を提示した。集中専門型において，条例や予算など重要な議案について少数の専業的議員とともに議論する議会参画員を裁判員裁判制度と同様にくじ引きなどの方法により選ぶとする新たな議会のあり方を提案した（町村議会のあり方

**＊ミニ・パブリックス**
無作為抽出によって選ばれた人々が生活を数日共にして自由に発言し討議した結果をもとに，提言を含む報告書などを作成するものである（篠原編 2012：242）。熟議民主主義の延長線にあるもので，欧米諸国で討議型世論調査，コンセンス会議，プラーヌンクスツェレ（計画細胞会議），市民陪審などの方法が広く普及している。

**＊くじ引き民主主義**
古代ギリシャでは多くの公職をくじ引きで決めていたように，民主主義は選挙による代表制民主主義に限定されるものではない。機能不全がみられる現代の民主主義の中で，立法のプロセスにおける合意を導くための民主的方法として，特にヨーロッパ諸国で注目されつつある考え方である（吉田 2021）。

**＊集中専門型と多数参画型**
町村議会のあり方に関する研究会（2018）において，現行制度と，集中専門型，多数参画型から選択制を導入することを提案した。集中専門型は，少数の専業的議員からなる議会に，重要な議案について議員とともに議論する無作為抽出による議会参画員を設けるというものである。多数参画型は，集落などを選挙区として選出された多数の非専業的議員からなる議会を設け，夜間や休日を中心に議会運営を行うというものである。

## ▶▶ *Column 3* マイナンバーと地方選挙 ◀◀

　マイナンバー制度のような番号制度は，諸外国でも国民 ID や社会保障番号などとして広く活用されているものである。マイナンバー制度が成立する以前に批判が強かった「国民総背番号制」は，1970年代に北欧諸国のしくみを紹介する中で使われたことばだという（羅 2019）。生まれたときに固有の番号が付与され行政分野で活用するしくみと，行政分野ごとに付与されている番号を個人を特定するために利用するマイナンバー制度とでは，基本的な発想が異なるということになる。

　日本では，社会保障・税・災害対策に限定した利用が2016年から開始され，マイナンバーカードは2021年以降順次，健康保険証や運転免許証などとしても利用できるようになった。一部の自治体では「書かない窓口」が実現しているが，これをより進めて「行かない窓口」を実現するためにはマイナンバーカードによる本人確認を前提にする必要がある。

　新型コロナウイルス感染拡大に伴う給付金の問題では，諸外国において給付までの期間が短いことが紹介された。日本はというと，オンライン申請でトラブルが相次ぎ，紙による申請書類の確認に時間がかかり，給付まで相当の時間を要した。

　地方政治の分野に目を転じると，エストニアでは自宅からインターネット投票（I-Vote）ができる環境が整備されている。有権者は，ID カードやモバイル ID を利用して投票することができ，選挙ごとに利用率が高まっている（エストニア議会選挙や欧州議会選挙の利用率も同程度）。I-Vote は，日本でいう期日前投票のみとなるが，この期間中は何度でも変更することが可能で，最後の投票が有効となる。投票日に投票用紙で投票した場合，I-Vote の投票が削除されるしくみとなっている（アリキヴィ・前田 2017；e-Estonia https://e-estonia.com/）。

| エストニア<br>人口130万 | 有権者数（人） | 投票者数（人） | 投票率（%） | I-Vote<br>利用者数（人） | I-Vote<br>利用率（%） |
|---|---|---|---|---|---|
| 地方議員2005 | 1,059,292 | 502,504 | 47.4 | 9,317 | 1.9 |
| 地方議員2009 | 1,094,317 | 662,813 | 60.6 | 104,413 | 15.8 |
| 地方議員2013 | 1,086,935 | 630,050 | 58.0 | 133,808 | 21.2 |
| 地方議員2017 | 1,100,647 | 586,519 | 53.3 | 186,034 | 31.7 |
| 地方議員2021 | 1,074,046 | 587,359 | 54.7 | 275,587 | 46.9 |

　（注）　有権者数には永住者による外国人参政権者を含む。I-Vote 利用者数には投票日に投票用紙
　　　　で投票した者を含む。なお，この数は2005年30人，2009年100人，2013年146人，2017年163
　　　　人，2021年1966人となっている。
　（出所）　National Election Committee, *Elections in Estonia*（https://www.valimised.ee/en）

　自治体 DX（デジタル・トランスフォーメーション）は，自治体が担う行政サービスについて，制度や組織のあり方をデジタル化に合わせて変革し，デジタル技術を活用することで住民の利便性の向上や業務の効率化を図るものである。この流れは行政面を中心に進められているが，政治面でも電子投票に限らず議論が進むことを期待したい。

　　　　　　　　　　　　　　　　　　　　　　　　　　　　　　　　　　（鹿谷雄一）

に関する研究会 2018）。

　住民投票をあらゆることについて実施することは多大なコストがかかり現実的ではない。こうした無作為抽出によるアイデアは，自治体の活動を理解し，他の住民に影響を与えるオピニオン・リーダー的な存在となる住民を定期的に生み出す可能性がある。住民にとって選挙以外の参加に慣れてない状況からするとハードルは高いものがあるが，結果として住民自治を高めることに寄与するものとなるであろう。

### 3　住民自治と自治意識

　分権改革では団体自治に重点が置かれ，住民参加を含む住民自治の要素の見直しは直接請求の署名要件の緩和ぐらいであった。団体自治の機能の増大は，相対的に住民の責務の増大にもつながることになる。

　**J. J. ルソー**[*]や**幸徳秋水**[*]が指摘しているように，選挙で投票するときだけ有権者としての住民として参加している状況となっていないだろうか。日本では高度成長期以降，住民の自治意識の低下がみられ，これを向上しようとする議論がしばしば起きている。アメリカの自治体のように住民が自治権を獲得してきたわけではない。しかし，分権改革がまだ団体自治の見直しに過ぎないかもしれないが，自治体それぞれの事情に応じて住民を巻き込みながら住民自治を高めていくことが求められる。

　住民自治を強化しようとなると，住民の意識だけでなく，社会のしくみや環境の変革も求めなければならない。しかし，一朝一夕で変わるものではないため，現実的には間接民主制を基本としつつも，選挙で投票するときだけの住民とならないようにしなければならない。また，住民投票の活用の拡大であったり，ミニ・パブリックスやくじ引き民主主義に相当する効果を得たりするよう，自治基本条例を単に権利を保障するだけの存在にとどめるのではなく，そこに盛り込んだ制度を有効に活用できる状況にしていかなければならないだろう。

　地方自治の主人公としての自覚をもつとともに，次章でみる参加や協働の取組みに関わっていくことの重要性が高まっていくだろう。

（鹿谷雄一）

**＊J. J. ルソー**（Jean-Jacques Rousseau, 1712–78）フランスの哲学者。『社会契約論』（1762年刊）の中で「イギリスの人民は自由だと思っているが，それは大まちがいだ。彼らが自由なのは，議員を選挙する間だけのことで，議員が選ばれるやいなや，イギリス人民はドレイとなり，無に帰してしまう」と述べている（ルソー 1954：133）。

**＊幸徳秋水**（こうとくしゅうすい，1871-1911）ジャーナリスト・社会運動家。『社会主義神髄』（1903年刊）の中で「参政権を有する者は国民中の極少数で，而も其少数が参政権を行ふのは，唯だ議員の投票を投票箱に投入れる一刹那，其一刹那だけに止まって，後は煙散霧消するのではない歟」（幸徳 1903：121）と述べている。

# 第3章

# 地域と社会

　地方自治にとって，最も重要な要素は，地域でくらす住民であり，その住民の営為によって，どのような地域社会が形成されるかということである。自治の基盤となる住民組織のありようが変化する一方，地域における住民の活動の範囲は拡大しつつあり，従来の自治会・町内会組織に加え，NPOも重要な役割を担うようになっている。そこで，本章では，地方自治の下で，住民の参加と協働によって，どのような地域や社会を構想できるのかを考える。

## 1 市民の参加と協働による地域社会形成

### 1 自治体をめぐる環境変化と地方分権が問うもの

　2000年，**地方分権一括法**[*]施行によって具体化された日本における地方分権改革は，自治体行政の権限拡大と財源の確保をめざして，国と地方の関係を改革するものであり，機関委任事務の廃止や，補助金改革など，行政のしくみを改めることを主な内容としていた。したがって，基本的には，中央政府から地方政府への分権という，いわゆる「官」の世界の問題として理解される傾向があり，そのことが地方分権を住民の関心から遠ざける結果となり，結局国の行政から自治体行政への権限移譲でしかないという批判も受けてきた。しかし，地方分権改革が，単に「政府」の問題としてではなく，地域社会のあり方や，「政府」のあり方そのものに大きな影響を与え，地方自治をめぐる環境変化をもたらしてきたのも事実である。

　確かに，地方分権改革は**機関委任事務制度**[*]の廃止に象徴的なように，中央政府の権限を自治体政府に移譲しようとしてきた。また，**三割自治**[*]といわれるような集権的な財政システムの下で，自治体が財政面からもコントロールされてきた現状を打開するための試みも，不十分ながら進められてきたといえよう。

　しかし，地方分権改革は，そうした中央政府から自治体政府への，言い換えれば国家行政から地方行政への権限，財源の移譲にとどまらず，行政から市民へといったパワーシフト

**＊地方分権一括法**
➡第4章「広域と地域」❶ ①参照。

**＊機関委任事務制度**
➡第4章「広域と地域」❶ ①参照。

**＊三割自治**
三割自治とは，従来の中央集権的な国－地方関係の下では，自治体の自主財源は3割程度にとどまっており，必要な残りの財源は国からの移転財源に依存していたため，自治体には3割の自治しかないと揶揄された言葉である。分権改革による「三位一体改革」で，その比率は変わってきているが，依然として財源移転は不十分で，自主財源が少ない自治体サイドからの不満や批判は根強い。

を伴うものでなければならない。なぜなら，地方分権の根本的な意義は，住民の身近なところで決定が行われることにより，住民本位の，ニーズに基づいた行政が行われることにあるからである。したがって，今後の自治体行政は，どのようにして，住民のニーズを把握するのか，さらには最適な公共サービスをどのように住民に供給するのかが大きな課題となるであろう。

　そのためには，それに見合った行政システムをどのように構築するのかが問われると同時に，地域社会で住民が果たす役割が問われている。変化する行政と住民の関係を踏まえながら，地方分権の時代において，住民がどのような役割を果たしていくのかを考えねばなるまい。

### ［2］　地域の課題と住民

　参加・参画*といったスローガンは，1990年代以降に進められた地方分権改革にかかわらず，以前からしばしば議論されてきた。それというのも，参加・参画それ自体が，自治の問題と密接に関係しており，地方自治の根幹に関わるような重要な問題だったからである。特に，日本の集権的な中央‐地方関係の下では，地方自治確立のために自治体の改革を進める住民の参加・参画がしばしばスローガン化されてきた。

　高度経済成長期に大都市圏を中心に数多く誕生した**革新自治体**においては，そうした参加・参画の動きが活発化し，地域社会に変化が生じた。高度経済成長の下では，都市化・工業化の急激な進行が様々な問題を発生させ，その最大の問題は公害問題であり，また都市における無秩序な開発であった。それらの矛盾は，大都市や工業地帯で顕在化し，住民の健康被害や生活環境の悪化をもたらしたのである。

　これらに対して，公害問題を告発する地域住民の動きが活発化し，都市部におけるマンション建設反対運動や日照権の主張などが住民から提起された。こうした動きが，革新自治体誕生の原動力の1つであったともいえ，**コミュニティ**形成の運動にもつながったといえよう。こうした市民運動・住民運動の高揚は，政府や企業を告発する性格が強かったため，行政の側からは警戒する向きも強かったが，翻ってみれば，社会問題を顕在化させ，地域住民が安心・安全に暮らせるための課題を政府に認識させる役割を果たした。

　さらに，この時期多くの自治体で取り組まれたコミュニ

**＊参加・参画**
ここでいう参加と参画は，行政の運営にどのように市民・住民が関わるかという意味で用いられ，どちらが適切な用語かという議論が行われたことがある。前者が行政の用意したものに加わるというニュアンスがあるのに対し，後者は事業や政策に計画段階から加わることを意味するとし，後者の方が望ましいとする考え方もある。しかし，参加という用語は，かなり一般的に用いられることから，不適切な用語とも言い難い面がある。ここでは，そうした観点から両者を区別せず，参加・参画と併記して表現している。

**＊革新自治体**
1960年代から1970年代にかけて，高度経済成長に伴う都市問題や公害問題が地域住民を苦しめ，経済成長優先の政策をとる国の保守政権に対する批判とあいまって，国政野党の日本社会党や日本共産党等の支持をえて多くの革新系首長が誕生した。その首長の下で，住民福祉，環境保護，住民参加などの政策を特徴として政策運営を行った自治体を革新自治体という。

**＊コミュニティ**
コミュニティ（Community）という用語は，もともと地域社会や地域の共同体を指す言葉であるが，日本においては，1960年代後半

に自治会・町内会の加入率の低下や衰退が顕著となる中、1969年の国民生活審議会報告『コミュニティ〜生活の場における人間性の回復〜』において公的に示されたものである。そこでは、コミュニティを「生活の場において、市民としての自主性と責任を自覚した個人及び家族を構成主体として、地域性と各種の共通目標を持った、開放的でしかも構成員相互の信頼感のある集団」と位置づけた。

ティ形成の動きや取組みは、革新自治体を中心に、行政の運営を住民とともにどのように進めていくのかという今日的な課題を先取りしており、重要な意味をもっていた。後にみるように、従来、行政が住民の意向を把握し、役割を分担してきた自治会・町内会の組織率は、大都市部を中心に低下しており、その役割をどのように果たしていくのかが問われている。そこで、自治体では、地域コミュニティを再構築し、地域住民の参加・参画を進めていくのかが課題となったのである。

このように、自治体における参加・参画の動きは、戦後の日本の地方自治の根本的な課題として注目され、地域社会を構成する住民にとって、社会との関わりと自らの役割を考える契機となった。

### ［3］ 地方分権と住民の参加、行政との協働

こうした住民参加・参画の動きは、高度経済成長が終わり、低成長の時代を迎える中で、さらに大きく変化した。その要因の1つとして、住民運動の変化が考えられる。高度経済成長下の公害反対運動や乱開発反対運動などは、行政や企業を告発し、対決するものだったが、革新自治体の経験やコミュニティ形成運動は、住民の行政参加を促進し、単なる告発・対決から、本当の意味での参加・参画へと、その質を変化させた。のちにみるNPO活動の興隆も、こうした流れの延長線上にある。

行財政をめぐる変化としては、低成長以降、さらには、のちのバブル崩壊に伴う、国・地方を問わない財政危機によって、バラマキ型の行財政運営は困難になったことがある。また多くの住民が望む施策に効率的に財源を配分していかないと、自治体運営がままならない状況が生まれたことも、こうした状況を加速した。いかにして、住民の意向を反映した施策を実現するのか、そして、そのための住民参加手法が問われたのである。

＊**協働**
この協働という用語には「相互に平等な立場で協働しつつ、ある価値をもつ財やサービスを生産するための活動である」（荒木1990）という意味が込められている。また、「協働」をパートナーシップと同意義に捉える見解もしばしばみられるが、その含意するところは上述の視点と大きな隔たりはないだろう。

そのことは、さらに行政が独占してきた公共サービスの供給を困難にし、担い手の多様化を不可欠にした。企業やNPOといった「民」との協力がなければ、安全・安心な地域社会を維持することが難しくなってきたのである。これらの動きが、住民の地域社会における役割を変化させ、住民と行政の**協働**＊を求める背景にあったといえよう。

　ところで，この協働という用語が認知されるようになって
からかなりの時間が経過した。

　したがって，住民と行政が協働を進めるということは，政
府とは何かという根本的な問題に立ち返る意味をもっている
のであり，これまでの参加・参画という視点から踏み出した
含意があると考えられる。近年，ガバメント（Government）
からガバナンス（Governance）への変化がしばしば指摘さ
れ，論争の的になっているが，同様の問題関心がそこにある
といえよう。

## ② 自治会・町内会

### 〔1〕 身近な住民の組織としての自治会・町内会

　日本における，伝統的な住民組織は，自治会・町内会であ
ることは，多くの人々が認識するところであろう。その呼称
は，自治会，町内会，総代会など，地域によって様々である
が，長年地域を支えるための住民の地縁的団体が，地域社会
において大きな役割を果たしてきた。

　総務省によれば，自治会・町内会とは「町又は字の区域そ
の他市町村内の一定の区域に住所を有する者の地縁に基づい
て形成された団体（自治会，町内会，町会，部落会，区会，区な
ど）」であり，全国29万6800の自治会・町内会等が存在して
いる（2018年 4 月 1 日現在，総務省 HP）。名和田是彦によれ
ば，「自治会・町内会は，市町村合併と密接に関係している」
とされ，くり返される市町村合併によって奪われた自治の範
囲を設定し，「ただ乗り」をふせぐために合意と納得のもと
に活動のあり方を決める「全員加入の地域組織」として作ら
なければならなかったのである（名和田 2021）。

　その意味で，自治会・町内会は，地域社会を維持し，発展
させる役割をもち，日本の地域社会における重要な存在で
あった。

### 〔2〕 自治会・町内会をめぐる議論

　自治会・町内会は，このように身近な住民組織として長き
にわたって，今日も住民に認知されているが，その位置づけ
については，戦前・戦後を通じて，様々な捉え方をされてき
た。

　第二次世界大戦が終結し，日本が敗戦を迎える中で，連合
国軍総司令部（GHQ）は，町内会を日本の戦争遂行の協力機

＊町内会の禁止・解散

戦時中，自治会・町内会は隣組を組織することで，戦争に国民を総動員するという性格を強め，大政翼賛会の下部組織としても位置づけられた。そのため，自治会・町内会は，連合国最高司令官総司令部（GHQ）から，非民主的な組織として1947年のポツダム政令第15号「町内会部落会又はその連合会等に関する解散，就職禁止その他の行為の制限に関する件」により，その廃止・解散が命じられた。

関とみなし，当時の内務省は1947年に**町内会の禁止・解散**を命ずることとなった。しかし，1951年の日本の独立以降，町内会の復活が求められる動きもあり，町内会をめぐる賛否両論が展開された。

　確かに戦時中の町内会は，戦争への協力のための役割を果たす面があり，日本の近代社会をめぐる主に社会学界の論争の中では，否定的に捉えられる主張も強かった。和田清美の整理によれば，「『町内会の復活』に端を発した『町内会論争』は，まず近代市民社会の組織原理から見てその『前近代性』が批判され，この反証として『文化型』が提起され，結局のところ〈町内会 vs. 市民組織〉という都市住民組織のプロトタイプが出来上がる」こととなる（和田 2021）。

　このように否定的に捉えられてきた面もある自治会・町内会であるが，今日では，加入率の低下やリーダーの高齢化など，様々な課題があり，自治体にとっても，地域社会にとっても，大きな問題となっている。すなわち，地域社会を支える存在として，自治会・町内会に参加・協働の役割を担うことを求める状況が生まれているのである。

## ③　参加・協働を進める自治体政策と住民

### 1　自治体行政と住民の参加・協働

　それでは，自治会・町内会を含め，自治体行政における住民の参加・協働は，どのような状況にあるのだろうか。地方分権が推進され，全国の自治体で住民との参加・協働を進める動きが強まる中，様々な議論が生まれているのも事実である。それというのも，協働については，先にみたような理解が可能なものの，未だその概念が確定しておらず，時として地域において生じる住民と行政の紛争は，相互不信を生む場合も多い。

　行政からみれば，住民の運動や活動は，行政の施策に異議を唱える「やっかいなもの」であることも多く，住民からすれば，協働の名のもとに，行政が，財政危機の中で困難になっているサービス供給を住民に肩代わりさせようとしているのではないかという疑念も生まれる。双方の対等性や協力のあり方について，相互理解が十分ではないのである。

　そこで，協働については，前述の定義に加え，以下のような２つの視点からの整理が必要である。すなわち，第１に，協働を政策形成時における行政と住民の関係に位置づけ，第

2に，公共サービスを提供する行政と住民の役割分担におい
て検討するというものである。

　これまでみたように，公共サービスの供給に当たっては，
行政がそれを独占する時代は終わり，多様なサービス供給主
体が役割を分担しながら住民の生活を支えていくことが不可
欠になっている。しかし，場合によっては，それが行政の責
任放棄と捉えられ，住民への負担転嫁と考えられる場合も少
なくない。それは，結局のところ，公共サービスのあり方に
ついて，行政が一方的な役割分担を決定するのではないかと
いう，住民の不満があることによる。したがって，第1に指
摘した，政策形成時における協働が重要になるのであり，こ
の両者がセットで初めて，住民と行政の協働が意味のあるも
のになるのである。

[2]　**政策形成と住民・行政の協働**

　政策形成の過程において，住民と行政が協働していくとい
う場合，具体的にはどのような取組みが行われているのであ
ろうか。全国的に，すでにそうした取組みが行われている
が，それはいくつかに整理することができる。

　第1に，行政の**総合計画**[*]をはじめとする様々な行政計画を
策定する際に行う参加・協働，第2に，施策を具体化するた
めに政策立案を図り，例えば条例を議会に提案するような参
加・協働，第3に，政策が執行された後に，その内容を評価
し，つぎの政策執行にフィードバックするための参加・協働
がある。

　こうした，政策形成の過程での参加・協働は，計画の策定
や条例提案に向けた作業において，すでに全国の自治体で具
体化してきている。その名称においては，様々なバリエー
ションがあるものの，市民参加の方法や手続について定めた
市民参加条例やまちづくり条例，行政基本条例などが，その
例として挙げられるであろう。市民参加条例を全国に先駆け
て制定した大阪府箕面市市民参加条例では，協働について**表
3-1**に示すとおり規定している。

　これらに加えて，市長の責務を規定して，行政が市民と協
働する際のルールを定め，どのようなしくみで行政と市民が
協働するのか，市民公募のあり方や**住民投票**[*]（市民投票）の
実施などについて規定していくことで，参加・協働の実質化
を図ることが考えられる。もっとも，条例に盛り込む内容

**＊総合計画**
自治体は，長期的な展望に
立った計画的な行政運営を
行うことが求められるた
め，まちづくりの目標やそ
の内容を定めた最上位計画
である総合計画を策定する
のが一般的である。総合計
画は，多くの自治体では，
「基本構想」「基本計画」
「実施計画」の3つで構成
されており，特に市町村の
場合，地方自治法で「基本
構想」の策定と議会での議
決が義務づけられていたた
め，総合計画の策定に取り
組むのが常であった。そう
した中，2011年に地方自治
法が改正され，市町村の基
本構想の策定義務は廃止さ
れた。したがって，総合計
画の策定については，自治
体が策定の有無や計画期
間，計画構成などについて
自治体ごとに決定できるよ
うになり，その根拠は自治
体の条例等に求められるこ
ととなったものである。
➡第12章「自治の政策」❸
[4]参照。
**＊住民投票**
➡第2章「住民の地位」参
照。

**表3-1　箕面市市民参加条例（抄）**

（目的）
**第1条**　この条例は，まちづくりにおける市民参加の基本的な事項を定めることにより，市と市民が協働し，地域社会の発展を図ることを目的とする。
（定義）
**第2条**　この条例において「市民参加」とは，市の意思形成の段階から市民の意思が映されること及び市が事業を実施する段階で市と市民が協働することをいう。
　2　この条例において「協働」とは，市と市民がそれぞれに果たすべき責任と役割を自覚し，相互に補完し，協力することをいう。
（市民参加の推進に関する基本理念）
**第3条**　市民参加の推進は，市民のもつ豊かな社会経験と創造的な活動を通して，市と市民が協働して市民福祉の向上と将来のよりよいまちづくりの実現を図ることを基本理念として行われるものとする。

（出所）　箕面市 HP。

***パブリック・コメント**
国や自治体等が政策を実施するために制度を定め，法令や条例を制定するときに，国民や住民の意見を広く一般から募り，その意見を元に政策の公正さと政策立案の透明性を図るしくみが，パブリック・コメント制度である。国においては，行政手続法によって，また，自治体ではそれぞれの条例によって定められている。

***自治基本条例**
2000年の分権一括法の制定を受け，地方分権改革以降，日本各地で自治体の憲法として「自治基本条例」を制定する動きが活発化した。地方自治を保障し，住民自治を規定するものとして，制定の動きがひろがり，2022年現在，名称は様々だが，400あまりの自治体でこうした条例が制定されている。内容としては，住民の自治体運営に係る権利及び義務，住民主体の自治体行政運営，住民参加のしくみ等が規定されることが多い。➡第2章「住民の地位」③ 1 参照。

や，範囲については，自治体ごとに特色がみられるし，また自治体で定めている他条例との関係によっても変わってくる。

また，参加条例に関連して，**パブリック・コメント**を条例によって規定している自治体も増加し，参加・協働を具体化するしくみづくりについても工夫がされ始めている。これらは，情報公開条例の整備などとあわせて行政システムの改革の問題として早急に進められることが，参加・協働にとって課題となる。

重要なことは，近年，こうした条例の制定過程そのものが，住民の参加・協働によって支えられてきていることである。総合計画の策定過程に住民が参加する手法は，コミュニティ形成の課題とともに，多くの自治体で取り組まれてきており，その手法も，ワークショップを取り入れるなど，多様化，高度化している。同様に，条例制定の過程においても，専門家の助力を得ながら，住民と行政職員，あるいは住民と議員の共同作業で検討，立案される例が増えてきている。このことは，自治体のルールそのものを，行政のみで立案していくのではなく，住民とともに策定していくということを意味しており，まさに参加・協働の実践が行われているといえるのである。

近年の動向としては，「自治体の憲法」ともいうべき**自治基本条例**を定める自治体も多く，そこでは当然にそうした策

定初期の段階からの参加・協働が実施されている。

### 〔3〕　地域自治の強化と都市内分権

　住民協働による政策形成を進める上で，もう1つ重要な側面は地域自治の強化に関する問題である。これまでも，日本における地域の自治は，自治会・町内会を中心に，近隣の互助・共助による支え合いを基本に行われてきた。こうした地縁・血縁的な団体を公的に認めるために，地方自治法の改正によって「**認可地縁団体**<sup>*</sup>」として位置づけられてもきている。

　しかし，その一方で，自治会・町内会等の従来から地域自治を担ってきた団体においては，役員の高齢化や組織率の低下が顕著であり，住民であってもこれら団体に所属しないフリーライダー（「ただ乗り」）を生じさせている。市町村合併の推進による自治体規模の拡大は，こうした地域団体のコミュニティ強化をうながし，一層の都市内分権を求めている。都市内分権は，平成の大合併の進展により，市町村の規模が拡大することによる自治の希薄化や住民から遠い行政になることを回避することなどを意図したものである。ただし，これを合併問題との関連のみで論じることは適切でなく，政令指定都市や中核市などの他，すでに存在している人口規模の大きな自治体においても，当然取り組まれねばならない問題である。特に行政区をもつ政令指定都市については，区役所への分権が指向されるべきであり，それぞれの区に区役所分権に見合った，住民が政策形成において協働するしくみが構築される必要がある。

### 〔4〕　コミュニティ政策の新しい展開

　平成の大合併により，市町村の再編が進み，地域コミュニティのあり方も変化している。そうした中，地域社会のつながりが希薄化しているために，地域コミュニティの中で活動する諸組織の人材が不足し，地域コミュニティの地域課題解決力が低下しているのも事実である。そのため，自治会・町内会の加入促進の取組み，協働事業提案制度や人材育成，行政職員の地域担当や専門機関による身近な地域でのコーディネート活動のしくみなど，様々な施策が実施されている。そこで，協議会型住民自治組織への注目も高まっている。

　「協議会型住民自治組織」は，「都市内分権」とか「自治体

**＊認可地縁団体**
認可地縁団体とは，地方自治法の規定に基づき，市長の認可により法人格を付与された「地縁による団体」をいい，自治会・町内会のような，一定の区域の住民により構成されているものをいう。地方自治法では，地域的な共同活動を行うことを目的とし現にその活動をしていること，団体の区域が客観的に明らかであり安定的かつ継続的に存続していること，住所を有するすべての個人が構成員となることができ，またその相当数が現に構成員であること，地方自治法で必要とする事項を定めた規約をもっていることが認可の要件となっている。

内分権」,「地域分権」などと呼ばれているしくみを指す。日本都市センターは,「地縁型住民自治組織」を「自治会・町内会などの比較的狭い区域で住民に最も近い立場で住民相互の親睦や地域課題に取り組むために組織された任意の団体及びその連合会等」とする一方,「協議会型住民自治組織」を「市域を複数の地区に区分し,自治会・町内会,ボランティア団体,NPO,PTA,企業等の多様な主体によって構成される地域課題の解決のための組織のこと」と定義しており(日本都市センター 2004),今後の地域自治のあり方をめぐって注目される。

## ④　NPO による参加・協働の推進

### 1　NPO が果たす地域での役割

先に述べたように,市民・住民と自治体政府が,地域における社会サービスの役割を分担し,さらにはその供給のあり方や方法についてともに決定するガバナンスが重要になってきている。また,公共サービス供給の多様化という観点から協働を捉えることが求められている。そして,そうした状況の中で,重要な役割を果たしつつあるのがNPO である。

NPO は,'Non Profit Organization' の略称で,NPO 法*が施行されて以来,特定民間非営利法人と法文上は称されてきた。しかし,民間非営利の法人といえば,財団法人や宗教法人などの公益法人との混同もされやすい。NPO 法制定の対象と想定された本来の団体は,市民活動と称されてきた市民の自発的な意思に基づく活動であり,そこに新しさがあったのである。

民間非営利の市民活動が注目を集めはじめたのは,阪神淡路大震災や日本海重油流出事故の際に,多くのボランティアが被災地に駆けつけ,活躍したことによる。また,近年も続く激甚災害や人口減少の中で,市民活動への魅力は高まっている。欧米では,こうした活動に対する認知が早くから進み,政府もこれを積極的に支援してきた。

### 2　NPO の活動とその意義

もともと法制化される前の日本のNPO も,政府による基盤整備や支援方策の遅れにもかかわらず,例えば株式会社を設立することで法人格を取得し,「仕事」として地域にサービスを供給してきた。また,在宅介護支援としてホームヘル

*NPO 法
NPO 法(特定非営利活動促進法)は,NPO に法人格を付与することにより,NPO の社会貢献活動を促進し,活動の基盤強化を図るものである。阪神淡路大震災を1つの契機として,市民活動の重要性が高まる中,1998年に議員立法により制定された。

パーの派遣や配食サービスなど福祉分野で自治体行政から業務委託を受けて地域社会で高齢者を支えてきた。こうしたいわば市民事業として展開することが可能になった NPO が存在する一方で、きわめて小規模でボランティア・サークルに近い団体も多い。これらの団体は活動基盤も脆弱で、メンバーも少なく、活動資金も活動の場となる空間も保有していないのが現状である。

　そこで、自治体行政に求められているのは、そうした NPO の多様性に対応することである。1 つの問題点としては、行政がもつ縦割り行政のために、自治体は総合的に NPO 政策を展開できなかった。近年の状況変化の中で、自治体行政も市民活動や NPO を支援する政策を進めつつあるが、それを妨げているのがこの問題である。所管ごとに縦割りに把握された NPO は、例えば福祉 NPO は福祉事務所や社会福祉協議会に、まちづくりの NPO は都市計画などの所管課に、文化や教育に関する NPO は教育委員会に、それぞれ登録され、地域住民が NPO についての情報を役所で得ようと思っても、総合的な情報を得ることが難しいのが現状である。

　縦割り行政の弊害がこのように NPO にも及んでおり、市民の活動が所管ごとに系列化されれば、NPO が身近な視点から総合的に施策を判断し、サービスを提供するという利点を埋没させる結果になりかねない。したがって、自治体は、NPO 法の制定を踏まえて、NPO についての総合的な窓口を整備するなど、改革を進めねばならない。

### ③　自治体の NPO 政策

#### (1)　自治体 NPO 政策の論点

　NPO 法の制定は、自治体にも多くの課題を課すこととなった。直接的には、NPO 法人が事務所を置く都道府県知事がその所轄長となり、法人申請の書類を受理して法人設立の認証を行わなければならず、報告徴収、立入検査、改善命令、認証の取消しなどの監督を行うこととされている。こうした事務が、自治体の事務として取り扱われる（**表 3-2**）。

　こうした都道府県レベルでの取組みは NPO 法の制定によって「待ったなし」の形で始まり、多くの NPO 法人が誕生し、**都道府県の NPO 支援**も行われている。

　そして、こうした法制定や都道府県レベルでの取組みの進

**＊都道府県の NPO 支援**
都道府県の NPO 支援には、様々なものがあるが、例えば、神奈川県が最初に設置した県民活動サポートセンターにみられるような活動の場を提供は全国に広がっており、さらには市町村にも設置されて、NPO 活動の拠点となっている。

表 3-2　NPO 法に基づく申請受理数及び認証数・不認証数等

|  | 受理数 | 認証数 | 不認証数 | 解散数 | 認証取消数 |
|---|---|---|---|---|---|
| 都道府県 | 40,913 | 39,820 | 808 | 17,918 | 3,526 |
| 指定都市 | 11,051 | 10,966 | 4 | 4,424 | 1,018 |
| 合　計 | 51,928 | 50,786 | 812 | 22,342 | 4,544 |

（出所）　内閣府 HP（「内閣府 NPO ホームページ」認証申請受理数・認証数（所轄庁別））より抜粋。2022年 3 月31日現在（累計）。なお，認証取消数は解散数の内数。

展は，住民に最も身近な政府である市町村にも政策的対応を求めるものである。そこで，自治体は，NPO との協働を進めるための施策を展開することになる。具体的には，活動場所の提供・資金の提供・情報の提供・人材育成への協力などが考えられてきた。その内容については，市町村によって違いがあり，条例や要綱を制定し，活動の場を提供し，補助金を交付するなど，協働のパートナーとして支援する動きとなっている。

　また，対等な協働のパートナーとして，福祉サービスをNPO に委託し，共に公共サービスを提供する担い手として積極的に位置づける努力もなされてきた。先にみたように市民参加促進条例を全国に先駆けて制定した箕面市では，非営利公益市民活動促進条例も制定し，そうした試みを条例化して，NPO 政策を前に進めようとした。この条例の特徴を概略的に述べると，①「非営利公益市民活動団体」を市が認証し，②その活動を促進するために積極的にそれら団体と協働する，③さらに市が行う公共サービスの実施主体としてそれら団体の参入機会を提供する，④その促進のための委員会を市長の諮問機関として設置する，と規定している。

　こうした動きは，全国の自治体に広がっており，活動支援のための基盤整備や「市民活動センター」等の設置も一般的なものとなっている。

### (2)　NPO 自立のための中間支援 NPO[*]

　このように，地域における NPO をめぐる制度整備が進み，NPO 活動が社会の中で果たす役割は大きくなっているが，そこで重要なことは，行政が NPO と協働していくためには，どのような関係を作っていくことが必要になるかということである。行政が，これまで進めてきた施策の多くは，市民活動を「支援」するためのものであり，具体的には，活動場所の提供・資金の提供・情報の提供・人材育成への協力

＊中間支援 NPO

中間支援 NPO の位置づけについて，内閣府は，『中間支援組織の現状と課題に関する報告書』2002年において「人材，資金，情報などの資源提供者と NPO の仲立ちをしたり，また，広義の意味では各種サービスの需要と供給をコーディネートする組織」と定義している。

などが考えられてきた。その内容については，自治体によって違いがあるが，今後は，「育成」「支援」を超えた，「協働」のための方策を前面に打ち出すことであろう。段階的にみると，以下のようになる。

第1に，NPOの発足準備ないしは発足間もない団体に対する政策として，場所の提供・情報提供・人材育成（政策アドバイス）・資金援助などが考えられる。この段階では，自治体行政がイニシアチブをとることが多く，中間支援NPOがまだ組織されていない自治体においては，行政がその役割を担うこともありうる。

第2に，NPOが成長途上にある場合には，場所の提供を継続しながら，資金援助を縮小し，自立を促す必要があろう。いわば協働のための準備段階にあるのであり，NPOのサイドでもそうした自覚が求められる時期でもある。

第3に，NPOの発展段階においては，基本的には行政は「支援」をやめ，協働のための施策を展開することとなる。この段階では，自治体行政はNPOに対して行政サービスを委託し，対価を支払うことによって間接的に活動を促進することになる。また，**外郭団体**などで行っている業務をこれら団体に移していくか，あるいは外郭団体そのものをNPO化していく方向性が探られねばならないだろう。

この発展段階においては，NPOは行政にとって公共性の質を競い合うよい意味でのライバルであって，緊張関係をはらみながら協働するパートナーなのである。

付言すれば，これらすべての段階を通じて，行政-NPOを通じた情報共有がなされ，行政のシステムの改革が求められる。行政システムの改革では，NPO活動との協働のための縦割り行政の是正や総合窓口の設置などが基本となる。

一方，今日では，大都市部を中心に多くの中間支援NPOが活動を行っている。これは，いわばNPOの活動を支援するNPOともいうべきものであり，行政と市民活動の中間にあって活動する団体であるという認識が一般的であるが，日本NPOセンターは，自らを「民間非営利セクターに関するインフラストラクチュア・オーガナイゼーション（基盤的組織）」であると位置づけ，「NPOの社会的基盤の強化を図り，市民社会づくりの共同責任者」であるとして，「中間にある組織」という位置づけに問題を提起していて興味深い。

これらは，NPOのメンバー向けの講座や研修を実施し，

**＊外郭団体**
国や自治体が，その活動や事業を実施するために，独立した組織として設立し，連携・補完し合いながら施策の実施をめざすような団体を外郭団体という。多くの場合，国や自治体から出資がなされ，人的な交流も盛んである。そのために，天下りの温床になっている等の批判もある。

## ▶▶ *Column 4* 　自治会・町内会の女性リーダー ◀◀

　町内会・自治会は，身近な助け合いから，災害時の命を救う支え合いまでを担う住民組織として重要な役割を果たしてきた。

　自治会・町内会の大きな課題が女性リーダーの少なさである。内閣府男女共同参画局がとりまとめた『持続可能な自治会活動に向けた男女共同参画の推進について』（2017年3月）のアンケート（1741市区町村のうち1157市区町村が回答）では，「自治会長に女性がなることのメリット」として「運営に多様な視点が生まれる」と回答した割合が77%であるとしている（複数回答）。また同じ質問項目において，42.8%が「地域をよく知っており，細かい配慮のある運営ができるようになる」と回答しているという。

　さらにこのアンケート調査では，「自治会での男女共同参画の進行状況」についての設問では，52.1%の市区町村が「進んでいない」と回答しており，女性会長率は加重平均で4.6%となっている。こうした状況は，人口密度の低い自治体で顕著である。

　また，自治会長に女性がなることが難しい理由は多い順に，「女性自身の意識」（71.9%），「男性自身の意識」（51.3%），「家事・育児・仕事等により会長の仕事を行える時間がない」（36.9%），「家族が女性会長になることへの抵抗感，家族の協力が得られない」（27.1%），「地域の伝統行事等の役割から会長職は男性を優先している」（25.8%），「女性は家庭を守るべきといった性別役割分担が根強い」（24.1%）となっている。

　静岡県は，2つの政令指定都市をもち，さらに2つの施行時特例市といった大都市を擁する人口360万人（全国10位）の県であるが，報道によれば，自治会長に占める女性の割合は全国平均の6.1%を大きく下回る1.9%で全国43位だという。報道の中では，地域の自主防災組織のリーダーを自治会長が兼務する地域が多いことからも，災害時における課題も指摘されている（『静岡新聞』2021年6月15日）。このように，地域の生活を支える自治会・町内会活動において女性リーダーが少ないと，女性に特有のニーズや課題に目が向きにくくなる。

　日本の衆議院の女性割合は9.7%で各国中162位と，惨憺たる状況である（「列国議会同盟（Inter-Parliamentary Union，〔IPU〕公表データ，2022年5月現在）。国政や地域政治のこうした現状を変えるには，地域社会の基盤から現状を変える政策に取り組まねばなるまい。「女性のいない地方自治」であっていいはずはないことを自治体は，真剣に考えるべきである。列国議会同盟（Inter-Parliamentary Union，IPU）HP（https://data.ipu.org/women-ranking?month= 5 &year=2022）

（山岸絵美理）

これから活動に参加したい一般住民を集めて，様々な支援を行う例も多い。こうした活動が活発化すれば，行政主導のNPO政策ではなく，本当の意味での新しい公共サービスの担い手によるセクターが形成される。すでにこうした取組みは全国自治体に広がっているのである。

## 5　参加・協働の課題と分権時代の地域と社会

　このように，参加・協働を住民と行政が進めることの意味は，しだいに増大しつつあり，住民ニーズの多様化と財政危機は，単にそれを理念上のものではなく，自治体経営の効率化を進める上でも，不可避のものとしている。

　その一方で，参加・協働のしくみづくりや，それについての十分な理解が進んでいるとは言い難い。また，自治会・町内会のように従来から自治を担ってきた団体と，NPOなど新しく誕生してきた団体の連携も未だ不十分である。

　協働が強化されなければ，少子高齢化や激甚災害などに脅かされている日本の地域を支えることはできないだろう。協働により，自治体行政と住民の関係が変化することによって，地域社会は発展し，持続可能性が増すことになるのである。

（牛山久仁彦・山岸絵美理）

# 第4章

# 広域と地域

　　自治体は自らの権限の拡大と自由度の拡張を求め，地方分権改革の進展によって一定の成果を収めることとなった。一方で権限の受け皿として，特に住民に身近な市町村の規模はたびたび議論の俎上に上がった。明治，昭和，平成と3度にわたる合併のうねりの中で広域化が進み，その数は大きく減少した。都道府県に関しては道州制論が，そして大都市についても見直し論が展開されるものの，大きな変化は今のところは生じてない。平成の合併以降は，人口減少社会が本格化する中で水平的，垂直的など様々な形の広域連携が地域の実情に即して展開されつつある。

## ① 地方分権

### 1 第1次地方分権改革

#### (1) 戦後の地方自治制度の動き

　戦後の占領改革によって，日本の地方自治制度は**知事公選制**が導入されるなど大きく分権化された。一方，戦前は市町村にだけあった**機関委任事務制度**が都道府県にまで拡大した。これは官選知事が処理してきた国の事務を，公選知事の下で同様に処理するために導入されたものである。

　1950年代には地方自治制度も安定し，大きな制度改正は1990年代までは行われなかったが，自治体を取り巻く環境は変容した。1960年代には高度経済成長とともに地域開発が争点となり，開発の影として生じた公害問題などを契機に革新自治体が各地で誕生した。その後，2度の石油危機を経て低成長時代に入ると地方行革が求められ，他方で**地方の時代**がキーワードとなっていった。

　このような流れの中で，1990年代に入って大きなうねりとなったのが地方分権を求める動きである。

#### (2) 第1次地方分権改革の動き

　1990年代前半は政治改革を巡って国政が大きく揺れ動き，それとともに地方分権改革も規制緩和とともに政治課題としてクローズアップされた。1993年6月には衆参両院で地方分権の推進に関する決議が全会一致で可決され，1995年5月に

**＊知事公選制**
戦前の知事は内務省による官選であったが，戦後，住民による直接公選に改められた。知事の任期は市町村長同様4年で，アメリカの多くの州では多選禁止が規定されているが日本では法定化されていない。

**＊機関委任事務制度**
あくまで国の事務であり，自治体の議会も関与できず，事務の執行を拒む首長に対しては職務執行命令訴訟制度が用意されていた。

**＊地方の時代**
当時の長洲一二神奈川県知事が70年代後半に提唱したもので，政治や行財政システムを委任型集権制から参加型分権制に切り替えるだけでなく，生活様式や価値観の変革をも含む新しい社会システムの探求であるとされた。

制定された地方分権推進法に基づいて当時の総理府に**地方分権推進委員会**[*]（分権委）が設置された。

　分権委は当時の橋本龍太郎首相から実現可能な勧告の作成を強く求められたことなどから，権限の縮小を恐れる各省庁の強い抵抗を考慮し，委員や参与を務める学者で構成されるグループが，国の事務である機関委任事務をどのような新たな事務区分とするかについて各省庁の担当者と膝詰めで1件1件交渉し，合意形成を図っていくというグループヒアリングの手法を採った。

　分権委は合意形成された内容を踏まえて勧告を行い，これに基づき政府は地方分権推進計画を閣議決定した。2000年4月には**地方分権一括法**[*]が施行され，各種の制度改革が行われた一連の動きは第1次地方分権改革と呼ばれている。

### (3)　第1次地方分権改革の成果

　第1次地方分権改革の最大の成果は，機関委任事務制度の廃止である。それまで，自治体の事務として，公共事務，行政事務，団体事務及び機関委任事務の4類型が存在していた。このうち，国と地方が上下・主従の関係に置かれてきた象徴として批判が強かった機関委任事務制度を廃止し，事務自体を廃止したものや国の直接執行事務としたものを除いて，すべて自治体の事務である**自治事務**と**法定受託事務**に振り分けた。すなわち，従前の機関委任事務の多くが移行した法定受託事務も自治体の事務と位置づけられたため，条例制定権の対象となったのである。

　次に，国による自治体への関与のルール化が挙げられる。従来，国の省庁は法律や政令ではなく，省令や通達などを発して，自治体の活動を実質的に統制してきた。新たな制度では，国の関与は，法定主義の原則，一般法主義の原則，公正・透明の原則の3つの原則に則ってルール化されることとなった。また，国の関与に対して自治体が不満をもつ場合に，国と自治体間の係争処理に関する第三者機関として**国地方係争処理委員会**[*]が設置され，審査を申し出ることができるようになった。審査の結果，国の関与が違法または不当であると認められる場合は勧告を行い，国は勧告に即して必要な措置を講じることとされ，さらに自治体側に不服があれば，高等裁判所に提訴できることになった。

　このほか，特定の行政機関や特別の資格・職名をもつ職員の設置を義務づけ，自治体の人事権や組織編成権に制約を与

**＊地方分権推進委員会**
総理大臣の諮問機関として1995年に発足した機関で，委員は企業経営者，首長，学識経験者などから任命された。

**＊地方分権一括法**
正式名称は，「地方分権の推進を図るための関係法律の整備等に関する法律」。地方自治法をはじめ475の法律の改正や廃止が一括して行われた。

**＊自治事務**
自治体が処理する事務のうち，法定受託事務を除いたもので，法律・政令に基づき事務処理が義務づけられているもの（例：介護保険，児童福祉）と法律・政令に基づかずに任意で行うもの（例：乳幼児医療費補助，公共施設の管理）があり，国の関与は原則として是正の要求までである。

**＊法定受託事務**
国が本来果たすべき役割に係る事務であって，国においてその適正な処理を確保する必要があるもので，法律，政令で事務処理が義務づけられている（例：国政選挙，旅券の交付）。是正の指示，代執行など国の強い関与が認められている。

**＊国地方係争処理委員会**
2000年に設置されたもので，2021年度末までに，勝馬投票券発売税導入計画（横浜市），北陸新幹線整備計画（新潟県），普天間基地移設に係る公有水面埋立承認処分（沖縄県）及びふるさと納税（大阪府泉佐野市）の4件が処理された。

＊必置規制
具体的には，青年学級主
事，農地主事，公立図書館
に関する館長の司書資格規
制や司書の配置基準などが
廃止され，名称に関して
は，児童相談所，児童福祉
司などに関する名称が自由
に付けられるようになっ
た。

＊族議員
ある特定の政策分野に関心
と知識があり，関連する省
庁の政策決定に強い影響力
を行使する議員や議員グ
ループで，関連業界の利益
を守り，その代弁者として
の役割も果たす（例：道路
族，文教族）。

＊三位一体改革
➡第9章「政策と財務」❷
③参照。

える**必置規制***の廃止・緩和が行われた。

⑷　**第1次地方分権改革の残された課題**

第1次地方分権改革では，機関委任事務制度の廃止や国の
関与のルール化を中心とした自治体の自由度拡大に多くの労
力が注がれてきた。国から自治体への権限移譲については，
農地転用の許可権限の一部など限定的で，自治体の所掌事務
の拡張に関しては十分な成果は得られなかった。

分権委の第5次勧告では，国道・河川の一部の管理権限を
都道府県に移譲することや国庫補助負担金（補助金）の整理
合理化など公共事業の分権化を盛り込んだものの，いわゆる
**族議員***の抵抗などによって実現には至らなかった。地方税財
源の充実強化や住民自治の拡充なども残された課題となった
のである。

## 2　その後の改革

⑴　**三位一体改革**

第1次地方分権改革で残された課題のうち，地方税財政制
度に関する改革は，小泉純一郎内閣の下で進められた。これ
は補助金の削減，国から自治体への税源移譲，地方交付税制
度改革の3つを一体的総合的に進めるという意味から，**三位
一体改革***と称されている。

3つの改革は，各省庁によって賛否が異なるため，個別に
取り組んでも議論がまとまらないことから，分権委の後継組
織として設置された地方分権改革推進会議が取りまとめるこ
ととなったが，税源移譲や補助金の一般財源化を求める地方
分権派と国の財政再建を重視し，地方交付税制度の抜本的な
見直しを求める財政再建派が厳しく対立し，最終的には約4
兆円の補助金削減，約3兆円の税源移譲，約5兆円の地方交
付税削減という政治決着が2003年から2005年にかけて順次行
われた。

三位一体改革に対する評価は，自治体関係者からは必ずし
も肯定的なものばかりではない。自治体の財政的な自由度は
拡大されたとも評価される一方で，補助金の削減は補助率削
減が多用されたことで国の関与は依然として残ったままであ
り，自治体の負担率が増え，結局は数字合わせの改革である
との声や，特に地方交付税の削減によって自主財源に乏しい
小規模な自治体の財政運営に悪影響を及ぼしたとの批判も少
なくなかった。

(2)　第 2 次地方分権改革

　第 1 次安倍晋三内閣の下で，2006年12月に地方分権推進法が制定され，2007年 4 月に地方分権改革推進委員会（分権改革委）が設置された。これ以降は第 2 次地方分権改革と称される。分権改革委では，自治立法権，自治行政権及び自治財政権をもつ完全自治体としての地方政府の確立を提唱し，国から自治体への権限移譲，国による**義務づけ・枠づけ**の見直し，出先機関の整理統合，地方税財源の充実確保などが 4 次にわたる勧告などによって提言された。

　2009年 9 月に発足した鳩山由紀夫内閣以降，民主党連立政権では**地域主権改革**[*]の実現を最重視する姿勢をとり，地域主権戦略会議が設置されたが，「地域主権」という用語への疑義もあり，法律用語として用いられることはなかった。一方，国と地方の協議の場は法制化され，権限移譲や義務づけ・枠づけの見直しも一定程度は進んだ。

　2012年12月に発足した第 2 次安倍内閣は，地方分権改革有識者会議（有識者会議）を設置し，その後，権限移譲や義務づけ・枠づけの見直しなどが行われている。有識者会議では，分権委などの審議機関が勧告を行う方式ではなく，**提案募集方式**[*]を用いている。

　自治体の提案の中で実現した項目としては，いわゆる地方版ハローワーク，博物館，図書館，公民館などの社会教育施設を自治体の判断で首長部局へ移管が可能としたことや学童保育の人員配置の緩和，自立訓練対象者の要件緩和などが挙げられる。

　このように，地方分権改革は1990年代にみられたような熱烈なムーブメントから個別自治体の提案をもとに粛々と各論を進める状況に変わってきている。見方を変えれば，地方分権は着実に前に進めていくべき営みと社会的に認知されたともいえるだろう。もちろん，地方行財政全般に関わる諸課題の中には先送りにされているものも少なくない。その意味からも，地方分権改革は未完の改革なのである。

## ② 市町村合併

### 1 　明治と昭和の大合併

(1)　明治の大合併

　基礎自治体と称される市町村は 3 度の大きな合併の波を経験してきた。最初の波が明治の大合併である。

---

**＊義務づけ・枠づけ**

自治事務について，国が法令等で一律に，自治体に対して一定の活動を義務づけたり，活動に関する手続き・基準等を定めることで枠をはめているものである。

**＊地域主権改革**

地域のことは地域に住む住民が責任をもって決めることのできる活気に満ちた地域社会をつくっていくことをめざすものであるが，主権は国家の最高権力であることから，地域主権は連邦制（後掲側注）への移行とも捉えられかねないものである。

**＊提案募集方式**

地域の実情を踏まえた自治体からの提案に基づき，提案募集検討専門部会がヒアリングを通じて関係省庁と折衝を行い，合意が得られた個別分野の権限移譲や義務づけ・枠づけ（前掲側注）の見直しを閣議決定し，法律等の改正を行うものである。

＊市制町村制
1888年に制定された法律
で，市制は市の制度を，町
村制は町と村の制度を規定
したものである。

1888年の**市制町村制**の制定に伴い，江戸時代から引き継がれた自然集落としてのムラの規模を，教育，徴税，土木，救済，戸籍の事務処理といった行政上の目的に合ったものとするために，小学校の運営ができる程度の約300から500戸を標準規模として全国的に行われた合併である。府県が住民などの意見を聞いた上で合併案を作成しているが，明治政府が近代国家の建設のためにわずか1年ほどで強引に進めたものである。7万1314あったムラは，39市・1万5820町村と8割近く削減された。

### (2) 昭和の大合併

第二次世界大戦後，市町村消防や**自治体警察**が創設され，新制中学校の設置管理や社会福祉，保健衛生関係の新しい事務が市町村の事務とされた。これに伴い，行政事務の能率的処理のためには規模の合理化が必要とされ，再び市町村合併を推進する動きが出てきた。

＊自治体警察
1947年の旧警察法によっ
て，すべての市と人口5000
人以上の町村に設置された
が，財政難や広域犯罪への
対処が困難だったことなど
から1954年の法改正によっ
て現在の都道府県警察に移
行した。
＊町村合併促進基本計画
1953年10月30日に閣議決定
された計画では，人口8000
未満の8245町村の95％に当
たる7832について，1500町
村は市または人口8000以上
の町村と合併し，残りは平
均4町村ごとに合併すると
して，町村数を1956年9月
末までに3373とするという
数値目標を定めていた。
＊市町村合併特例法
正式名称は，「市町村の合
併の特例に関する法律」。
合併協議会の設置や住民発
議制度の制定，合併する場
合の各種の特例（例：議員
の定数特例）が定められて
きた。2010年の改正によっ
て，合併の推進から合併の
円滑化が目的と置き換えら
れている。

1953年制定の町村合併促進法では，町村はおおむね8000人以上の住民を標準とするとされ，町村数を約3分の1に減少することを途とする**町村合併促進基本計画**の達成が目標として掲げられた。1956年には新市町村建設促進法が制定された。なお，8000人という数字は，新制中学校1校を効率的に設置管理していくために必要と考えられた人口とされている。この結果，終戦時に1万520あった市町村数は新市町村建設促進法が一部失効した1961年には3472とほぼ3分の1にまで減少した。

昭和の大合併は，手続き上は市町村議会の議決に基づき都道府県知事が決定するというものであったが，明確な数値目標を定めたこともあって国の強力な主導の下に行われたのである。また，どこの市町村と合併するか，あるいはそもそも合併をするか否かで意見の対立が激しくなり，議会内で暴力沙汰となり警察が出動することも各地でみられた。

その後も1965年に**市町村合併特例法**が制定され，10年毎に改正・延長されていったが，市町村数は1999年3月末では3232と約40年間で1割弱の減少にとどまっていた。

### 2　平成の大合併

### (1) 地方分権と市町村のあり方

地方分権が進展する中で，焦点となったものの1つが市町村の規模などに関してだった。第1次地方分権改革の成果と

して自治体の自由度の拡充が挙げられるが，その一方で国から自治体への権限移譲は思いのほか進まなかった。これは権限を握る国の各省庁が，特に市町村に対して地方分権によって拡大した事務・権限の受け皿として規模や能力などの面からふさわしくないという，いわゆる受け皿論を主張していたことも一因であった。

　また，以前から経済界を中心に広域的な行政需要への対応や行財政改革の観点から市町村合併を積極的に進めるべきだという声が強かった。

　このような状況を踏まえ，国は人口減少・少子高齢化等の社会経済情勢の変化や地方分権の担い手となる基礎自治体にふさわしい行財政基盤の確立を目的として市町村合併を推進することとし，2000年末に閣議決定された行政改革大綱では市町村数を1000にまで削減するという目標を掲げた。

### (2) 平成の大合併のてん末

　市町村合併を推進するために，市町村合併特例法には**合併特例債**や**合併算定替**の大幅延長などによる大胆な財政支援が盛り込まれた。まさに大盤振る舞いのアメは財政難の中で公共施設などインフラ整備に課題を抱えていた市町村にとっては渡りに船であった。2005年度は合併特例債の期限がくることや三位一体の改革で地方交付税の削減が決まったことなどもあって，平成の合併の約半数にあたる325件の合併が行われた。この機会を逃すとインフラ整備のチャンスは二度と来ないといった意識を自治体関係者の多くが共有していたのである。

　このほか，旧市町村単位で設置できる**合併特例区**，**地域自治区**，人口3万以上で市とする特例，議員定数の特例などの措置が採られ，合併が促されていった。1999年4月以降，市町村合併は649件となり，市町村数は3232から1718に減少した（**表4-1**）。東京都や大阪府のように合併が1件だけのところもあれば，長崎県，広島県，新潟県，愛媛県のように7割以上減った県もある。

　合併に際しては，どこに新庁舎を置くかということや新市町村名などで意見の対立が生じ，結果として合併を見合わせたところもある。平成の合併に対しては，専門職員の配置など住民サービス体制の充実強化など行財政運営の効率化が図られたという評価がある一方で，周辺部の旧市町村の活力低下や住民の声が届きにくくなっていること，さらには合併特

**＊合併特例債**

市町村の合併に伴い特に必要となる事業について，合併年度とその後の10か年度に限り発行できる地方債で，合併後の人口などによって上限額が定められている。元利償還金の70%について地方交付税措置がある財政的に大変有利なものである。

**＊合併算定替**

普通交付税の算定において，合併市町村が交付税上不利益を被ることのないよう合併後の10か年度は合併前の旧市町村が別々に存在するものとみなし，それぞれの交付税を合算した額を交付するものである。

**＊合併特例区**

旧市町村単位で，5年以内の時限措置で設置できる特別地方公共団体（後掲側注）で特別職の区長が置かれた。これまで11市町で設置されたが，2014年度までにすべて廃止された。

**＊地域自治区**

住民自治の強化などを推進する観点から市町村全域に複数の地域自治区を市町村の判断で設置するもので，区を設け，住民の意見をとりまとめる地域協議会と住民に身近な事務を処理する事務所が置かれる。2022年4月現在，18市町に140の地域自治区が設置されている。

表 4-1　自治体の数

| 広域自治体 | | 基礎自治体 | | | |
|---|---|---|---|---|---|
| 都 | 1 | 市 | 792 | 指定都市 | 20（175） |
| 道 | 1 | 町 | 743 | 中核市 | 62 |
| 府 | 2 | 村 | 183 | 施行時特例市 | 23 |
| 県 | 43 | 特別区 | 23 | 一般市 | 687 |
| 合計 | 47 | 合計 | 1,741 | 市計（再掲） | 792 |

| 一部事務組合 | 1,466 |
|---|---|
| 広域連合 | 116 |
| 財産区 | 3,982 |

（注）　1：指定都市の（　）内は行政区の数である。
　　　　2：広域自治体及び基礎自治体の数は2022年 4 月 1 日現在で，その
　　　　　他は2018年 7 月現在である。
（出所）　筆者作成。

**＊指定都市**

政令で指定される人口50万以上の市で，大都市行政の合理的，能率的な執行と市民の福祉向上を図るため，道府県との間で事務配分の特例（例：児童福祉に関する事務，指定区間外の国道〔一般国道〕や道府県道の管理）や財政上の特例（例：宝くじ）などが設けられ，行政区が設置される。2022年 4 月現在，20市が指定されている。

**＊中核市**

人口20万以上の市で，保健所に関する事務のほか，福祉や環境保全，都市計画などに関する事務が都道府県から移譲されるが指定都市（前掲側注）よりも範囲は狭い。2022年 4 月現在，62市が指定されている。以前は人口30万以上で面積や昼夜間人口比率も要件とされていた。

**＊特例市**

第 1 次地方分権改革で設けられた制度で，人口20万以上の市で，都市計画や環境保全などに関する事務が都道府県から移譲されるが，中核市よりも範囲が狭く，2015年に中核市制度と統合されて廃止した。なお，かつての特例市のうち中核市（前掲側注）に移行していない23市（2022年 4 月現在）は施行時特例市として旧特例市の権限を保持している。

例債で整備された施設の維持管理等に多大な負担が生じたことなどに対する否定的な意見も少なくない。

**（3）　平成の大合併に伴う市町村の変化**

　平成の合併によって市町村の規模は拡大し，平均人口は 7 万を超えた。これは欧米の基礎自治体に比べるとイギリスに次ぐ大きな規模である。特に市と特別区の人口は日本全体の 9 割を超え，**指定都市**の数も人口要件の暫定的な緩和もあって，平成の合併前には12だったのが20に増加した。

　1994年の地方自治法改正で創設された**中核市**[*]は，指定都市ほどではないが都道府県から権限が移譲される。当初は人口30万以上が要件だったが，2015年に**特例市**[*]制度が廃止される際に20万以上に引き下げられた。一方，人口 1 万以上の市町村は平成の合併で約 7 割減となっている。

　地方分権改革と平成の合併によって，市町村の規模が大きくなるとともに，規模・能力に応じた権限移譲が進められた。

　この結果，都道府県の役割も，より小規模な市町村の支援や広域的な連携などに重きが置かれるようになり，都道府県のあり方についてもこれまで以上に議論が重ねられるようになった。

## 3　道州制論

### 1　道州制論の展開

#### (1) 明治期から戦前の道州制論

　道州制とは，一般的には現行の**都道府県**<sup>*</sup>をより広域にして，道や州を設置するというものである。明治期にすでに一部の県令（後の県知事）から提案があり，1927年に田中義一内閣が策定した州庁設置案が政府レベルでの最初の提案である。北海道以外を6つの州に分け，府県は存置した上で官選の州長官を置くという**三層制**<sup>*</sup>の案だった。

　終戦直前には，全国に8つの**地方総監府**<sup>*</sup>が置かれた。戦時行政の遂行という特異な目的のためのものであり，都道府県も存置されたが，わが国において唯一実現した道州制であるとの評価もある。

#### (2) 戦後の道州制論

　戦後も，地方自治法の制定に際して「都道府県の区域を適当に整備統合すること」を求める附帯決議がなされるなど，都道府県の区域の見直しに関する議論は活発に展開された。

　1957年に設置された第4次**地方制度調査会**<sup>*</sup>（地制調）では府県制度のあり方が議論となった。道州制の是非に関して激論の末，都道府県を廃止し，国と市町村の間に自治体の性格と国家的性格の両方をもつ7から9の「地方」と称する中間団体を置く案が提案され，また，少数意見として15から17の県に再編する案も参考までに付されたが，どちらも成案化することはなかった。

　高度経済成長とともに，大都市の水不足問題などに端を発した広域行政の需要が増大し，東海地区や関西地区で府県合併の構想が提唱された。1965年に第10次地制調は府県合併に関する答申を提出し，1966年以降，**都道府県合併特例法案**<sup>*</sup>が政府提案で国会に3度提出されたが，いずれも継続審議の後，廃案となった。

　道州制の議論は経済界が最も熱心である。特に経団連は電力会社のエリアなどを基にすでに都道府県の区域を越えて広域化していたこともあって，積極的に提言を行ってきた。

#### (3) 平成期の道州制論

　平成期に入ると，経済界のほか，当事者である都道府県の側からも道州制に関する提言が数多く示されている。1990年には当時の岸昌（きしさかえ）大阪府知事が府県の上に近畿圏を設置する

**＊都道府県**
都道府県は基本的には同一の性格をもつ自治体であるが，都には特別区のある区域に関しての権能が異なり，道についても若干の相違（例：警察に方面本部が置かれること，一般国道の管理を国が行うこと）はあるが，府と県の名称の違いは歴史的なものであり，権能は同じである。

**＊三層制**
現在の日本の地方自治構造は都道府県―市町村の二層制だが，郡が自治体だった大正期までは，地方部では府県―郡―町村の三層制の構造だった。

**＊地方総監府**
1945年6月に本土決戦のため全国8か所に置かれた，都道府県の上位に位置する内務省管轄下の地方行政機関で都道府県知事に対する指揮権も有していたが，11月に廃止された。

**＊地方制度調査会**
総理大臣の諮問に応じ，地方制度に関する重要事項を調査審議する審議会で1952年の第1次以降，2022年度まで33次にわたる調査会が設置されている。

**＊都道府県合併特例法案**
地方自治法では，都道府県の合併については住民投票に基づく特別の法律の制定が必要とされているが，これによらずに都道府県議会の議決を経て内閣総理大臣に申請し，国会の議決による手続きの特例などを定めた内容となっていた。

**＊連邦制**
2つ以上の国（州）が1つ
の主権の下に結合して形成
する国家形態で，アメリカ
やドイツ，カナダなどが該
当する。一方，日本やフラ
ンスなどは単一主権国家で
ある。連邦を構成している
州なども主権や憲法を有
し，主権の一部を連邦政府
に移譲しているが，その形
態は様々である。

**＊道州制特区推進法**
正式名称は，「道州制特別
区域における広域行政の推
進に関する法律」。北海道
などを念頭に都道府県から
の提案に基づき権限移譲を
進めることなどが定められ
2006年に制定された。
**＊道州制ビジョン懇談会**
道州制担当大臣の下に設け
られた，経済界の代表や学
識経験者，首長などで構成
される懇談会で，道州制の
導入に関する基本事項など
が検討された。
**＊マニフェスト**
選挙において，政党や候補
者が公約に掲げる項目を投
票に先立って発表するもの
で，単なる選挙公約ではな
く，具体的な数値目標や期
限，財政的な裏づけなどが
示されている。

構想を提唱し，1991年には岡山県の研究会が**連邦制**[＊]を提言し
ている。このほか，シンクタンクやマスコミなどからも道州
制の提言が出されている。

　国政では，地方分権改革が喫緊の課題とされ，都道府県改
革は市町村合併の状況を見極めながら改めて検討を加えると
いう方向性が2001年に出された分権委の最終報告で示されて
いたが，すでに2000年には当時の民主党が道州制推進本部を
立ち上げている。自民党も2004年に道州制調査会を設置する
など，市町村合併の次は道州制の導入という雰囲気が政党や
関係者の間で醸成されていった。

　2006年2月に第28次地制調は約2年にわたる審議の末に道
州制のあり方に関する答申をまとめた。答申では広域自治体
として都道府県に代えて道州を置く二層制の構造とし，9，
11，13の区域例を示すとともに東京都については独立した一
つの道州とすることも考えられるとしている。このほか，国
の出先機関の事務はできる限り道州に移譲し，税財政制度に
ついても分権型社会に相応しいものとするとしている。

　一方，北海道については1つの区域としてほとんど扱われ
ているため，将来道州制を導入する際の検討の参考とするた
め，北海道などからの提案を踏まえ，国からの事務・事業の
移譲を進めるために，**道州制特区推進法**[＊]が2007年に施行され
た。

### (4)　道州制ビジョン懇談会とその後

　第1次安倍内閣ではじめて道州制担当大臣が置かれ，2007
年1月には大臣の下に有識者からなる**道州制ビジョン懇談会**[＊]
（ビジョン懇）が設置された。2008年3月には道州制のメリッ
トなどを示した中間報告が作成され，道州制について，必ず
しも一般の人々の関心が高くないことから，全国各地で道州
制に関する意見交換会が実施された。

　その後，2つの専門委員会が設置され，ビジョン懇の集中
討議も行われたが，2009年に入ると政権交代が現実味を帯び
てくる中で議論も低調となり，政権交代後は一度も開催され
ず，最終報告も出さずに廃止された。

　2012年に再び政権が交代し，**マニフェスト**[＊]に道州制の導入
を盛り込んだ自民党が政権を担うこととなったが，全国町村
会などの強い反対や国民的な議論も盛り上がらない中で，実
現には至ってない。

　道州制論には様々なものがある。道州を連邦制のようによ

り国の存在に近づけるものもあれば，あくまで地方分権を進めることを主眼とし，その延長線上に自治体としての道州を位置づけるものもある。首長や議会，大都市のあり方，権限や税源をどこまで移譲するかや，財政調整のあり方，さらにはどのように区域を分けるかなどについても千差万別である。内容によっては憲法改正が必要となるものもあり，同床異夢の道州制論議といっても過言ではない。

### ② 大都市制度の見直しと大阪都構想

#### (1) 大都市と府県の対立

道州制論は大都市と府県の対立に端を発しているという側面は決して小さなものではない。大都市は自らを包括する府県からの様々な「締めつけ」を嫌い，府県は財政的に豊かな大都市が「好き勝手なこと」をするのを嫌うのは古今東西の常である。

明治期につくられた市制では，当初，東京，京都，大阪の3市には市長を置かずに府知事が兼ねていたことからも，明治政府が大都市に自治権を与えることに強く懸念していたことがうかがえる。東京市，横浜市，名古屋市，京都市，大阪市及び神戸市の6大市については，これらを包括する6府県の許認可が不要なものが法律で定められるなど特例が認められていたものの，権限や税源のあり方などについて両者が対立することも少なくなかった。

地方自治法に都道府県の区域から大都市部を独立させる特別市の制度が設けられ，特に要件とされた住民投票の対象について大都市部だけとするか府県全域とするかで大都市と府県の間で激しい意見の対立があった。

特別市制度は指定都市制度が1956年に設けられた際に廃止されたが，2010年には指定都市の側から特別市に類似した**特別自治市構想**[*]も提唱されている。

#### (2) 大都市に関する特例と大阪都構想

2010年代に入り，大阪維新の会が大阪府と大阪市の首長選挙に勝利し，東京の**都区制度**を参考にして大阪府と大阪市を再編する大阪都構想が全国の注目を集めるようになった。これは大阪府・市の**二重行政**[*]を解消するとともに，停滞する大阪経済を活性化することをめざしたもので，大阪市等を解体して複数の特別区を設置し，大阪府を大阪都に再編し，さらには将来の道州制導入に際しては関西州の中心を担おうとす

**＊特別自治市構想**
特別市同様，大都市内において都道府県を廃止し一層制の自治体とする特別自治市を置く構想で，国税以外の税もすべて特別自治市が徴収し，住民サービスの実施主体も一元化することを提言している。

**＊都区制度**
東京都の特別区の区域で，大都市地域の行政の一体性や統一性を確保する観点から上下水道の管理や消防などは都が担い，それ以外の一般的に市が処理する事務を特別区が担う制度。固定資産税や市町村民税（法人分）などは都が課税し，都と特別区の間で財政調整制度も設けられている。

**＊二重行政**
国や都道府県，市町村の間で業務が重複したり，類似の施設を設置するなど行政コストの無駄として批判される状況を指す。県庁所在市などで指摘されることが多いが，二重行政の弊害に関しては誇張されているとの批判的な声もある。

るものである。

　当時の橋下徹大阪市長の政治的影響力もあって，2012年には議員立法で大都市地域に市町村に代えて特別区を設置することを可能とする**大都市地域特別区設置法**が制定された。さらに2014年には地方自治法が改正され，指定都市における行政区の役割を拡充するための**総合区制度**が創設された。

　大阪市では，2015年５月に大阪市を廃止して５つの特別区を設置することの是非を問う住民投票が実施されたが，僅差で否決されている。その後も構想実現に向けた取組みが進められ，大阪府知事・大阪市長の出直し選挙の結果などを受けて，2020年11月に再度住民投票が実施されたが，今回も僅差で否決されている。

### (3)　今後の展望

　住民投票が２度とも否決されたことによって，大阪都構想はとん挫したものと思われるが，３度目の住民投票が実施される可能性がまったくないとはいえないだろう。大阪都構想によって焦点となった二重行政の問題については，その解消を目的として事務処理に関する連絡調整を行うための**指定都市都道府県調整会議**が設置され，それぞれの地域で様々な模索が続けられている。

　人口減少が本格化する中で，大都市制度のあり方も再び見直されることも考えられる。大規模災害への対応の観点から広域行政の重要性が再認識される中で，将来的には都道府県としての存続が危ぶまれるようなところが出てくることも想定される。20年後，あるいは30年後には都道府県合併やそれを契機とした部分的な道州制の導入といったことも起こるかもしれないのである。

## ④　広域行政

### 1　一部事務組合と広域行政の展開

　日本の自治体は，諸外国の自治体よりも多種多様な行政サービスを担っている点が大きな特徴の１つである。これはフルセット主義といわれるもので，特に住民に最も身近な存在である市町村が，教育，福祉，衛生，文化など行政サービス提供のための施設をすべて自ら整備し運営していこうとする考え方である。

　しかし，すべての自治体がそれぞれの行政サービスを自分の区域内だけで完結させることが，非効率であることやきわ

---

**＊大都市地域特別区設置法**
指定都市単独，あるいは周辺市町村の人口を合わせて200万以上の大都市地域で，指定都市を廃止し，特別区を設置する場合の手続きなどを定めている。

**＊総合区制度**
総合区は指定都市の行政区同様，市の内部組織であるが，長は特別職の総合区長として議会の同意を得て選任され，職員任命権や予算意見具申権をもつが，2022年４月現在，設置された例はない。

**＊指定都市都道府県調整会議**
指定都市と都道府県の二重行政の問題を解消し，事務処理を調整するための協議の場として，地方自治法によって定められたものである。

めて困難となることも少なくない。例えば，すべての市町村がそれぞれの区域内にごみ焼却場を設置することや水源を確保することは現実的であるとは限らない。このような場合は，複数の自治体が協働して広域的な連携を図ること，すなわち，広域行政を進める方が効果的・効率的であり，住民の利便性が向上することも期待できる。広域行政の先駆けとしてつくられたのが一部事務組合制度である。

　一部事務組合は，自治体がその事務の一部を共同で実施するために設けられる**特別地方公共団体**で，ごみ・し尿処理，上・下水道管理，消防，病院事務，学校事務などその担当する事務は多岐にわたる。

　一部事務組合の起源は，1888年に制定された市制町村制にまで遡り，明治の大合併において合併できなかった町村の行財政能力の不足を補うために設置された。当時は，小学校，伝染病組合などが主であった。

　この制度は，1911年に市にも適用範囲が拡大され，地方自治法にも引き継がれ，個々の市町村単独では非効率な事業にスケールメリットを生かそうとするものをはじめ，広域的に対応することが望ましい行政サービスを共同で実施するために全国で設置が相次いだ。し尿処理などの衛生関係が半数近くを占め，ピーク時の1974年には3039団体を数えた。

### 2　広域市町村圏と広域行政への対応

　1960年代に入ると高度経済成長の時代となり，モータリゼーションの進展などにより住民の行動範囲は拡大し，行政サービスのニーズも高度化・広域化していった。

　1962年に**新産業都市建設促進法**が制定され，これを後押しするように翌年，広域的な地域開発のために特別地方公共団体として**地方開発事業団**の規定が地方自治法に置かれたが，市町村合併は進まず，過疎過密の弊害や公害問題が深刻化する中で新たな枠組みとして1969年に当時の自治省は広域市町村圏構想を打ち出した。

　広域市町村圏は，人口10万以上の高校通学圏を概ね単位とし，中心市街地があり都市と農村が一体となっていることなどを条件に，広域市町村圏計画を定め，一体的な整備をめざした。これには，交通機関，コミュニティ施設，福祉施設などへの補助金，起債といった国の助成措置が講じられた。1977年から圏域設定が進められた大都市圏では人口40万が目

**＊特別地方公共団体**
自治体は，地方自治法上では組織，事務，権能などが一般的な普通地方公共団体（都道府県，市町村）とそれ以外の特別地方公共団体に分けられ，後者には特別区，地方公共団体の組合（一部事務組合，広域連合）と市町村の一部で財産（例：山林，水路）または公の施設の管理や処分を行うことができる財産区に分けられる。

**＊新産業都市建設促進法**
全国総合開発計画に示された拠点開発方式を実現するために1962年に制定された法律で，道央，磐城・郡山，水島，大分など15か所が指定された。

**＊地方開発事業団**
一定の地域の総合的な開発計画に基づく，住宅や工業用水道などの建設，工場用地の造成，土地区画整理事業を総合的に実施するために，複数の自治体が共同して設置する特別地方公共団体で1963年に制定されたが，あまり活用されず，2021年度末までにすべて解散した。

安とされた。

　また，広域行政機構を強化するとともに増加が著しい一部
事務組合数を抑えるために，1974年の地方自治法改正によっ
て，共同処理する事務が市町村間で異なる場合でも１つの組
合で処理することができる複合的一部事務組合の制度が創設
された。これによって，一部事務組合の数は減少に転じ，平
成の合併を経てその数はピーク時の半分以下となった。

　しかしながら，広域行政機構の強化は国主導で全国画一的
に広域市町村圏を設定させたことや国の省庁の中には所管事
務に関して別の広域圏構想を打ち出したところもあって，必
ずしも十分な成果が得られたわけではなかった。

### ［３］ 広域連合制度の創設と様々な広域連携の枠組み
#### (1) 広域連合制度

　その後は圏域ではなく，地方分権の議論が進む中で権限移
譲と受け皿論へと転換していった。1994年の地方自治法改正
によって広域連合制度が創設された。広域連合制度は広域的
要請に積極的に取り組めるものとなっていて，以下のような
特徴がある。

　第１に，国や都道府県からの権限移譲の受け皿となること
ができる。第２に，広域連合の長や議会の議員は直接公選が
認められ，2012年の改正で，長に代えて理事会を置くことが
できるようになったが，いずれもこれまでのところ実例はな
い。第３に，直接請求制度も認められている。

　広域連合制度は，様々な可能性を包含したものであった
が，実際には介護保険の認定審査や後期高齢者医療など，主
として効率的な行政運営を進めるために全国一律的に設置さ
れるものが多く，制度の創設理念とは異なる運用状況になっ
ている。

#### (2) 広域連携の新たな枠組み

　広域連合設立の熱が冷め，平成の合併も一段落する中で新
たな広域連携の枠組みが整備されていった。地方部では人口
減少と高齢化が深刻さを増し，度重なる大災害の中で地方創
生が新たな政策課題としてクローズアップされていった。

　合併を行った市町村はもちろんのこと，合併しなかった小
規模市町村にとって，単独で**ナショナル・ミニマム**の行政
サービスを提供し，地域社会を維持することは困難さを増し
ている。

**＊ナショナル・ミニマム**
国が国民に対して保障する
生活の最低限度（最低水
準）のことである。この概
念を日本国憲法第25条では
「すべて国民は，健康で文
化的な最低限度の生活を営
む権利を有する」と生存権
の保障として規定してい
る。

━━ ▶▶ **Column 5**　日本の自治体は大きいのか小さいのか ◀◀ ━━

　自治体の規模が小さすぎるとして市町村合併や都道府県合併，道州制などが主として経済界などから長年唱えらてきたが，諸外国と比べると実際のところどうだろうか。比較の物差しは多くの場合，人口と面積となる。

　連邦制の州も広域自治体とみなすと，面積に関しては日本の都道府県の規模は必ずしも大きくはないものの，人口でみれば平均270万で，フランスやスペイン，イタリアとは同程度，アメリカやドイツに比べると半分程度となる。また，日本の都道府県よりも人口が少ない国は世界に数多くある。

　基礎自治体に関しても日本の市町村は決して小さいわけではない。自治体の再編が国主導で行われたイギリスや韓国では平均人口は10万を超えるが，この両国を除けば人口はもちろんのこと，面積でも日本の市町村の方が大きくなっているケースが大部分だ。日本の市町村の平均人口が 7 万を超えているのに対して，アメリカやドイツは 1 万弱，フランスは2000弱と明らかに規模が異なる。

　異なるのは規模だけではない。基礎自治体の権能は国によっても様々である。日本のように基礎自治体がフルセット主義で住民に身近なサービスをおおむねすべて担っている国ばかりではない。イギリスでは医療や健康サービスは基本的に国（NHS：National Health Service）が担っている。アメリカでは学校や上下水道など，個別サービスごとに特別な自治体（Special district）を設置することが多い。

　日本のように都道府県―市町村というどこでも二層制の構造になっているとは限らないこともあって比較は必ずしも容易ではない。フランスは三層制，アメリカも原則として州―カウンティ（郡）―市町村の三層制が原則だが，カウンティと市町村が合併（統合）している自治体がニューヨーク市など大都市部に多くみられる。ドイツは二層制と三層制が混在し，ベルリンのように市が州の役目も兼ねるという都市州も存在している。イギリスもイングランドに関しては一層制と二層制が混在している。

　地方自治に限った話ではないが，諸外国との比較では単純に表面的なところだけ比較しても得られる知見は限られるものだ。隣の芝生は青く見えるだけに，要注意である。

（田村　秀）

　このような変化を踏まえ，平成の合併後は，多様な選択肢の中で地域の実情に応じてそれぞれの判断に基づき必要とされる広域連携が三大都市圏以外の地方圏の自治体で図られるような状況になりつつある。

　2008年度には広域市町村圏に関する要綱が廃止され，2009年度からは**定住自立圏構想**[*]が推進された。これは，医療や地域交通，買い物などの機能について一定の集積がある人口 5 万程度以上の市が中心市宣言を行い，近隣市町村と 1 対 1 で

**\*定住自立圏構想**

2022年 4 月現在，中心市宣言を行ったのは140市，定住自立圏形成協定の締結または定住自立圏形成方針の策定によって形成された定住自立圏は130圏域となっている。

定住自立圏形成協定を締結し，生活機能の強化，ネットワークや圏域マネジメント能力の強化などを図り，地方圏における定住の受け皿を形成することとしている。

また，2014年度からは，おおむね人口20万以上の中核性を備える市が連携中枢都市宣言を行い，圏域全体の経済成長の牽引，高次都市機能の集積・強化，生活関連機能サービスの向上を図るため，近隣市町村と連携して圏域を形成する**連携中枢都市圏構想**[*]の取組みが進められている。ここでは地方自治法改正で制度化された自治体間の柔軟な連携を可能とする連携協約が用いられている。

このほか，2014年の地方自治法改正では**事務の代替執行**[*]制度も創設されている。協議会や事務の委託，**機関等の共同設置**[*]といった従来からあった広域行政の仕組みに加えて，市町村間の水平的な連携と都道府県などとの垂直的な補完による広域連携の枠組みは多様化した。人口減少社会が本格化する中で，都道府県と市町村の枠組みも時代のニーズに即した新たな枠組みを再構築することが模索され続けていくだろう。

（田村　秀）

***連携中枢都市圏構想**
2022年4月現在，連携中枢都市宣言を行ったのは39市，連携中枢都市圏ビジョンを策定したのは37圏域，連携中枢都市圏に取り組んでいるのは362市町村となっている。

***事務の代替執行**
自治体の事務の一部を協議により規約を定め，当該自治体の名において，他の自治体に管理・執行させる制度である。

***機関等の共同設置**
自治体の委員会・委員（例：公平委員会），行政機関（例：保健所），附属機関（例：介護認定審査会），首長の内部組織（例：税務課）などを複数の自治体が協働で設置する制度である。

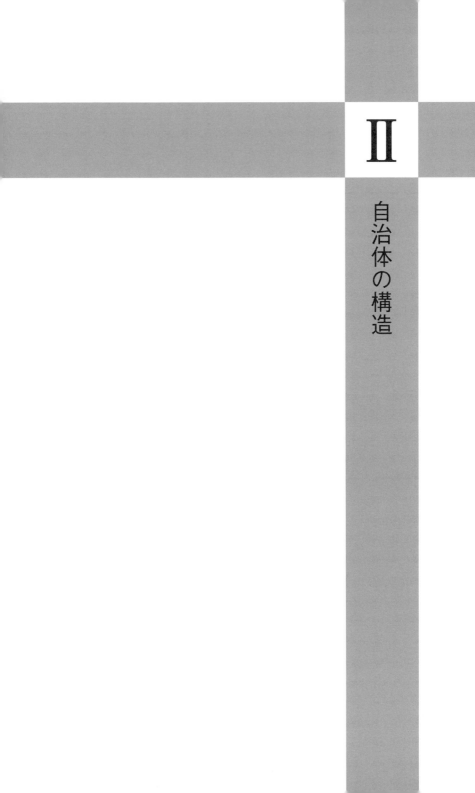

# II

## 自治体の構造

# 第5章

# 議会と首長

　日本の地方自治制度は，選挙により選ばれた議員が構成する地方議会と，同じく選挙により選ばれた首長が運営を担う仕組みである。議会と首長の関係はどのようになっているのか，また，いま，この仕組みは，どのような状況にあり，どのような課題を抱えているのかを知ることは，私たちが地方自治を理解する上で必要である。

## 1　議会の役割

　国における国会，地方自治における都道府県議会，市町村議会は，民主政治を運営する上で，必要不可欠な機関である。国会に比べると**地方議会**の存在はあまり意識されないかもしれない。住民が選んだ議員が，住民の代表として自治体運営のための重要な議決をする議会は，全住民が直接意思決定をする直接民主制に代わるものとして設置されている。人口が極小規模の自治体でも，全住民の参加を前提とする住民総会を導入するのは困難である。必然的に公選議員による間接民主制・議会制民主主義による民意の表出が必要である。

　**首長**と呼ばれる自治体の長，知事，市町村長は，自治体の行政を一人で代表する立場にある。

## 2　機関対立主義

### 1　日本国憲法の議会・首長についての規定

　日本国憲法は大日本帝国憲法（明治憲法）を改正したものであり，大日本帝国憲法の章立てをほぼ踏襲している。その中で，第2章「戦争の放棄」，第10章「最高法規」と並び，第8章「地方自治」は，日本国憲法に新たに加えられたものであり，新憲法の原理でもある。憲法第8章で決められた地方自治の制度が，ここで扱う議会と首長のあり方を規定している。第8章は4つの条文からなるが，このうち首長と議会の関係に触れているのは，第93条と第94条である。

**＊地方議会・議会**
憲法条文では「議会」と定められているが，これも地方自治の用語としては通常「地方議会」と呼ぶ。

**＊首長**
憲法では「長」とされているが，地方自治の世界では通常「首長」（首長＝しゅちょう，同音異義語とさけるために「くびちょう」とも）と呼ばれるので，ここでは憲法の条文以外では「首長」を使う。

**＊機関対立主義**
「機関」とは，仕組み，組織の意味で，ここでは「首長」と「地方議会」という2つの仕組みが並立し相互にコントロールするあり方をいう。

〔地方公共団体の機関＊〕

**第93条**　地方公共団体には, 法律の定めるところにより, その議事機関として議会を設置する。

**2**　地方公共団体の長, その議会の議員及び法律の定めるその他の吏員は, その地方公共団体の住民が, 直接これを選挙する

〔地方公共団体の**権能**＊〕

**第94条**　地方公共団体は, その財産を管理し, 事務を処理し, 及び行政を執行する権能を有し, 法律の範囲内で条例を制定することができる。

　第93条と第94条の解釈のうち, ここで重要と考えられてきたのは以下の2点である。

・地方議会は必ず設置しなければならない
・首長も地方議員も住民の直接選挙で選ばなければならない

### ［2］　地方自治法による規定

　憲法第93条「地方公共団体の権能」で定められている内容は, 議会と首長の間で分担される。それは, **地方自治法**＊で定められており, 地方自治法第96条に, 地方議会が議決しなければならない事件として, 条例の制定・改廃, **予算**＊・**決算**＊, 地方税等の賦課徴収, 契約の締結, 等が主な権能として挙げられている。第147条は, 地方公共団体の長(首長)は, 地方公共団体を統轄し, これを代表する, と定め, 第148条は, 長が事務を管理し及びこれを執行するとしている。具体的には, 第149条で, 議会への議案提出, 予算の調製・執行, 地方税・分担金等の徴収, 議会への決算案の提出, 財産の取得, 管理, 処分といった内容が挙げられている。

### ［3］　機関対立主義＝「二元代表制」

　これまでみたように, 日本の自治体は, それぞれ別な選挙で選ばれた議会と長が, 運営することになっている。議会＝立法と, 首長＝行政・執行が別立てである政府の構造は,「大統領制」と呼ばれる。これは, 三権分立が明瞭な形で実現される方式であり, その典型が**アメリカ合衆国連邦政府**＊である。一方, 行政＝執行部の長が議会の中から選ばれる方式は「**議院内閣制**＊」と呼ばれ, 日本政府はこの仕組みである。

一般に，大統領制は，行政・執行部と立法部の権力分立が明確で，相互牽制により，一方の独走を阻むことを目的とする。他方，議院内閣制は，行政府の長は，議会多数派の支持を得て選出されるので，長は必然的に議会の支持を確保できる。そのために，政策の執行が両者の対立で阻害される可能性が低い。他方，議会多数派と長が一体化すれば，それを有効に抑制することができない。

それでは，日本の自治体は，大統領制といえるだろうか。日本では自治体においては，選挙のあり方が，大統領制であるが，長は議会の解散権をもち，議会は不信任決議案/信任決議案の議決権を有している。この点では，議院内閣制の要素をもつのである。しばしば，日本の地方議会には，**与党・野党**は存在すべきでなく，議会一体として，首長が率いる執行部を監視，監督すべきであるという議論がなされる。この議論には，2つの側面がある。1つは，自治体が大統領制的な機関対立主義を採っているという認識である。議会全体の役割を強調し，地方議会は首長の**追認機関**ではないという重要な事実を指摘するためには，この主張には一定の正当性がある。しかし，地方議会が首長の不信任決議案の議決権をもつ以上，首長は，これを阻止するだけの支持を議会に維持しなければならない。地方自治法第178条第1項は，議会が首長の不信任を議決した際は，首長は10日以内に議会を解散できる，また，解散しない場合や，解散後の選挙で構成された議会が再び不信任を議決した際には，失職すると定めている。不信任議決には，議員数の3分の2が出席し，4分の3以上，議会解散後の再議決の場合は半分の賛成が必要とされている。すなわち，首長は最低でも4分の1の議員の支持を確保しておかねばならない。これが法律上の「与党」の最低限の必要数となる。

もう1つの側面は，現実には地方議会においても様々なグループが存在し，議員はそれらのグループを構成して活動する場合が多いということである。そうした議会内のグループは，それぞれに首長との関係を決め，首長の基本的な政策を支持するのか，支持しないのかにより，「与党」的あるいは「野党」的な立場を表明し，議会活動を行う。住民も，候補者個人の立場と共に，どのようなグループに所属しているか，首長に対する姿勢がどのようかを判断材料として投票する。このような地方議会のあり方は，議会全体が1つの機関

上は大統領選挙人が，有権者の投票と無関係に大統領を選ぶことができる。ここではあまり関連性がないが，「大統領制」の典型とされるアメリカ大統領制の実態は，実は知られていないことが多い。

**＊議院内閣制**
アメリカ合衆国は大統領制であり，連邦議会に大統領不信任決議の権限はない。しかし，連邦議会は，大統領以下，連邦裁判所裁判官を含むすべての連邦政府文官を罷免する，弾劾裁判の権限をもつ。大統領に対する弾劾裁判は，歴史上非常に稀な事案であったが，1998年のクリントン大統領弾劾裁判後，議会が大統領を牽制する通常の政治手段として使われるようになり，この点で，実質的に議院内閣制化している。

**＊与党・野党**
与党は，議会の中で行政の長を支える立場の政党。国の政府では，内閣総理大臣の政党。自治体では，首長を支持する立場。野党は，長に反対する立場の政党。

**＊追認機関**
ここでは，首長の決定に何であっても異議を唱えずに承認する議会という意味。

として首長を監視・牽制する，という機関対立主義とは異なる形で，住民の意思を議会に反映させる上で有効な民主的な統制の手段と考えられる。「与党野党は存在すべきでない」という議論は一面的である。

### [4] 「機関対立」の仕組み

議会と首長が対等な立場で相互の役割を果たすことで，自治体は運営される。しかし，そもそも首長は一人で自治体を統括し，代表すること，及び自治体の事務を管理し執行する権限をもつ。対する議会は，複数の議員から構成されるのであり，首長の地位が優位である。地方自治法第176条には長は議会の議決を再議に付すことができると定めている。再議では，条例制定・改廃，予算に関する議案では出席議員の3分の2以上の同意が必要とされている。この規定は，条例・予算という重要議案について，最終的に首長に議会を超える権限を付与するものである。

地方自治法第177条は，議会が法律により決められた負担金，経費を削除，減額する議決をした場合には，首長は再議を求めることができ，それでもなお議会が同様の議決をした場合には，首長がその経費・収入を予算に計上して支出できるとの定めである。また，第179条は，議会の招集ができない緊急時や議会が議決すべき事件を議決しない場合，首長が処分できることを定めている。第180条は，首長の専決処分として，議会の議決により議会の権能に属する軽易な事項を首長が処分できるとしている。これらの規定は，究極的には首長が優位であることの基盤である。

首長は行政組織の上に立ち，情報，政策立案能力，財政運営能力など，全ての点で議会に優位することが明らかである。行政職員になるためには，地方公務員採用試験に合格する必要がある。個々の職員が業務での経験を重ね，能力・知識を高めていくだけでなく，行政組織全体がそのような専門性を高める。対する議員は，それらの専門知識・技能を根拠として選出されるわけではなく，**一般市民**[*]として自治体運営に積極的に関わることが前提である。

首長は，予算編成，政策形成に当たり，このような行政組織の専門知を自らのものとして使うことができる。議員の中には，当選を重ねる中で，こうした専門知を獲得し，議員としての能力を高めていく者もいる。しかし，多くの場合，こ

\*一般市民
ここでは，英語で 'layperson', 'lay citizen' という，行政や政治に職業的関わりをもたない「普通の」市民のこと。

のような政策全般に関する能力や，とりわけ財政，法務に関する専門知識や技能が**有権者**[*]に評価されるとは限らない。多くの有権者が議員に求めるものは，目に見える自分たちの身近な問題を，行政を通じて解決することであり，そこに必要な限りの法務知識や財政の理解は評価されても，そのような高い専門性をもつ議員が選挙に勝てる保証はない。議員の合理的行動として，**再選のチャンス**[*]を高めることが最優先される以上，そのような「プロ議員」が増えることは期待薄である。自らの再選可能性を高めたい議員は，通常，首長の「与党」に入り，行政の側に立って自らの支持者を満足させる方法を採るか，「野党」の側に立ち，首長を批判することで，次の首長選で自らの政策をより重視する候補者が勝つことに期待するかの選択をする。通常，「与党」の中で政策実現を図る方が近道と判断され，地方議会では与党が安定多数となる場合が多くなる。それは，首長の多選に繋がり，相乗効果で与党議員が増える結果となる。

　このサイクルが破れるのは，多くの場合，首長選挙をめぐる人的対立であったり，予期せぬ重大な案件が首長任期中に出来たりする場合である。よって，首長の立場が常に盤石あるわけではないことはいうまでもない。

### ③　地方議会

#### [1]　地方議会無用論

　地方議会の存在感は薄い。総務省調査による統一地方選挙の投票率をみると，県議会選挙，市町村議会選挙の投票率は，戦後の自治制度設立以来，一貫して低下してきている。

　首長選挙の投票率も並行して下がってきており，これは地方自治の選挙全体への関心低下の意味の方が大きいことは否めないが，議会選挙の投票率は50％を割っており，首長選挙投票率よりも低いことが常態化している（**図5-1**）。

　このような関心低下の状況でも，首長は一人で自治体を代表する存在であり，一般市民にとっても「目に見える」存在である。首長不要論は，幸いにも，まだほとんど聞かれない。

　他方，地方議会については，しばしば「**議会無用論**[*]」がいわれる。地方議会が何をやっているのかわからない，自分の住む自治体の議員を知らない，選挙で何を根拠に選べばよいかわからないから，家族や勤務先，所属団体にいわれたように

**\*有権者**
選挙への投票権をもつ住民。国政選挙の，国籍，年齢条件に加えて，地方選挙では，居住地の自治体が条件となる。

**\*再選のチャンス**
議員の活動は，自らの再選の可能性を高めるために役立つことを優先的に行う，という理論は，アメリカ政治学の定説で，定説となる中で，連邦議会議員の研究から書かれた，政治学者Mayhew（2004）が重要。日本にも適用可能である。

**\*議会無用論**
NHKスペシャル取材班（2020）の内容は2019年に放送された，全国の地方議員3万2000人へのアンケート調査（回答数2万人）を基にした番組を本にしたものである。「地方議員はいらない？」「地方議会は，もういらない？」という内容紹介が使われているのは，議会無用論が浸透しているためである。

## 図5-1　統一地方選挙における投票率の推移

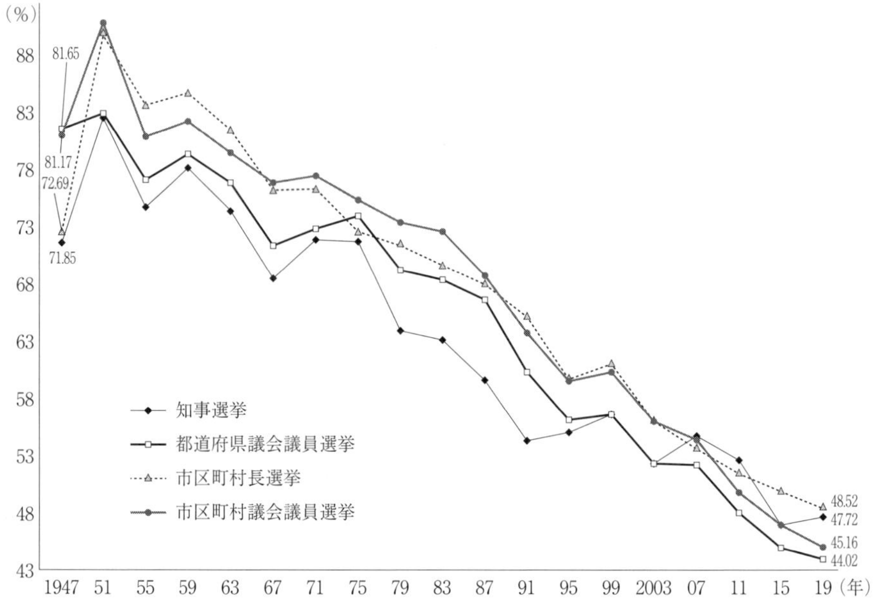

| | 1947年 | 1951年 | 1955年 | 1959年 | 1963年 | 1967年 | 1971年 | 1975年 | 1979年 | 1983年 |
|---|---|---|---|---|---|---|---|---|---|---|
| 知事選挙 | 71.85 | 82.58 | 74.85 | 78.25 | 74.62 | 68.7 | 72.01 | 71.92 | 64.08 | 63.21 |
| 都道府県議会議員選挙 | 81.65 | 82.99 | 77.24 | 79.48 | 76.85 | 71.48 | 72.94 | 74.13 | 69.39 | 68.47 |
| 市区町村長選挙 | 72.69 | 90.14 | 83.67 | 84.82 | 81.57 | 76.3 | 76.41 | 72.6 | 71.59 | 69.67 |
| 市区町村議会議員選挙 | 81.17 | 91.02 | 80.99 | 82.37 | 79.55 | 76.87 | 77.65 | 75.39 | 73.42 | 72.78 |

| | 1987年 | 1991年 | 1995年 | 1999年 | 2003年 | 2007年 | 2011年 | 2015年 | 2019年 |
|---|---|---|---|---|---|---|---|---|---|
| 知事選挙 | 59.78 | 54.43 | 55.12 | 56.78 | 52.63 | 54.85 | 52.77 | 47.14 | 47.72 |
| 都道府県議会議員選挙 | 66.66 | 60.49 | 56.23 | 56.7 | 52.48 | 52.25 | 48.15 | 45.05 | 44.02 |
| 市区町村長選挙 | 68.07 | 65.28 | 59.84 | 61.12 | 56.23 | 53.67 | 51.54 | 50.02 | 48.52 |
| 市区町村議会議員選挙 | 68.89 | 63.81 | 59.61 | 60.52 | 55.94 | 54.6 | 49.86 | 47.33 | 45.16 |

（出所）　『目で見る投票率』総務省選挙部，2022（令和4）年3月，23頁。

＊政務活動費
政務活動費とは，地方議員の調査・研究活動のために支給される費用である。2000年の地方自治法改正により全国的な制度となり，2012年に，名称が政務調査費から現行の政務活動費に変わった。議員がまともに投票する，等々，地方議会，とりわけ市町村議会は存在意義が疑われる状況にある。

### (1)　議員定数削減

その1つの表れが，自治体改革や議会改革の旗印の下で，真っ先に取上げられる「議員定数の削減」である。

地方議会や議員が報道の対象となるのが，しばしば**政務活動費**の不正・不適切な使用や，不透明な会計処理といったス

キャンダル[*]であることから，地方議会・議員は，住民の税金を無駄遣いする存在であり，議員は自分たちの既得権を守ることだけ考えているのではないか，という印象が広がっている。その結果，議員の数は少なければ少ない方が，無駄遣いが少ない，いっそのこと地方議会などやめてしまえ，という議論に繋がっている。

　国会も含めて「身を切る改革」として，議員定数削減を是とし，議員歳費削減こそが納税者への奉仕である，といわんばかりの主張を展開する政党や議員が多い。

　議会不要論から完全に抜け落ちているのは，議員は住民を代表するために選ばれているという根本の原則である。議員の数を減らせば，当然，1人当たりの議員が代表する住民の数は多くなる。住民の要望，必要性を聴き取り，政策として立案し，行政を通じて実現させる，その機能を果たす上で，議員数削減は，住民の状況への感度を鈍らせる効果をもつ。民主的な参加の途を考えたときに，果たして議員数は少なければ少ない方がよいのか，その議論をすべき時期にきている。

### (2)　地方議員の選び方

　都道府県議会は，選挙区制を採り，通常1選挙区から複数の議員を選出する。この選挙方法から，都道府県議会は，国政政党の所属候補，または推薦候補が立候補し，当選後は国会の衆議院議員の系列に入ることが多く，国政政党の選挙基盤となる側面がある。

　市町村議会は，自治体全体を1選挙区とする**大選挙区制**[*]を採る。それは，候補者相互の競争を生み，個々の候補者が支持者を獲得する努力に繋がる。議員が，課題解決に取り組み，政策を形成し実現するために，問題意識を共有する議員とグループをつくることが必要となる。

　このような市町村議会選挙のあり方では，人口の多い他自治体と合併し，実質吸収された町村では，議会に代表を送り出すことが困難となる。

　2004年から本格化した，いわゆる「**平成の大合併**」[*]では，2004年4月1日に3100あった市町村数が，10年後の2014年4月1日には，現在の1718に減少した。そのうち，町の数は1872から745へ，また村の数は533から183へと激減した一方，市は695から790に増えている。

　合併してできた，面積が大きく人口が多い，新たな自治体

議会活動をする上で，様々な形で知見を得るための費用は必要であり，本来，この制度自体は問題ではない。

**＊スキャンダル（政務活動費）**
これまで数多くの政務活動費不正使用，不正取得の例が報道されてきた。収支報告書の提出は義務であるが，詳細は地方自治法では決められておらず，例えば領収書の提出が義務づけられていない自治体もある。そのために，意図的な不正使用の例が後を絶たない。最近，最も社会的な関心を集めたのは，2016年に富山市議会の政務活動費不正使用を，地元民放テレビ局が暴き，議員14人が辞職した事件である。この顛末が，ドキュメンタリー映画「はりぼて」として2020年に公開された。このような不正の告発が，制度の改善に繋がり，住民の信用を回復する契機になればよいが，多くのスキャンダルは，そのまま地方議会不要論を強化する結果になっている。

**＊大選挙区制**
選挙制度は，比例代表制と選挙区制に大きく分かれる。候補者や政党の得票数の比率に従い，当選者を決める比例代表制は，地方選挙では使われていない。選挙区制には，衆議院選挙で使われる，1選挙区から1人の議員を選ぶ小選挙区制と，2人以上の議員を選ぶ大選挙区制に分かれる。日本では，1選挙区から2〜6人の議員を選ぶ，かつての衆議院選挙のあり方を

「中選挙区」と呼ぶ習わしである。県議会選挙の多くの選挙区は，この「中選挙区」制度である。

**＊平成の大合併**

➡第4章「広域と地域」❷ ②参照。

**＊周縁化**

権力・経済力には，地理的中心があり，そこから離れるに従い，その地域がもつ力は減じていく。

**＊昭和の大合併**

➡第4章「広域と地域」❷ ①参照。なお，戦後義務化された中学校を設立・維持できる規模の自治体にすることが目的といわれてきたが，中学校義務化は1947年であり，これは俗論であるとの批判に注意すべき（今井 2017）。

**＊村を畳む**

山間地や離島など，様々な条件不利地域では，人口が減少・高齢化し，自治体によりそこでの生活を維持するための行政サービス提供が不可能になる場合がある。そのような集落の住民に移転を促し，自治体中心に近いところに集住してもらい，元の居住集落を閉じること。

**＊大川村**

この時点での大川村人口は，離島を除いて，全国市町村で人口が最少である。議会定数は6で，60代，70代がそれぞれ3人で，引退する可能性がある議員がいること，後継として立候補する可能性がある村民がいないかもしれない，ということで，危機感が高まった。村は，住民に対する丁寧な意向調査を行い，議会

（ほとんどは市）に組み込まれた町村は，それまでもっていた独自の議会が新市議会に置き換わり，全市一区の選挙で議員を選ぶことになった。合併前旧町村の住民は新議会で代表される可能性が下がり続けてきた。旧町村は，役場・役所を失い，**周縁化**[＊]が進み，元から低かった人口比率がさらに低下した。旧町村住民を支持母体として議席を確保すること自体が不可能になりつつある。

ここで考える必要があるのは，議員がどのように代表されるべきか，が必ずしも明確に決められていないという問題である。1953年から1961年にかけて行われた「**昭和の大合併**」では，主に村が大規模な合併に組み込まれた。この時に合併された町村は，新たな自治体への融合が進まず，旧町村意識が長らく続いた。それは，一方で，住民が自分の住む地域への強い帰属心を維持していたことを意味し，必ずしも悪いことではないが，合併でできた自治体が，なかなか一体感をつくり出せず，それがしばしば自治体内での地域間政治対立に繋がる状態が続いた。

自治体一区の選挙制度の場合は，自治体内地域代表ではない，自治体全体を代表する議員を選ぶという建前で，地域間融合を図ることができる。しかし，自治体内にも，役場・役所が置かれた中心部と，そうではない周縁部には，明らかに異なる課題があり，圧倒的多数が住む中心部が施策・予算配分で有利になる可能性もある。

「昭和の大合併」後は，周縁部の人口減少，衰退は，今とは比較にならないほど軽かった。自治体一区の選挙制でも，それら旧町村地域から議員を出すことは可能であった。「平成の大合併」後，これらの地域は，共同体の維持すら危ぶまれる人口減少や高齢化に見舞われている。その結果，合併後の旧**村を畳む**[＊]ことに対し，意見もいえないということが課題になるかもしれない。少数意見の尊重という観点からいえば，当事者の声が議会で十分に代表されないならば，それは地方自治の機能不全ということにもなりかねない。こうした観点からいえば，市議会議員選挙における選挙区制も導入を考える余地がある。

**（3）　議員のなり手減少問題**

それとは別に，人口過少の条件不利地域自治体において，議員のなり手不足から，議員定数が満たない可能性が顕在化してきた。2017年に，高知県**大川村**[＊]は，2年後の村議会選挙

で，立候補者が村議会定数に満たない可能性を見越して，村議会の継続策と，仮に議会が成立しなくなった場合を想定して，**村民総会（町村総会）** についての検討をすることを決めた。

公職選挙法第34条，第110条は，選挙による当選者不足数が議会定数の6分の1を超えた場合は，50日以内に不足数の選挙をしなければならない，と定めている。大川村では，立候補者が4人しかいなければ，不足数が1を超えるので，再選挙が必要になるが，そこで新たな立候補者がいなければ議会は成立しないことになる（大川村議会維持対策検討会議 2017 参照）。

大川村の状況が総務省を動かして，町村議会に関する有識者会議を設置した。この「町村議会のあり方に関する研究会」は7回の開催後，2018年に報告書を出した。それによると，小規模市町村では，①現行議会維持②集中専門型③多数参画型，の3つの選択肢をもつ方向が提案されている。

この提案に対しては，全国町村議会議長会，全国市議会議長会が，議会権限を損ない，現在取り組まれている議会改革を踏まえないものとして強く批判した。

その批判に妥当な点はあるにしろ，この「集中専門型」と「多数参画型」の2つの方向は，実は，大川村のような人口過少自治体だけの選択肢ではなく，後に触れるように地方議会全体にとり，今後の役割を考える上で，示唆に富む提案である。

大川村の状況は，2017年の取組みが全国的な関心を呼び，もとより村の産業振興により定住人口の増加に努めていた経緯もあり，また，兼業規制を緩和して議員のなり手を拡大する条例が2019年に成立し，懸念された選挙では現職4人に，村外からの移住者を含む新人3人が立候補し，選挙が行われた。大川村議会は独自の努力でひとまず危機を脱したようである。

議員のなり手不足は，多くの地方議会に共通した問題である。人口が少ないというだけでなく，議員専業での収入の問題もある。また，立候補して選挙戦をたたかうことは，普通の生活を送ってきた住民にとり，高い壁を乗り越える必要がある。SNSによる個人攻撃が常態化した中で，選挙時だけでなく絶えず誹謗中傷の標的にされるおそれを克服して立候補する住民が出続けることは難しいのではないか。選挙自体にも資金が必要であり，その後の議員活動にも資金が必要と

の存在と役割が認識されていないことから，関心が低く，兼職兼業禁止規制から，議員の収入面の不安が強いこと，などの問題を見出した。また，村全体として，若年層の定住人口の呼び込みに力を入れ，人口減を止めることが大きな目標として挙げられている

**\*村民総会（町村総会）**

村民総会とは，地方自治法第94条が，「町村は，条例で，第89条の規定にかかわらず，議会を置かず，選挙権を有する者の総会を設けることができる」と定めていることが根拠で，議会の代わりに有権者の総会を設置できる。第95条が，総会には議会の規定を準用する，と決めている他は決まりがない。第二次世界大戦後には，1例あるのみである。議会が成立しない自治体で，住民による総会が可能であるかを現実的に考えたときに，人口減少，高齢化が進んだ条件不利地域で，定足数を超える全有権者を集める方法があるのか，恒常的にこのような総会を開けるのか，という問題がある。一方，インターネット利用には，必ず取り残される住民が出るために，自治の仕組みでの全面使用は難しい。

なる。こうした議員のあり方は，議員のなり手を挫けさせていく。抜本的な地方議会のあり方改革が早晩必要となるだろう。

### 2　議会の責務と実態

　これまで説明してきたように，議会には多くの問題があり，一般住民代表としての議員が，数多くの重い専門的な責任を負っている。自治体の予算・決算は，議会の議決を経て有効となる。議会は自治体の財政運用の最終的な責任を負う。それはすなわち，住民にその責任は帰すことに他ならない。

　2006年に財政破綻が発覚し，2007年に財政再建団体（現在は財政再生団体）に指定された北海道**夕張市**[*]は，今も市のサイトに「借金時計」のページがあり，これまでに返済した額が230億円，残る市債（借金）が122億円と，刻々変わる数字で，巨額の負債で破綻した後，15年を経ても住民が重い負担に苦しんでいることを示している（2009年より地方公共団体財政健全化法に基づく財政再生団体）。この間，夕張市民は，「最高の負担で最低の行政サービス」といわれる過酷な条件で生活してきた。

　夕張市の財政破綻は，不適正な起債を1992年から続け，見た目の「借金」を隠してきたのが限界に達し，資金の市中調達ができなくなったことが直接の原因である。その背景には，石炭産業都市が閉山で中心産業を失ったこと，そこからの脱出のための模索が積み上げられてきたなどがあった。

　この不適切な会計処理を含む決算を，夕張市議会は毎年認定してきた。つまり，市民の代表が不適正な起債を認めてきた。

　一般市民がその代表として議会を構成する日本の地方議会のあり方では，議員に専門性を期待すること自体が難しい。

　その結果，夕張市民は責任を負わされることとなった。地方議会の責任はこれほどに大きく，重い。議会事務局の強化が，議会の専門性を高める一方策である。しかし，議会独自で事務局をもつのではなく，行政職員が通常の異動で事務局に勤務する形が通例である以上，議会独自の調査能力，議員の専門性を補う高度な専門知識の提供，それによる首長との均衡は，現実的にありえない。議会が組織体として自治体の財政統制機能を担える仕組みなのか，また，首長が指揮する政策立案・執行に，議会が有効な監視，統制の責務を果たせ

**＊夕張市財政破綻**
財政破綻した夕張市の不適切な財政運用は，不適切な運用が行われていた10年以上の総務省公開の決算カードを精査していれば，早くに異常がわかったはずといわれた。夕張市は日本を代表する石炭産地だったのが，1980年代までにすべての炭鉱が閉山し，産業基盤を失った。当時の中田鉄治市長は，まず夕張を観光地にして印象を改善し，究極的には産業振興を図る計画であったが，観光開発の費用が嵩み，それが結果的に財政破綻に繋がった。

る状況なのかを勘案すると，夕張市の事例を超えて，議会が
負う責任に見合う能力・専門性の向上を実現する方策を考え
る必要がある。

## ③　議会改革

### (1)　議会改革の方向性

　議会の能力を高める努力が，議会改革という形で進められ
てきた。議会改革は，地方議会の現状に危機感をもった先進
的な議会が，自主的に始めた改革運動である。北海道栗山町
議会が先駆的な改革に取り組み，2006年に全国で初めての議
会基本条例を制定してから，議会改革の実践と議会基本条例
の制定が広がっている。

　栗山町議会が取り組んだのは，本来の「討論の場」として
の議会を作り出すこと，住民に開かれた議会にすることであ
る。通常の地方議会は，議員相互の自由な討論はなく，討論
は議員の議案への賛否表明に限られる。栗山町議会は，議員
間の自由討議を実現する仕組みをつくった。また，住民と議
会の情報を共有し，議会活動に住民を引き込む開かれた議会
づくりのために，議会報告会の開催を導入した。それは，通
常の地方議会でみられる，個々の議員の，後援会向け報告会
ではなく，議員が議会を代表して住民との意見交換をする場
であった。栗山町は，これらの方策を進めた先に，その取組
みを正式な条例として恒常的な仕組みとした。それが議会基
本条例であった。

　2022年現在，議会基本条例を制定した地方議会は930と，
都道府県・市区町村議会の過半数に上る（公共政策研究所
2022年4月1日発表）。また，早稲田大学マニフェスト研究所
は，2010年度より，毎年「議会改革度ランキング」を発表し
ており，自治体関係者からの関心を集めている。このランキ
ングは，全国議会事務局へのアンケート調査をもとに，①情
報共有②住民参画③議会機能強化の3分野での回答を集計
し，ランキングを定めている。

　ここで取り上げられる具体的な改革の手段は，例えば，住
民が議会で何が取上げられるかを知る方法は何か，審議状況
や議員個々の**賛否記録**\*を住民が見ることができるか，といっ
た情報公開・共有の手段から，住民が議会で発言することが
可能か，議会以外に，住民が議員に対して発言したり議会に
参画したりする機会があるかという内容である。

**\*賛否記録**
議員が議案にどのような決
定をしたかの記録は，アメ
リカでは公表するのが当然
の，住民への情報公開であ
る。2012年に筆者が沖縄県
の市町村議会での実施状況
を調べた際，これを公表し
ているのは1議会だけであ
り愕然とした。2020年の
NPO法人・公共政策研究
所の調査によれば，すべて
を公表しているのが5議会
と，改善がみられるが遅々
とした前進である。

また，自治体議会改革フォーラムが2009年から2017年まで刊行していた調査報告書（廣瀬克哉・自治体議会改革フォーラム編『議会改革白書』生活社）では，議会での一問一答方式の導入（通常，議員がまとめて質問し，首長側がまとめて回答する），首長の反問が認められているか（議員に対して逆質問する），議員間の自由討議などが，議会における討議の改善策として挙げられている。

情報公開では，委員会の傍聴，委員会記録の公開，議員の議案への賛否記録公開が，議会への住民参加では，住民との対話の場，**パブリック・コメント**[*]，議会サポーター制度等が重要な策として挙げられている。

＊パブリック・コメント
➡第3章「地域と社会」③
[2]参照。

### (2) 議会基本条例

こうした議会改革は，これまでの地方議会が実施していなかった実態の方がおかしい，というような基礎的な事項であると同時に，これらの取組みが議会基本条例により制度化してきたならば，地方議会無用論は弱まるべきであろう。しかし，現実にはそうなっていない。議会基本条例の制定数が増えたことは，議会改革が進んだことを意味しない。

議会基本条例を制定すれば，議会改革をしている体裁を取れる便法としている地方議会が多数あるのではないか。2010年くらいから議会改革を熱心に取り組み，先のランキングでも全国上位の常連になった市議会の中心的な議員によると，「議会改革は票にならない」という。住民にとって，議会改革の成果は，何か目に見える箱物や，生活支援の施策とは異なり，直接的な給付を生み出すものではない。関心をもつ住民にとり，大きな利益となり，またそのような住民を増やす長期的な意味があるが，それが4年毎の選挙でのアピールになるかは疑問である。

また，議会基本条例がこれだけ広がれば，横並び意識が先行し，実態に根差さないコピー条例も増えているようである。住民の関心を真に高めるためには，高知県大川村にみられたような危機感が必要なのだろう。

議会改革は，あくまでも手段である。改革を果たした議会が，何を行うか，住民にとり，どれだけ意味のある存在になるかが目的である。議会基本条例の制定は，手段としての議会改革の出発点でしかない。そのことの認識は広がっているのだろうか。

## ④ 首長

　議会が議決した予算に基づき，実際の自治体運営を行うのが首長の役割である。先述したように，1人で自治体を代表する首長の存在は，元来，議会よりも大きい。また，下記のような長の権限を強くする方向での制度改革も実施され，「議会無用論」にみられる議会軽視の社会的風潮からも，首長の仕事はより注意深く監視される必要がある。

### ［1］　首長権限の強化

　自治体の規模にもよるが，1人の首長が，行政のすべての領域を統括することは，もとより不可能である。そのために，行政組織が存在するが，首長を執行部の一員として補佐する都道府県の出納長，市町村の収入役が2006年地方自治法改正で廃止された。同時にそれまでの市町村助役が「副市町村長」に改められ，都道府県では副知事の権能が強化され，ともに首長を補佐する役割が強まった。なお，出納長・収入役は「会計管理者」に改められた。

　首長が単独ですべての行政領域での執行を行う状況に，民主的なコントロールを課すために戦後採り入れられた仕組みが行政委員会制度である。市町村では，農業委員会，人事委員会などがあり，首長が任命する委員を議会が承認してつくられ，それぞれの分野で，首長から独立した存在という建前で執行を担う。しかし，実態は首長の追認機関であることが通例である。

　行政委員会の中で，教育委員会は，**アメリカの学校区**[*]に倣った公選制委員会であった。1948年に教育委員会法により，選挙で選ばれる教育委員から構成される教育委員会が，公立学校の運営を担う形となった。しかし，教育現場に政党の利害対立を持ち込むべきでないという考えから，1956年の地方教育行政の組織と運営に関する法律（以下，地方教育行政法と略記）により，公選制は廃止され，首長の任命・議会の承認により教育委員が選ばれる形になった。東京都中野区が準公選制として公選教育委員会を一時復活させた以外に，教育委員会公選制が自治体改革として取上げられた例はない。

　2015年の地方教育行政法改正により，それまで教育委員の互選で選ぶ教育委員長と，事務局長としての教育長が並立していたのを，教育長に一本化した。これは，実質的に首長の

**＊アメリカの学校区**

アメリカの学校区（School District）は，通常の自治体（municipality）とは別に，公立学校（幼稚園—高校）を運営するために設立された課税権をもつ自治体である。その構成員は選挙で選ばれる。戦後日本の公選教育委員会は，これに範を採った制度であったが，そもそも独立の課税権をもったわけではなく，似て非なるものだった。

教育行政支配を意味する権限強化である。

### 〔2〕 政治対立・首長優位の顕在化

　現在は，首長の権限が強化され，議会の能力に疑問がもたれる状況である。その中で首長主導の政策が絶対視され，議会が抵抗勢力・守旧勢力として住民の批判の対象になる事例がみられるようになっている。首長の強力なリーダーシップにより，議会に自分を支持する勢力をつくり出し，一元的な自治体運営をする動きもある。これを，「ポピュリズム\*」とする批判があるが，何をもって「ポピュリズム」と「健全な民主政」を区別するかという基準はない。すなわち，首長が成功裏に議会内支持者を増やすのは，当然のことであり，これが反民主政という根拠はない。しかし，機関対立主義は，この形で弱体化するとはいえよう。議会と首長の関係のより良いあり方を，今後も模索していかねばならない。

## 5 自治制度の課題

### 〔1〕 憲法による画一的構造

　日本の自治体は，これまで述べてきたように，首長─議会による機関対立主義＝二元代表制が，都道府県から市町村まで一貫している。それは憲法第93条が長と議員を住民が直接選挙すると規定しているためである。疑似大統領制である日本型機関対立主義は，憲法に規定されているから変えることができない，というのが通説である。この枠内でも，自治体のあり方を，より民主的な，住民の参加・参画を高め，自治体の施策自体も改善する方法はある。

　先に紹介した，小規模自治体の議会を，「集中専門型」と「多数参画型」の２つの類型から選択できるようにするという提言を考えてみたい。「一般住民」代表による民主政と，「専門性」の必要性という，二律背反する必要性を，地方議会でどのように両立させるか，という命題は，現状維持では解決しない。

　議員の数を減らし，１人当たりの給料を上げることで，議員を専業にできるようにし，その議員に専門性を上げて貰う，という方向は当然考えられる。また，議員の数は減らさずに，議会の開会方法や議員資格を広げることにより，多くの住民が議会に関われる方法，議員一人一人ではなく，議員が住民とのネットワークを作り，専門性を住民の力で高める

＊ポピュリズム
「衆愚政治」「反知性主義」と呼ばれる，大衆の感情に任せた扇情的な政治のあり方，という批判的な言葉である。しかし，それが本来の民主政・デモクラシーとどう違うのかは，明瞭な規範的基準があるわけではない。

## ▶▶ Column 6　シティ・マネージャー ◀◀

　筆者は，アメリカ・ペンシルバニア州の財政破綻自治体での聴き取り調査をしたことがある（『米国型自治の行方　ピッツバーグ都市圏自治体破綻の研究』敬文堂，2009年）。鉄鋼産業が衰退し，地域経済が破綻した自治体が，州法による再建支援を受けている状況で，自治体運営の実態を調査した。それら自治体では，多くでシティ・マネージャー制を採用していた。

　聴き取りからいえることは，財政破綻状況の小規模自治体において，外部から登用するシティ・マネージャーの専門能力が必要不可欠である。もともとアメリカの自治体の職員数は多くない。とりわけ財政基盤が脆弱な破綻自治体では，職員数を最小限に抑えざるをえない。州法の執行，州政府との折衝などは，極めて専門性の高い業務であり，破綻自治体でそのような人材を雇うのは困難である。

　他方，シティ・マネージャーの給与はその雇用市場により決められる。すなわち，有能なシティ・マネージャーは，契約更新時に，年俸のより高い，雇用・就労条件のより良い自治体に移る。逆に評価が低ければ，次の職場は年俸が低い自治体になる。

　国際シティ・カウンティ経営協会（ICMA：International City/County Management Association）が，アメリカのシティ・マネージャーの全国組織である。ここのサイトによると，世界にはシティ・マネージャーが総数 1 万2000人いるという。アメリカの就職サイト Zippia によると，シティ・マネージャーの年俸は 4 万ドルから15万ドルである。また，6 割以上が修士号をもつ。このような厳しい市場での競争が，アメリカにおけるシティ・マネージャーの質を確保しているのである。

　日本でも，専門行政官の必要性が認識され，2000年代に専門職大学院として，アメリカに範を取った行政大学院が相次いで開校したが，成功していない。その理由は，日本には，その人材の市場がないことに尽きる。

　憲法第93条に従って首長を公選で決めても，首長が，自らを補佐する行政専門官を任用することは許されるはずであり，一般住民代表と，行政専門官の両立はより広い可能性を考えるべきであろう。アメリカでこれだけ普及しているシティ・マネージャー制度は，有用な参照例になるだろう。

（佐藤　学）

という方法もありえる。現在の地方議会は中途半端な存在である。

### 2　多様な政治システムの可能性

　議会だけでなく，行政も現在の画一的なあり方しかないのだろうか。アメリカで広く取り入れられている**シティ・マネージャー制度**[*]（市支配人制度）は，議会が専門職行政官で

＊シティ・マネージャー制度

アメリカ国内に約 3 万6000

ある自治体（郡，市町村）の55％がシティ・マネージャー制を導入している。世界的な団体である国際シティ／カウンティ経営協会（ICMA）サイトによると，2021年報告書によると，世界36か国に同協会支部があり，会員数は1万2024人である。

あるシティ・マネージャーを雇い，このシティ・マネージャーが行政のプロとして執行を統括する制度である。日本では，このままでは憲法に抵触するので導入できないとされているが，例えば現在の副市町村長に，このような経歴・能力がある人物を登用することは可能である。あるいは，ヨーロッパの自治体で広くみられる議院内閣制の導入も考えられるだろう。

　今後，自治体のあり方に，多様な形態を採り入れられるような改革をしていかねば，人口減少社会，高齢化社会で，現状維持では持続可能ではなくなる。憲法第93条の通説の縛りを解く方法の模索を含めて，自由な議論が必要である。

　そのような改革も，住民の意思を欠くならば，机上の空論に終わる。住民がどのような自治を望むのか，その意思が原動力にならなければ，自治の改革は空振りに終わる。自治体の「機関」の議論でも，住民の自治への意思が出発点である。

（佐藤　学）

# 第6章

# 組織と人事

　自治体の議会と首長の関係を踏まえ，第6章では首長以下の自治体内部の組織と人事について議論する。首長を支える自治体内部の仕組みはどうなっているのか，自治体はどのようにして組織され，どのような業務をどんな人が担っているのか。自治体の組織編成のあり方，職員の業務分担，意思決定の実際，職員の種類や任用形態，人事異動や退職などについて詳しくみていこう。

## 1　自治体組織の編成

### 1　行政委員会

　自治体の代表は知事や市長といった「首長」である。自治体行政の責任者である首長は，行政の長として自治体を統括する立場にある。だが，首長が自治体行政のすべてを把握し，細部まで指揮監督することはほとんどない。自治体行政は複数の執行機関で支えられており，首長を支える補助機関という仕組みもある。まずは複数の執行機関についてみていこう。

　前章でみたように，議会は自治体運営にとって重要な機関である。議決機関である議会に対して行政を担う組織を「執行機関」という。自治体には首長以下の執行機関以外にも複数の執行機関が置かれている（地方自治法138条の4第1項）。例えば，教育委員会は首長から組織的に独立した執行機関である。複数の執行機関が独立して議会に対して責任を負う組織編成の考え方を「**執行機関多元主義**」という。具体的にどのような執行機関が置かれるのかは，自治体によって異なっている。

　自治体の機関は，首長と監査委員を除き，複数の委員から構成される「**行政委員会**」の形式をとる（**表6-1**）。首長の場合は1名の人物に指揮命令が一元化されている。こうした組織を「独任制の機関」という。他方，自治体の機関には「合議制の機関」もあり，行政委員会はこちらに該当する。合議制の機関は，専門性，公正性，中立性などが要請される

**＊執行機関多元主義**
自治体において複数の執行機関を置く組織編成の考え方。各執行機関は，自らの判断と責任において担当する事務を管理・執行することで（地方自治法138条の2），首長への権限集中による弊害を防止している。

**＊行政委員会**
複数の委員の合議によって様々な決定がなされる合議制の執行機関。首長から独立して事務を管理・執行する。ただし，行政の一体性の保持の観点から，行政委員会に関わることでも予算や議会への議案提出などは首長の権限である。

表6-1　自治体に設置可能な行政委員会・行政委員

| 名称 | おもな担当事務 | 設置可能な自治体 | |
| --- | --- | --- | --- |
| | | 都道府県 | 市町村 |
| 教育委員会 | 学校，教育課程，教科書，教育職員の身分取扱，社会教育，学術及び文化 | ○ | ○ |
| 選挙管理委員会 | 選挙 | ○ | ○ |
| 人事委員会 公平委員会 | 人事行政に関する調査・研究・企画・立案・勧告，職員の競争試験及び選考，職員の勤務条件に関する措置要求，職員に対する不利益処分の審査 | ○ | ○ |
| 監査委員 | 財務に関する事務の執行の監査，経営に係る事業の管理の監査 | ○ | ○ |
| 公安委員会 | 都道府県警察 | ○ | × |
| 労働委員会 | 労働組合の資格の立証・証明，不当労働行為の調査・審問・命令・和解勧告，労働争議のあっせん・調停・仲裁 | ○ | × |
| 収用委員会 | 土地の収用に関する裁決 | ○ | × |
| 海区漁業調整委員会 | 海区における漁業調整のための必要な指示 | ○ | × |
| 内水面漁場管理委員会 | 内水面（河川・湖沼）における漁業調整のための必要な指示 | ○ | × |
| 農業委員会 | 農地等の利用関係の調整，農地の交換分合 | × | ○ |
| 固定資産評価審査委員会 | 固定資産課税台帳に登録された価格に関する不服の審査決定 | × | ○ |

（出所）　筆者作成。

分野で活用される。例えば教育委員会は複数の教育委員で構成されているため，合議制の機関の一種となる。

　合議制の機関には行政委員会以外に審議会等もあるが，これらのうち，執行機関である行政委員会は法律によって担保される（地方自治法180条の5）。行政委員会は規則制定権や裁定などの権限を有する。例えば，教育，警察，選挙といった分野は，首長の政治的活動から強い影響を受けやすい。こうした行政分野が，首長の指揮監督下にあったり，独任制であったりすれば，公平性や一貫性を欠く恐れがある。このため，首長と横並びの執行機関を置き，また合議制を採用することで，首長から一定の距離をとり，政治的影響を受けにくくしていると説明される。

　なお，教育委員会の委員は終戦直後は選挙で選ばれていた。その後いったんは行政委員会の廃止も検討されたが，最終的には政治的中立性の確保が行政委員会に求められるようになっていった。

＊補助機関
執行機関の事務執行を補助

## ②　首長の補助機関と権限

「補助機関\*」は，首長の下にある執行機関である。以下では，補助機関とは何か，首長は補助機関の活動をすべて把握し，指揮監督しているのかといった点についてみていこう。

自治体には首長を補佐する「補助機関」が置かれている。補助機関の上位の役職には，**副知事や副市区町村長\***が置かれる（地方自治法161条）。副知事や副市区町村長の任命権は首長にあるが，任命に当たっては議会の同意が必要である（地方自治法162条）。また，首長を補佐する重要な役職として，**会計管理者\***や**公営企業管理者\***（公営企業を経営する自治体の場合）も置かれる。これらの役職への任命については議会の同意は必要ではない。加えて，専門委員や**附属機関\***も首長を支えている。さらにこれら以外の職員も含め，執行機関に属する職員はすべてが補助機関の職員である。

首長は補助機関に対する指揮監督権，人事権，組織編成権をもっている。例えば，首長は，その権限を分掌させることを目的として，必要な内部組織を設けることができる。このうち，首長の直近上位の内部組織及びその分掌する事務については，条例で定める必要がある（地方自治法158条）。実際に，程度の差はあれ，ほぼすべての自治体で毎年組織改正が実施されている。首長には当該自治体を統轄する役割もあり（地方自治法第147条），他の執行機関は組織改正に当たって首長と調整をしなければならないとされている（地方自治法第180条の4第2項）。

## ③　首長と教育行政の関係

他の執行機関への首長の関与について，教育長と教育委員会を例に考えてみよう。

首長と教育委員会の関係は，2015年に実施された教育委員会制度改革によって変化した。改革前は，首長は教育委員を任命するにとどまり，教育委員会の代表者で会議の主宰者である教育委員長と，事務執行の責任者で教育委員会事務局の指揮監督者である教育長のポストは事実上教育委員の合議で決定されていた。しかし，改革後は教育委員長が廃止され，教育委員会の代表者と教育行政の責任者は教育長に一本化された。そして，この教育長を首長が直接任命できるようになった（地方教育行政の組織及び運営に関する法律4条1項）。また，同改革によって，教育政策について首長が教育委員会と

するための機関。ある執行機関に属する職員もすべて補助機関となる。例えば，首長部局では，副知事・副市区町村長や会計管理者，公営企業管理者，各部局の幹部職員から末端の職員まですべて補助機関となる。

**＊副知事・副市区町村長**
実質的に首長を直接補佐する役職。首長の指示のもと，当該自治体の政策及び企画を統括し，担当する事務を監督したり，首長の職務を代理したりする。

**＊会計管理者**
自治体の会計事務をつかさどる役職（地方自治法170条1項）。当該自治体の職員のうちから1名を首長が任命する（地方自治法168条）。具体的な職務としては，当該自治体が扱う現金や有価証券，物品の出納及び保管，現金及び財産の記録管理，決算の調製などが挙げられる（地方自治法170条2項）。

**＊公営企業管理者**
自治体が営む企業の代表者。地方公営企業の経営に関し識見を有する者のうちから首長が任命する（地方公営企業法7条の2）。代表的な公営企業としては，生活用水の供給や排水処理を実施する水道事業，バスや地下鉄などの交通事業が挙げられる。

**＊附属機関**
執行機関の要請に基づき，行政執行のために必要な審査，審議，調査等を目的として設置される機関。名称は研究会，審議会，委員会，協議会，審査会，調査会，会議など様々である。

**＊総合教育会議**

首長と教育委員会で，教育行政の大綱の策定，教育の条件整備など重点的に講ずべき施策，児童・生徒等の生命・身体の保護等緊急の場合に講ずべき措置について，協議・調整する場。原則として首長，教育長，教育委員によって構成される。

**＊建制順**

自治体の組織について，どの部署から紹介あるいは記載するか，あらかじめ決められている順番（自治体による）。

協議・調整できる場として**総合教育会議**＊が新設され，首長には総合教育会議の招集権が与えられた（地方教育行政の組織及び運営に関する法律１条の４）。

　教育委員会制度改革では，実施目的の１つとして教育行政に地域住民の民意を十分に反映させる点を挙げていた。行政に対してどのように政治が関わるのかは，よりよい行政を実現する上で重要なテーマである。

### 　4　自治体組織の実際

　自治体の組織はいわゆる**建制順**＊によって記述・紹介する順番が決まっている。また，先に述べたとおり，組織や役職の名称は各執行機関の長の裁量となっている。このため，実質的にはほぼ同じ職務内容であっても，自治体によって組織名や役職名は多種多様である。

　原則として自治体の組織は分野別に編成されるが，地域別に置かれる組織もある。典型例は政令指定都市の行政区である。また，市町村合併を実施した市町村では，合併直後は合併前の旧市町村単位で**支所・出張所**＊や**地域自治区**＊が置かれる場合もある。なお，人員不足やICT化の進展に伴い，地域別に置かれる組織は，最近では効率化の観点から規模が縮小されたり統廃合されたりする傾向もみられる。

**＊支所・出張所**

住民の利便性の観点から，地域別に置かれる出先機関。住民が利用する身近な手続きや地域振興など，市民生活に密着したサービスが実施される。

**＊地域自治区**

➡第４章「広域と地域」❷ 2 (2)参照。

**＊命令一元化の原則**

ある職員の上司は１人だけであり，その指揮命令に従えばよいという考え方。

**＊ラインとスタッフ**

ラインとは当該部署の直接の仕事を実施している組織ないし職をいう。これに対して，スタッフとはラインの例外としてある組織ないし職を補佐する職をいう。一般的に，組織の規模が大きくなるとスタッフは増える傾向にある。

**＊総務系と所管系**

総務系はスタッフに近い役

## ❷　自治体組織の管理・運営

### 　1　自治体組織の階層と特徴

　ここからは自治体組織のミクロな部分について，中核市であるX市を例に詳しくみていこう（図6-1）。各執行機関には局や部が置かれ，その下に課，さらにその下に係を置く組織編成が基本形である。こうしたピラミッド型の組織編成がなされる理由として，**命令一元化の原則**＊が挙げられる。この原則に基づいて組織編成することで責任の所在が明確になるとともに，最終的には首長までたどり着く連鎖構造となる。

　ただし，自治体組織は完全なピラミッド型ではない。自治体に限らず，ある程度の規模の組織は一般的に**ラインとスタッフ**＊を組み合わせて編成されている。X市の例でいえば，危機管理監がスタッフとして設置されるとともに，ラインとしても機能させる組織編成がなされている。

　組織の種類としては，おおむね**総務系と所管系**＊の２つに分けられる。総務系とは企画，財政，人事などの業務をつかさ

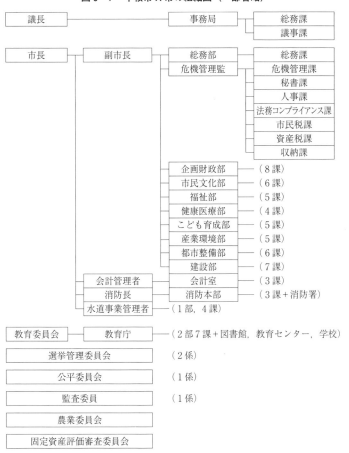

**図6-1　中核市 X 市の組織図（一部省略）**

（出所）　筆者作成。

どる部署であり，当該自治体全体を取りまとめる役割を担う。具体的には総務課，企画課，財政課，会計課，広報課などである。一方，所管系とは特定の行政分野を担当する部署である。具体的には高齢福祉課，障害福祉課，子ども家庭課，土木課，防災課，商工課，観光課，環境課，市民課，学事課，文化課，国際課などである。

ただし，所管系の中にも総務系の役割をもった組織や職が置かれる。例えば，各部内にある総務課や各課の庶務担当である。総務課や庶務担当は各部・各課内での庶務，労務，企画，計理といった業務に携わり，総務系の部署の職員と日常的にやり取りをして業務を進めている。このように，行政組

割をもった組織で，庶務，労務，企画，計理などが該当する。他方，所管系の例としては，環境，産業，観光，都市計画，保健，福祉，建設，教育などが挙げられる。なお，総務系は管理系，所管系は事業系と呼ばれる場合もある。

\*大部屋主義
欧米のように個人が個室で仕事をするのではなく（個室主義），大きな部屋に多数の職員が同居する職場のあり方。行政学者の大森彌が名づけたといわれる。一般的に課単位で同居し，係ごとに机を合わせた「シマ」をつくる（大森, 2006）。

\*稟議
組織の意思決定において，原案を末端の職員が作成し，その上で順次承認を得ていく意思決定方式。事後に内部から異議が生じることを防ぐとともに，末端の職員に組織の決定に参加している意識をもたせる効果があるといわれる。「決裁」も同様の意思決定方式で，現在ではこの呼称が主流である。このようなボトムアップ型の意思決定方式を「稟議制」と呼ぶ。稟議制は日本官僚制の特徴として知られている（辻 1952）。

\*専決規程
ある職に就いている者がどんな案件について最終決定権をもっているかを明示した規程。各事業に特有の業務だけでなく，契約や支払いの決定など，管理上必要となる事案についても詳細に定められている。

\*根回し
担当者ないし担当部署が，起案前に決定者までの回議経路上の職員や関係する所属職員に対し，起案内容を事前に説明・協議した上で，あらかじめ了承をとっておくこと。

織は単純なピラミッド型ではなく，各部署が複雑に関わり合っている。

　実際には，自治体の組織形態はある程度共通する部分はあるものの，各地域の実情にあわせて千差万別である。組織にどのような職が置かれ，それぞれが具体的にどのような仕事を担うのかは，各自治体の事務分掌条例ないし事務分掌規則で定められている。このうち，条例で定められる範囲は，首長からみて直近下位の組織及びその分掌内容までである。

## ［2］　業務分担と意思決定

　原則として，自治体の業務は課を1つの単位として進められる。課の中で個々の職員にどのように業務を割り振るかは課の裁量である。課内の細かな業務内容は現に所属する職員の経験年数や能力を考慮した上で決められる。

　日本の行政組織は，大きな部屋に多数の職員が同居する**大部屋主義**の職務環境をとる。大きな部屋で多数の職員同士が日常的に顔を合わせていると，それぞれの職員の仕事ぶりが感覚的にわかるようになる。このため，組織全体の業務の割り振りについて柔軟に対応できる利点もあるが，個人的能力の高い職員に業務が偏る恐れもある。

　また，行政組織は文書主義である。日々様々な意思決定が文書で行われている。これを**稟議**または「決裁」という。稟議の内容によって最終決定者は変わり，所属する課の課長の案件もあれば首長の案件もある。どの職員までの決裁が必要なのかは原則として**専決規程**で定められている。特に，前節で述べた総務系，あるいは所管系の中枢の職には多くの権限が与えられている。したがって，自治体の意思決定においては所管系に比べて総務系が優位だといわれる。

　決定プロセスでは，稟議の中で大幅な修正が加えられたり，起案そのものが廃止されたりすることはまれである。これは，軽易かつ頻繁な案件の決裁の数が圧倒的に多いことや重要案件については事前に**根回し**をするからである。誰に説明・協議すべきか，その対象は現に就いている職員によって変化する場合もある。意思決定の責任者はもちろん最終決定者であるが，誰がその意思決定に強く影響を及ぼしたか，実際のところ，外部からは知ることは困難である。

### ③　近年の組織改革

　1990年代以降，各自治体でより良い組織のあり方が模索さ
れ，様々な組織改革が実施されるようになった。この背景に
は大きく2つの要因がある。1つ目は国による規制や関与の
廃止である。以前は自治体の組織編成について，国による規
制や関与があった。しかし，段階的に実施された地方分権改
革によって規制や関与は次第になくなり，自治体の裁量が拡
大した。2つ目は低成長の時代への転換である。高度経済成
長の時代では自治体組織は拡大する一方であったが，低成長
の時代に入り，これまでの組織体からの変革が求められるよ
うになった。

　多くの自治体で実施された組織改革の一例として**フラット
化**が挙げられる。一般的に，行政の仕事に対する住民のイ
メージは「画一的」「融通が利かない」「縦割り」など，ネガ
ティブにとらえられることが多い。そこで，改革派の首長た
ちは，当時すでに組織改革の手法として民間企業が実施して
いたフラット化に注目した。フラット化は先進自治体で積極
的に取り入れられ，全国の自治体に広まっていった。

　フラット化の他には，縦割りを排除するために組織を大括
り化するグループ制度や，特定のプロジェクトごとにメン
バーを決めるプロジェクトチーム制度，複数の係長が複数の
部下をもつ新係長制度など，様々な組織改革が試みられてい
る。しかし，いずれも一長一短であり，決定的な組織改革の
手法が見出されたわけではない。最近では，座席を決めない
フリーアドレス制度や，新型コロナウイルス感染症によって
急速に導入が進んだテレワークなどの新たな試みもみられ
る。

## 3　自治体職員の特徴

### ①　一般職と特別職

　地方公務員の職の種類は多様である。まず，大きく**特別職
と一般職**に分かれる。一般職には，任期の定めのない常勤職
員，臨時的任用職員，任期付職員，再任用職員，会計年度任
用職員の5種類がある。このうち，任期付職員，再任用職
員，会計年度任用職員には短時間勤務職員（パートタイム）
が存在する。短時間勤務職員を考慮すると一般職は8種類あ
るともいえる（図6-2）。

　任期の定めのない常勤職員は定数内職員とも呼ばれ，自治

**＊フラット化**
組織の階層を低くすること
によって，より迅速な意思
決定をめざす組織改革の手
法のこと。

**＊特別職と一般職**
特別職とは首長や議員と
いった政治家，議会の同意
が必要な幹部職員，審議会
の委員等である。一般職と
は，特別職として定められ
ている職員以外のすべての
職員を指す（地方公務員法
3条）。なお，世間一般的
にイメージされる自治体職
員は一般職である。

図 6-2 地方公務員の一般職の分類

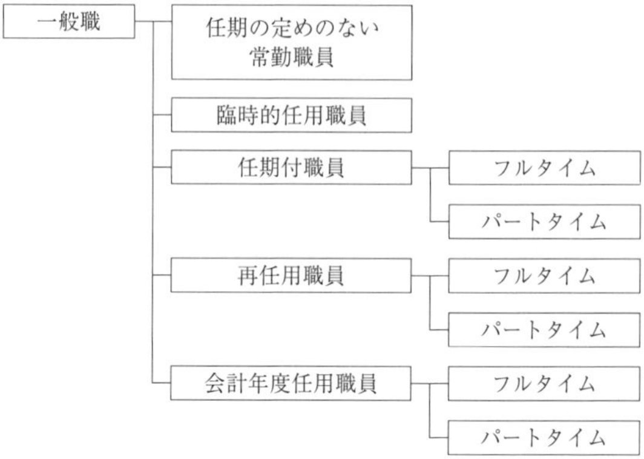

（出所）筆者作成。

体の職員集団の根幹をなす。臨時的任用職員は産休や育休，病休等で常勤職員が欠けた場合に任用される（地方公務員法22条の3第1項）。任期付職員とは，専門的知識や優れた識見をもった者をあらかじめ5年以内の任期で任用する職である（地方公共団体の一般職の任期付職員の採用に関する法律3条1項，同条2項，6条）。再任用職員とは，定年退職した任期の定めのない常勤職員を再び任用する職である（地方公務員法28条の4第1項）。**会計年度任用職員**[*]とは，一会計年度を超えない範囲内で置かれる非常勤の職である（地方公務員法22条の2第1項）。それぞれのおおよその人数は，臨時的任用職員が約6.8万人，任期付職員が約1.6万人，再任用職員が約13.6万人，会計年度任用職員が約62.2万人である（2021年4月1日現在）。

一般職の地方公務員は日本全国でおよそ280万人いる。内訳は，一般行政部門が約93.5万人（33.4％），教育部門が約106.4万人（38.0％），警察部門が約28.9万人（10.3％），消防部門が約16.3万人（5.8％），公営企業等会計部門が約34.9万人（12.5％）となっている。一般行政部門はさらに福祉関係とそれ以外に分けられ，福祉関係は約37.9万人（13.6％），それ以外は約55.5万人（19.8％）いる。なお，一般行政部門のうち，福祉関係，教育部門，警察部門，消防部門は国が定員に関する基準を幅広く定めている。したがって，一般職全体のうち約3分の2は，自治体の裁量で人員を減らすことができない仕組みとなっている。

**＊会計年度任用職員**
地方公務員法の改正により，2020年から導入された。同制度の導入により，従来の非常勤職員の大半は会計年度任用職員となった。

### 2　公務員の労働基本権と給与

民間企業に勤めるサラリーマン同様，公務員も労働者である。憲法第28条では労働者の基本的権利が定められているが，公務員もこの対象となる。ただし，公務員の地位の特殊性と職務の公共性から，国・自治体を問わず，公務員の**労働基本権**は制約されている。例えば，治安を担う**公安系公務員**にはすべての権利が認められていない。これ以外の職員は団結権が認められており，公営企業職員や特定**地方独立行政法人**職員，**技能労務職員**は労働組合，これ以外の職員は職員団体を組織できる。公営企業職員や特定地方独立行政法人職員，技能労務職員には，一定の制限があるものの団体交渉権が保障されている。これ以外の職員は当局と交渉することはできるが，団体協約を締結する権利はない。団体行動権については全面的に認められていない。

労働基本権が制約されている代償措置として，人事委員会や公平委員会が自治体に設置されている。公務員の給与は，民間企業のように労働組合と当局との交渉のみで決定できない。人事院勧告や**人事委員会勧告**に基づいて当局が職員団体に案を示した上で交渉が実施される。

自治体の給与は国家公務員との均衡も重視される。国との比較の指標であるラスパイレス指数を用いて，国は，自治体の給与が国の給与水準以下になるよう求めてきた。国による要求はかなり強く，国の基準を上回る自治体があれば国から指導や制裁がなされる。民間や国，あるいは他の自治体の給与とのバランスをとるこうした給与決定の考え方を「均衡の原則」という。

職員の基本給は給料表に基づいて決定される（**表6-2**）。給料表は，部長や課長など役職に基づく「級」を横軸に，経験年数や年齢などに基づく「号級」を縦軸に構成される。給与は原則として毎年の定期昇給で4号ずつ上昇する。例えば1級51号から1級55号への動きである。役職が上がれば号級の数字は小さくなるものの，級があがると同じ号級でも給料は増えるため，支給額が下がることはない。例えば1級55号から2級27号，2級39号から3級27号への動きである。

給料表の種類は複数あり，職員の多くは行政職給料表が適用されるが，教員，警官，医師など，一部の職では別の給料表が置かれることがある。もっとも，給料表は自治体ごとに異なるため，地方公務員の給与は千差万別となる。

**＊労働基本権**
一般的には，団結権（労働者が団結する権利），団体交渉権（使用者と団体交渉する権利），団体行動権（ストライキなどの団体行動をする権利）の労働三権を指す。

**＊公安系公務員**
治安維持に従事する公務員。自治体では例えば警察官や消防士が挙げられる。

**＊地方独立行政法人**
➡第13章「政策の実施」❸ 2 参照。

**＊技能労務職員**
一般職のうち，単純な労務に雇用される職員。現業（系）職員ともいう。自治体では，ごみ収集員，清掃員，用務員，給食調理員，運転手などが挙げられる。

**＊人事委員会勧告**
職員の給与等を社会一般の情勢に適応させるため，民間企業の従業員の給与水準について調査した上で，自治体の給与水準と均衡させることを目的に，人事委員会が毎年出す給与等に関する報告及び勧告（地方公務員法26条）。

表6-2　政令指定都市Y市の行政職給料表（一部省略）

| 号給 ＼ 級 | 1級 | 2級 | 3級 | 4級 | 5級 | 6級 | 7級 | 8級 |
|---|---|---|---|---|---|---|---|---|
| 1 | 136,300 | 183,800 | 217,400 | 264,000 | 282,900 | 313,800 | 346,500 | 389,900 |
| 2 | 137,300 | 185,600 | 219,200 | 265,900 | 285,100 | 316,400 | 349,300 | 392,700 |
| 3 | 138,300 | 187,400 | 221,000 | 267,900 | 287,400 | 318,900 | 352,200 | 395,700 |
| ⋮ | ⋮ | ⋮ | ⋮ | ⋮ | ⋮ | ⋮ | ⋮ | ⋮ |
| 26 | 169,400 | 228,100 | 262,300 | 314,800 | 339,200 | 378,400 | 414,300 | 464,000 |
| 27 | 171,400 | 229,900 | 264,200 | 316,900 | 341,400 | 381,100 | 417,000 | 467,000 |
| 28 | 173,400 | 231,700 | 265,700 | 319,100 | 343,500 | 383,700 | 419,800 | 470,100 |
| ⋮ | ⋮ | ⋮ | ⋮ | ⋮ | ⋮ | ⋮ | ⋮ | ⋮ |
| 38 | 191,800 | 247,900 | 282,400 | 339,800 | 365,000 | 407,900 | 446,300 | 500,800 |
| 39 | 193,600 | 249,400 | 284,300 | 341,800 | 367,100 | 410,000 | 448,800 | 503,500 |
| 40 | 195,400 | 250,900 | 286,200 | 343,800 | 369,200 | 412,100 | 451,400 | 506,100 |
| ⋮ | ⋮ | ⋮ | ⋮ | ⋮ | ⋮ | ⋮ | ⋮ | ⋮ |
| 50 | 212,700 | 266,100 | 302,200 | 362,200 | 387,600 | 429,200 | 471,900 | 528,300 |
| 51 | 214,400 | 267,900 | 303,900 | 363,700 | 389,200 | 430,700 | 473,900 | 530,500 |
| 52 | 216,100 | 269,600 | 305,600 | 365,000 | 391,100 | 432,200 | 476,000 | 532,500 |
| 53 | 217,600 | 270,800 | 307,100 | 366,200 | 392,600 | 433,600 | 478,100 | 534,600 |
| 54 | 219,300 | 272,200 | 308,700 | 367,400 | 394,000 | 434,900 | 479,900 | 536,400 |
| 55 | 220,800 | 273,800 | 310,400 | 368,600 | 395,400 | 436,200 | 481,700 | 538,200 |
| ⋮ | ⋮ | ⋮ | ⋮ | ⋮ | ⋮ | ⋮ | ⋮ | ⋮ |

（出所）　筆者作成。

**＊職階制**

すべての職務・職責を細かく分類し，それぞれの職務・職責に応じた給与を支払う制度。アメリカにならって戦後すぐに導入が試みられ，法律も制定されたが，日本の人事慣行と適合しないなどの理由から導入は困難を極め，2015年度をもって廃止された。

このほか，職員には民間の賞与に当たる期末手当・勤勉手当が年2回，住宅手当，扶養手当，通勤手当など各種手当が都度支給される。これらすべてにおいて，人事委員会は民間との比較等から金額の増減，また新設・廃止について勧告する。なお，同じ給料表の級号級でも，人員委員会の勧告内容によっては毎年金額が変わる場合もある。

　職員の給与については，職務・職責に応じて支給されるべきであるという「職務給の原則」も適用される（地方公務員法24条）。この原則を受け，戦後すぐに**職階制**の導入が試みられたが，2015年度をもって廃止された。先ほど説明した給料表の分類及び級号級は，この職階制導入までの暫定措置であった。この暫定措置が長年続いたことで，結果として給料表に基づく給与決定・支給が定着し，今日に至っている。現在では職員の役職に対応する級ごとに，職務内容について示

した等級別基準職務表が作成されている。

　なお，職員の給与は条例で定めることが必要である。これを「給与条例主義」という。

[ 3 ]　外部化・非正規化と会計年度任用職員

　自治体には，任期の定めのない常勤職員を中心とした運営が求められている。戦後の公務員法制が整うまでは，身分的に区分された官吏制度が実施されていた。戦後の日本国憲法の下，身分的な区分を排した公務員法制がめざされ，**成績主義の原則**に基づく民主的公務員制度が確立された。現在の公務員の中立性の確保や身分保障はここに由来する。任期の定めをなくすことで職員の長期育成が可能となり，公務の能率性やサービスの質が担保されると考えられている。

　しかし，任期の定めのない常勤職員の数は，バブル崩壊後の1994年をピークに2016年まで一貫して減少し続けた。この間に54.5万人（328.2万人→273.7万人），16.6％の人員削減がなされた。人員削減に対応して，自治体では民営化や民間委託といった外部化が進んだ。2000年前後に**PFI**や**指定管理者制度**が登場し，2000年代半ばには地方独立行政法人制度や**市場化テスト**が誕生した。これらによって，自治体の外部化はさらに促進されることになった。また，国はこの時期に数回にわたる通知を出し，自治体に行政改革の実施を迫った。結果として，人員削減の対象外であった非正規職員が増えていった。

　非正規職員の増加によって別の問題も明らかとなった。任期の定めのない常勤職員を中心とした運営が危ぶまれるだけでなく，不適切な任用のあり方が顕在化した。本来，一般職で任用すべき労働者性の高い臨時的任用職員や非常勤職員が特別職として多く任用されていたのである。特別職には後述する服務制限が適用されず，公共の利益保持の観点から課題があった。この問題を改善するため，2020年度から新たな一般職非常勤職員である会計年度任用職員が導入されるとともに，職全体の整理がなされた。しかし，非正規職員の数はあまり減少せず，官製ワーキングプアや不安定な雇用状況といった課題は残されたままである。

＊成績主義の原則
競争試験を原則とした厳格な能力実証を経ることで優秀な人材を確保し，少数精鋭の職員による能率的な公務の遂行をめざす人事の原則。

＊ PFI（Private Finance Initiative）
➡第13章「政策の実施」 ② [ 1 ]参照。
＊指定管理者制度
➡第13章「政策の実施」 ② [ 2 ]参照。
＊市場化テスト
➡第13章「政策の実施」 ④ [ 1 ]参照。

## ④　自治体の人事管理

### ［1］　採用

**任命権者**[*]が特定の者を特定の職に任命することを「任用」という。地方公務員法15条では，「職員の任用は，この法律の定めるところにより，受験成績，人事評価その他の能力の実証に基づいて行わなければならない。」という成績主義の根本基準が定められている。能力の実証に基づいて行われる任用には採用，昇任，降任，転任が含まれるが，退職は含まれない。

まず，採用とは，自治体職員でない者を当該自治体の職に任命することを指す（地方公務員法15条の2）。採用に際しては成績主義の根本基準のもと，採用試験が課される。採用人数は原則として前年度の退職者数をもとに決められるため，年によって大きく変動する場合もある。

例えば大学の新卒学生を対象とした採用試験では，一般教養と専門分野から出題される択一式の筆記試験及び複数回の面接を課す方式が一般的である。しかし，最近では専門試験を課していた自治体でも専門試験を課さない試験方式を実施するようになったり，民間企業経験者採用枠を設け，民間企業の採用と類似した方式で実施したりするなどの変化がみられる。この背景には，少子化によって受験者の絶対数が減少する中で，受験者数を増やして一定以上の倍率を確保するとともに，多様な人材を広く募りたい自治体の意向がある。また，自治体の採用試験では人物重視の傾向が強くなっている。

### ［2］　服務制限と身分保障

公務員試験に合格して実際に採用されると，民間企業に勤めるサラリーマンとは異なる公務員特有の様々な義務が課される。例えば，公務員は全体の奉仕者として公共の利益のために勤務する義務を負い，全力かつ専念して職務を遂行しなければならない。この達成のため，法令遵守義務，上司の職務上の命令に従う義務，**守秘義務**[*]が課される。様々な禁止・制限事項もある。前節第2項で触れた労働基本権の制限をはじめ，**信用失墜行為の禁止**[*]，**政治的行為の制限**[*]，**営利企業への従事等の制限**[*]がある。これらを含めて，職員は条例の定めにより，採用時には服務の宣誓をしなければならない（地方

**＊任命権者**
人事について権限をもつ機関。具体的には，首長，選挙管理委員会，教育委員会，道府県警察本部長，市町村の消防長などが挙げられる。

**＊守秘義務**
職務上知り得た秘密を守る義務（地方公務員法34条）。なお，守秘義務は退職後であっても課され続ける。

**＊信用失墜行為の禁止**
職の信用を傷つける行為や職全体の不名誉となるような行為の禁止（地方公務員法33条）。

**＊政治的行為の制限**
全体の奉仕者である公務員の性格から，政治的な行為について課される制限（地方公務員法36条）。例えば，公務員は政党の結成への関与，政党役員への就任，勧誘運動はできない。また，選挙において公務員の地位のまま自らが立候補したり，特定の候補の選挙運動に参加したりすることも禁止されている。

**＊営利企業への従事等の制限**
営利企業に従事して公務がおろそかになったり，特定の企業を優遇して公平性をゆがめたりしないようにするため，公務員に課される制限（地方公務員法38条）。

公務員法31条）。

　こうした義務や禁止・制限の代替措置として，公務員は制度上，身分保障がなされている。職員は，勤務実績不良や心身故障による職務遂行困難など，法令で定められた理由に該当しない限り，本人の意に反して不利益な処分を受けることはない（地方公務員法27条）。情実を排除し，職員を恣意的な処分から守ることで，公務の中立性や安定性を確保する目的がある。公務員はあくまでも公僕であって，上司の下僕ではない。

## ［3］　分限と懲戒

　ただし，公務能率の確保の観点から一定の事由があれば，職員の意に反して降任，休職，免職が可能である。これを**分限処分**という。端的にいえば，分限処分とは現在就いている職，ひいては公務員としての十分な職務遂行能力や適格性を有していないとみなされた場合や職の廃止など，公務の効率性を保つことを目的としてなされる処分である。後の懲戒処分とは異なり，分限処分に懲罰的な意味はない。

　分限処分の種類には，降任，免職，休職，降給の 4 つがある。降任とは，職員をその職員が現に任命されている職より下位の職制上の段階に属する職に任命することである。免職とは退職させることである。休職とは，職員としての身分を保有させたまま職務に従事させないことである。降給とは，当該職員の現状の給料表上の級または号級を，現状から低い級または号級に変更することをいう。ただし，降給については，基準設定の困難さからほとんど実施されていない。

　分限処分のほかに**懲戒処分**もある。懲戒処分の種類には，戒告，減給，停職，免職の 4 つがある。戒告とは，将来を戒めるように告げること，すなわち注意である。減給とは文字通り給与を減らすことである。停職は休職と同様に当該職員を職務に従事させないことである。ただし，分限処分の休職とは異なり，懲戒処分の停職では停職期間は給与が支給されない。免職は退職させることである。分限免職では退職金が支給されるが，懲戒免職は懲罰的に行われる免職であるため退職金は支給されない。

## ［4］　異動と人事評価

　配置転換と昇進を合わせて異動という。**配置転換**は 3 〜 5

*分限処分

公務員の職務の特殊性を鑑みても，当該職員の身分を保証できない状況や行為がみられた場合になされる処分。具体的には，勤務状態がよくない，心身の故障のために職務の遂行に支障がある，職に必要な適格性を欠く，職制もしくは定数の改廃または予算減少により廃職または過員となった，刑事事件に起訴されたなどが挙げられる（地方公務員法28条）。なお，分限とは，身分保障の限界を意味する。

*懲戒処分

職員が一定の義務に違反した場合に道義的な責任を追及し制裁を与える処分。具体的には，法令に違反した，職務上の義務に違反した，職務を怠った，全体の奉仕者たるにふさわしくない非行のあった場合になされる（地方公務員法29条）。分限処分の目的が公務の適切な運営の確保や能率の維持にあるのに対し，懲戒処分の目的は服務規律や秩序に維持にある。このため処分の名称が同じでもその意味は大きく異なる。

*配置転換

職位を変えずに職務内容を変えること。自治体の職務は多分野にわたるため，配置転換がなされれば転職をしたかのように職務内容が変わる。また，支所や出張所の配属になれば勤務地も変わる。

年周期が一般的であるが，自治体によって異なる。配置転換によって，特定の業者や関係者との癒着，職務のマンネリ化の防止，多様な職務経験による視野の拡大などに効果があるといわれる。他方，短期間での配置転換については，職務に対する責任感や専門性が涵養されないなどのデメリットも指摘されている。配置転換は原則として年度当初に一斉に実施される。3月末で職員が一斉退職し，その欠員を埋める形で4月頭に新規採用がなされ，新規採用職員の配属と同時に配置転換が実施されるのが通例である。年度初めの異動は，上位の退職者が抜けた職から順に決めるため，玉突きやパズルと表現される。

　配置転換の際には昇進も同時に実施・公表される。昇進に当たっては，事前に課される昇進試験に合格しておかなければならない場合もある。ただし，すべての昇進に当たって試験が設定されるわけではなく，昇進のほとんどは人事担当課の一存で決まる。もっとも，配置転換や昇進に対して，大きな不満や不公平の声が聞かれる場合は少ない。先に触れた大部屋主義の職場環境によって，個々の職員の能力や性格，仕事ぶりはある程度職員集団内で共有されているからである。

　異動を含め，人事管理のほとんどは人事担当課の権限である。異動に際しては，上司が職員本人の異動希望を聞き，当該職員の職場での評価もあわせて人事担当課に伝えるが，異動そのものは任命権者以下，人事担当課の専権事項である。人事情報は秘匿性が高いため，担当者でないとわからないことも多く，実態はブラックボックスである。

　2016年からは自治体に**人事評価**の導入が義務づけられた（地方公務員法23条の1～4）。人事評価は能力評価と業績評価で構成される。当局には，配置転換や昇任・降任に当たって能力評価を，査定昇給・勤勉手当に当たって業績評価を活用することが求められている。このような特徴をもつ人事評価は，今後自治体職員の職務環境に大きな影響を与える可能性を秘めている。

### 5　退職と再任用

　公務員は定年まで勤める職員がほとんどであると思われがちだが，実際には定年退職者の割合は50％強である。ここ数年では普通退職が微増しており，毎年30％程度が自己都合で退職している。**勧奨退職**や**早期退職募集制度**による退職で定

**＊人事評価**
それまでの勤務評定にかわって，2016年4月から導入された制度。目的は，「能力・実績に基づく人事管理の徹底」と「組織全体の士気高揚，公務能率の向上」にある。人事評価は勤務評定と比べて，能力・実績主義の徹底，人事の公平性・公正性の担保，人事行政の客観性・透明性の向上，人材育成との連携などの役割がより明確なものと位置づけられている。

**＊勧奨退職**
人事管理上の目的から職員に対して退職を勧奨し，それに応じたことを事由とする退職のこと。

**＊早期退職募集制度**
年齢別人員構成の適正化を通じた組織活力の維持等を目的として退職希望者を募集する制度。

## ▶▶ *Column 7*　なぜ京都市は財政が苦しいのか ◀◀

　2020年秋，京都市が財政破綻する恐れがあると報道され，大きな話題となった。大都市は人口や企業が多く，一見すると裕福な印象がもたれるが，現実はそうでもない。

　大都市に共通する課題として，大都市特有の財政需要が挙げられる。例えば，大都市では企業活動への支援や都市インフラの整備・維持のために多額の費用を要する。また，貧困世帯の数や割合も高く，その対応も必要となる。このため，大都市の人口1人当たりの歳出水準は市町村の中でも比較的高い。

　もちろん，こうした事情は他の大都市地域も同様である。京都市独自の要因としては，他の政令市と比較して税収が少ない点が挙げられる。例えば，京都市では寺社仏閣が多いが，宗教法人は原則非課税である。多く見られる古い木造建築物は，固定資産税をとる京都市側には不利である。また，高齢者や大学生が多く，そもそも納税義務者の割合が小さい。

　企業活動の上でも不利な点がある。例えば高さ規制である。日本庭園における借景の保持や，五山の送り火の際の眺望確保などのため，建物の高さは厳しく規制されている。また，埋蔵文化財の出土確率の高さも挙げられる。古都であるがゆえに，市内中心部ではある程度掘れば何らかの埋蔵物が見つかる場合が多い。この発掘費用は原則として事業者側の負担となる。これらは税収にも影響している。

　他方で，これまでの市政運営の経過も要因の1つである。京都市は他の大都市と比べてインフラ整備が遅れていたため，大規模な投資の実施時期が平成初期にずれ込んだ。また，地下鉄東西線の建設時期がバブル期と重なった。これらによる多額の負債を返していく平成中期以降は，不景気が長引いたり地方交付税が減額されたりして，想定していたような歳入とならなかった。結果論ではあるが，タイミングの悪さは否めない。

　家計に例えれば歳入の範囲内で歳出を組むことは当然のように思えるが，見込みである歳入には不確定要素も多い。住民福祉の向上をめざす自治体としては，最初から大幅な黒字となる予算は組みにくい。こうしたジレンマを抱えながら行政は運営されている。

　自治体の主人公は市民であり，財政破綻は他人事ではない。市政運営を行政任せにせずに継続的に注視し，市政に積極的に参加していく姿勢がより求められている。

（湯浅孝康）

年前に退職する職員も一定存在する。

　では，定年退職した職員のその後はどうなっているのか。定年退職者は，当該自治体に再任用または臨時・非常勤として再就職している場合が多い。特に，60歳から65歳への公的年金の支給開始年齢の段階的な引き上げが開始された2013年度以降，再任用の割合が大きく増加した。再任用制度を活用して雇用と年金の接続を図るよう，国が自治体に要請したか

らである。

　もっとも，一定以上の役職に就いていた職員は，自治体の外郭団体等に再就職する場合もある。その際は，当該外郭団体等の比較的高い地位の職に就くことが多い。いわゆる「天下り」は自治体でも存在している。ただし，職務の公正な執行や公務に対する住民の信頼確保の観点から，離職前数年間に就いていた職と関連する職への再就職は禁止されている。

　2024年度からは，国家公務員と同様，これまで60歳とされていた定年の段階的な引き上げが開始される。ただし，定年引上げと同時に，60歳時点の7割とする給与水準の設定，原則60歳までとする役職定年制，60歳以降の定年前短時間再任用制が実施される。今後60歳以後の職員の勤務形態等は多様となり，退職と再任用のあり方は大きく変わると予想される。

（湯浅孝康）

# 第7章

# 職員の責務

地方自治を生かすも殺すも要はそれを動かす人にある。今日の自治体では，参加の時代を迎えて住民，NPOその他の団体，企業などの多彩な活動がみられる。だが，専業の職員（地方公務員）の果たす役割は圧倒的に大きく，その資質や能力の向上が強く望まれるが，実態はどうなっているか，またいかにあるべきか。

## 1 官僚主義の残存

占領期の民主的改革を経て，国の支配者としての**天皇の官吏**が国民に奉仕する国家公務員に変わったのと同様に，地方でも自治体を支配してきた公吏は住民に奉仕する公僕たる地方公務員に変身した。そして，この改革を保障・推進するために，国と同様に**地方公務員法**の制定をはじめ，**人事委員会**や**公平委員会**の設置，採用時の競争試験の整備など，必要な措置が相次いで講じられた。

だが，これら一連の制度改革にもかかわらず，それを構成する人間は変わらず，しかもその後の状況変化の中で民主化に歯止めがかけられ，逆行さえしたため，基本的に重要な点で程度の差はあれ国家公務員と同様，いろいろと悪しき慣行が残された。

組織内部の身分的秩序を裏打ちし，対外的には住民から公務員を超然とした存在たらしめてきた特権的性格，身分差をはじめとする**階統制秩序**，官僚制特有の**セクショナリズム**，法規万能・繁文縟礼・杓子定規などを生む法律拘泥主義を挙げることができよう。

### 1 特権的性格

#### (1) 官僚優位

特権的性格は，とりわけ国の場合に強く残り，対外的に国民に対する関係では，まず明治以来はぐくまれてきた「官尊民卑」「愚民観」とそれに根ざす「牧民官」や「後見性」「恩恵性」の思想が今なおうかがわれる。

**＊天皇の官吏**
大日本帝国憲法第10条では「天皇ハ行政各部ノ官制及文武官ノ俸給ヲ定メ及文武官ヲ任免ス」とされていた。すなわち官吏制度は「官制大権」に属していた。なお，私法上の契約関係にある雇傭人は官吏には含まれない。日本国法には「官吏」「吏員」という言葉が残されているが，これは戦後の公務員法制が未整備の時点で憲法が制定されたためである。

**＊地方公務員法**
➡第1章「自治の歴史」❸ ② 参照。

**＊人事委員会**
➡第6章「内部の組織と人事」❶ ① 参照。

**＊公平委員会**
➡第6章「内部の組織と人事」❶ ① 参照。

**＊階統制秩序**
組織の階層的秩序のこと。あるいは上下の身分的序列関係が整理されたピラミッド状の組織秩序のこと。ヒエラルヒーともいう。

**＊セクショナリズム**
行政組織の巨大化にともない組織の専門分化が進行するが，その中で各部局の

権限が明確化され，組織を隔てる壁が出現する。この壁に遮られた組織間の調整の難しさがセクショナリズムであり，この概念は「法規万能主義」「繁文縟礼」「杓子定規」などをあわせたものである。「法規万能主義」は法令の文言を絶対視することをいう。「繁文縟礼」（英red tape。もともと赤いテープで文書がまとめられていたことに由来）は，役所の過剰な形式主義，煩瑣な手続き，膨大な書類などの悪弊をいう。「杓子定規」は現実と合わない画一的な尺度の適用や対応のことをいう。

**＊藩閥官僚／学閥官僚**

明治期においては藩閥政治が中心であり，この下で立身出世をした官僚を「藩閥官僚」という。「学閥官僚」の台頭は1880年代に整備された帝国大学の卒業生が政府内で影響力を高める時期，すなわち1890年以降のことである（参照，清水2013）。

**＊官官接待**

公務員同士の接待のことをいう。ここでは1995年から1996年に全国で明らかになった国家公務員を地方公務員が接待していた問題を念頭に置いている。地方公務員が国家公務員を接待していた理由は，予算や補助金の配分の便宜のためであった。

　その根源を探れば，明治維新の際，天皇親政を旗印に，旧家臣だった下級武士たちが旧藩主を倒して実権を握ったことにより，農工商の一般国民より身分上，優位に立ったこと，その後この**藩閥官僚**[＊]が明治半ば以降は東京大学法科大学（後の東京帝国大学法学部）出身の学閥官僚に引き継がれ，大部分が小学校卒の一般国民に学歴・学校歴で圧倒的優位に立っていたこと，この**学閥官僚**[＊]たちがドイツを中心とする西欧先進諸国に長期留学し，そこで学んだ法律や行政の立案・解釈・運用を日本に適用してきたこと，こういった事情からそれぞれの専門分野の行政については自分たちだけが唯一の専門家という自負をもっていたこと，それに加えて官僚は軍人とともに神格化された天皇のそばに仕えるということで位階勲等も飛び抜けて高かったことなどに求められよう。このうち，学歴は，国民全体の著しい高学歴化で差はなくなったが，依然として学校歴の差は続き，位階勲等も，いったん廃止された栄典制度が官僚優位のまま復活された。

　もっとも，このような学歴・学校歴差による住民への優位性は，国の出先機関で，学閥の一員の知事が支配していた府県には若干はみられても，国の場合とは格段の差があった。それにもかかわらず，府県だけにとどまらず自治体だった市町村も含めて国の下部機構視され，もっぱら国の法律に基づいて行政を行っていたことにより，官尊民卑，愚民観などは自治体の対住民関係にも存在し，その弊害は現在にまで及んでいる。またそれとともに他方では，国の官僚による自治体への優越感が根強く残り，目に余る「**官官接待**[＊]」が全国各地で摘発されることとなった。

　一方，このような中央学閥官僚支配下では，行政は中央地方を通じてすべて西欧モデルに沿ってその官僚たちによって立案され，実施の結果が国民に恩恵をもたらすとしても，民主的に国民の意を体して練り上げられるということはなかった。

　それどころか，明治期には，諸列強から押しつけられた不平等条約改正の悲願を実現するために，また昭和期に入ってからは臨戦態勢を整備するために，国民の意向を無視し違背する政策を強行してきたのであった。こういった政策は，たとえ国民の福祉向上をめざすものであったとしても，お上の恩恵，お慈悲に過ぎず，国民の側から当然の権利として実施を要求することは許されなかった。この伝統は，戦後の民主

的改革後も残り，各種の補助金その他の恩恵パイプによって
補強されてもきた。

　それとともに，官僚優位のいま一つの弊害として，**官
（公）職私有観**の存在を挙げることができる。これは，国の
場合の官職なり，自治体の場合の公職なりが近代的な職務体
系の一環として認識されず，その職に就いた個人の私物視さ
れて，それを私的利益の実現に利用するようになることを指
す。これが，今日なお克服されず，中央地方関係を通じて
様々の腐敗や汚職を生み出していることはいうまでもない
し，全国の都道府県で明らかになった裏金づくりなどの悪弊
を残すことにもなった。

　(2)　閉ざされた世界

　特権的性格のいま一つは，行政に適用される法が公法とし
て，一般の国民に適用される私法と明確に区別され，法の基
本原理が行政権の行使者である国や自治体に有利で都合のよ
いように構築されていることに現れている。

　また，これと相まって，国の場合，高級官僚は特別の採用
試験と採用後の終身雇用，それに照応する年功序列の慣行等
によって外部からの中途採用への道は閉ざされ，民間との人
事交流は不可能に近かった。それに加えて，旧体制下では官
吏だけに**恩給**（公吏には**退隠料**）が認められるなど様々な特権
が付与されており，一般国民同様の年金制度に切り替わるの
は敗戦後のことである。

　そして，権力を有する国（旧体制下では天皇）や自治体が，
権力をもたない「人民」（旧体制下では臣民）に対して権力を
行使するという不対等者間の関係を律する公法の世界では，
人民には権力行使への批判は許されず，訴願や訴訟も再考慮
の願い出でしかなかった。これは自治体の場合も同様で，や
はり閉ざされた世界ではあったが，採用試験は一部の大都市
を除き1950（昭和30）年前後まではそれほど厳密ではなかっ
た。

　もっとも，敗戦後行政の機能が飛躍的に拡大強化されるに
つれて，それまで私法の領域にあった機能を公の世界に相次
いで取り込むようになり，行政を狭い意味での権力の発動に
限定した行政法学の理論ではもはやカバーできなくなった。
このため，命令とか許可とか認可といった従来の権力関係と
しての行政行為を中心とした公法関係とは別に，本来は行政
権者に優越性を認めない対等者間の私法の領域ではあるが，

*官（公）職私有観

官（公）職私有観の典型的
な発現形態は世襲・売官制
である。官職の世襲・売官
は歴史的に古い。例えばフ
ランス絶対王政期には官職
の世襲・自由売買が制度化
されていた（1604年のポー
レット法）。日本にも古
代・中世以来，年官・成功
（じょうごう）などと呼ば
れる制度（売官制の一種）
があった。近代官僚制が成
立する中でこうした慣行は
徐々に否定された。

*恩給／退隠料

恩給制度は1875年4月に，
佐賀の乱，台湾出兵を背景
として陸軍軍人を対象とし
て開始された。同年8月に
は海軍でも制度が発足し，
1884年には文官の恩給制度
も開始された。現行の恩給
法になったのは1923年であ
る。地方公務員では，地方
公務員共済組合法が制定さ
れ，地方公務員等共済組合
に一元化されたのは1962年
であった。退隠料はそれ以
前の制度であり，もともと
市制町村制下の有給吏員の
ための条例で定められた制
度であって財源は自治体の
負担とされていた。

**＊行政統制**
➡第10章「情報の管理」**③**
**２**参照。
**＊情報公開条例**
➡第10章「情報の管理」**②**
**２**参照。

**＊政令201号**
ポツダム命令の１つ。政令
201号は公務員の労働基本
権の制限を目的とし，1948
年７月31日に定められた。
当時の労働運動の高まりの
中，GHQは公務員の争議
権や団体交渉権を制限する
ことを日本政府に求め，芦
田均内閣がこれに応じた。
その内容は，公務員の団体
交渉権の否定，争議権行使
の禁止などである。

**＊親任官**
勅任官の一種で親任式を経
て任命される者。現在は内
閣総理大臣と最高裁判所長
官だけが親任式で任命の儀
式を受ける（国務大臣，副
大臣等のその他は認証官任
命式）形で残されている。

**＊勅任官**
狭義には親任官以外の勅任
官のことをいい，天皇の勅
命によって親任式を経ずに
任命される高等官一等・二
等に相当する官吏。現在で
いうと指定職に相当する。

**＊奏任官**
時代によって揺らぎがある
が，勅任官以下の高等官の
うち，三等以下の官吏のこ
と。内閣総理大臣の奏請に
基づき天皇が勅裁してい
た。現在でいうところの本
省課長・企画官・室長およ
びこれらの補佐に相当す
る。

**＊判任官**
高等官以外の下級官吏。属
官とも呼ばれた。天皇の任

公共の福祉の実現という観点から，管理関係として公法に含めようといった提唱も出てきた。ただし，これでは本来対等な関係である領域に行政権力者に優越性を認める危険性が生ずるので，この「公共の福祉の実現」といったあいまいな形ではなく，行政全体に適用できる別の基準を検討する動きも進んでいる。

　それとともに，特に自治体の場合には，国の場合と違って，地方自治法になってからは住民による多様な**行政統制**＊の手段が確保されるようになり，**情報公開条例**＊の制定などそれを補強する仕組みも登場した。さらに，公私の領域が次第に不分明になり，民間との人事交流を円滑にするための地方公務員制度の抜本的改革も日程に上っている。だが，労働条件一つをとっても，1948（昭和23）年以来，中央地方をとおして公務員の労働基本権を大幅に制限し，政治活動の自由を認めてこなかったので（**政令201号**＊），このように労働法体系がまったく異なる状況のままでは人事交流はかなり制約されてしまうし，こういった障害を一つ一つ克服するのは決して容易なことではない。

**２**　**階統制秩序**
**（1）身分差の存在**
　およそ官僚制全般に共通の階統制も，日本の場合には中央地方を通じて封建的遺制ともいうべき身分差の存続という特色を有する。特に，旧体制下では，官吏は軍人とそっくり対応した官の等級（官等）があり，**親任官**＊（大臣，軍人は大将），**勅任官**＊（1〜2等，軍人は中・少将），**奏任官**＊（1〜6等，軍人は大・中・少佐，大・中・少尉），勅任官と奏任官を併せて高等官と総称，1〜8等に区分し，その下に**判任官**＊（属官とも呼び，軍人は下士官），雇員，傭人が置かれていた。敗戦後，この制度は一時簡単に1〜3等級に分けて残されたが，まもなく廃止された。だが，旧制度下の**高等文官試験**が形を変えて存続し，東京大学法学部を中心とする学閥が依然官界を支配し，これに年功序列や男性優位が加わり，身分差は解消されていない。

　これに対して，実質上国の出先機関となっていた府県は国に準じていたが，市町村のほうは学歴による身分差はなかった。そして，地方自治法下になると，都道府県は，一応完全自治体に変わったものの，**官選知事**＊が大半公選知事に移行

し，またその後も中央各省出身者が全国の知事の過半数を占め，副知事や部課長も中央からの天下りによって補充され続けた。

これは，政令指定都市などでも同様で，都道府県や大都市でようやく1955年前後から独自の幹部職員の採用試験を実施するようになるが，中央からきた課長は20歳代なのに，学歴が同じ大学卒の生え抜きの幹部職員は40歳代半ばにようやく課長になれ，部長に至っては各省出身者は30歳代，生え抜きはごく限られた人だけが50歳代になってからというひどい格差が厳然と存在している。もっとも，都道府県の幹部職員は，そこに所在する国立大学か特定の有名私立大学の出身者が多数を占める例は多い。

この点，市町村の場合は，幹部職員だけの採用試験はなく，また1965年ごろまでは一部の市を除いてむしろ人材を集めるのに苦労し，年功序列や男性優位は別として，強い身分差は生じなかったとみてよい。

### (2) 任官・補職の制度

階統制秩序を支え，また身分差の残存にも関係のある問題として，つぎに日本特有ともいうべき**任官\*・補職\***の制度がある。国の**官職\***，あるいは自治体の公職は，近代合理的な社会にあっては行政組織を構成する職務上の序列にすぎないのに，任官は同時に封建的な身分関係に入ることを意味していた。そこでは，天皇に対する滅私奉公の精神と四六時中官吏たるが求められる**忠実無定量**の勤務とが支配し，これに基づき絶対的な命令服従関係が成立していた。この特性は，敗戦後の民主的改革によりかなり薄められたとはいえなお基底に影をとどめている。

この任官という行為によりまず官等（地方の場合には吏員）への位置づけがあって身分上の地位が保障され，その上で何課勤務を命ずると補職が行われるわけで，身分と職が明確に区分されていたのが今なお踏襲されていることになるからである。

この分離による不合理な面は，本来はまず何らかの仕事があって，それをこなすために組織とそれを構成する職位が作られるとともにその任務が定められ，その上でその職に適材を充てるという順序が往々にしてひっくり返されることにある。

すなわち，まず人ありきで，だれかをとりあえず任用し，

命大権の委譲を受け，各省大臣や地方長官が任命していた。判任官から選考を経て高等官に昇進することができたが，そのためのポストはごく少数であった。

**\*高等文官試験**
正しくは「文官高等試験」。略称は「高文」あるいは「高文試験」。1893（明治26）年の文官任用令において高文試験の実施が定められた。高等官の登用はこの合格者から行われた。だが，隈板内閣（第1次大隈内閣）では政党員登用のため他ルートでの登用が積極的に行われた。これに対抗するため，第2次山縣内閣では文官任用令が改正され，高級官僚へのルートが高文試験の合格者に限定された。「学閥官僚」の台頭はこの高文試験の合格者が実務の中枢を担うようになる時期のこととなる。

**\*官選知事**
➡第1章「自治の歴史」❷参照。

**\*任官・補職**
「官」とは地位と身分であり，「職」とは具体的な仕事のこと。「任官・補職」とは官吏の地位と身分を与える行為と具体的な業務内容を命令する行為とを分離して行うことを意味する。「任官」して官吏の身分が与えられると一私人ではなくなる。しかし，これだけではどこに行って何をしたらよいのかわからない。そこで行われるのが「補職」である。官吏はこの「補職」により実際に業務を与えられていた。

＊官職

官職とは，「官」と「職」をあわせた概念である。国家公務員法では，任官・補職制が廃止され，「職」の体系を中心として公務員制の全体を再編成された。これは国家公務員法に導入された職階制の考え方がアメリカ流の「職の体系」を念頭に置いていたことに由来する。さらに，この「職」の捉え方は職階制とともに地方公務員法にも持ち込まれた。ここでは地方法務員の「職」を「公職」と呼んでいるが，地方公務員法上は「職」と表記される（参照，大森 2006）。

＊忠実無定量

官吏服務規律（1887年）では，「天皇陛下及天皇陛下ノ政府ニ対シ忠順勤勉ヲ主トシ法律命令ニ従ヒ各其職務ヲ尽スヘシ」（第1条）とされていた。この条文に象徴されるごとく，戦前の官吏は天皇や政府に対し，忠実無定量の義務を負うものとされていた。

＊官公庁労働運動

戦後のGHQの初期占領政策では，戦後初の立法となった労働組合法が登場した。その中では警察，消防，監獄勤務者の団結権を否認した以外，公務員にも一定の団結権，団体交渉権，争議権が認められていた。これにより官公庁労組が結成され，労働運動が盛んになった。労働三権の取扱いについてはその後の公務員法制の形成過程で整えられる。

＊行政官庁理論

日本の行政法学のうち行政

つぎにその人を張り付ける組織上の職位を設けるか探すかして，最後にその職位に適当な職務をあてがうといった本末転倒となる。

　中央各省から課長の天下りポストを要求された都道府県が，課長の仕事を2つに分けて課長を2人にして1つを提供したり，これまでの人は課長職だったのに今度来るのは部長職だというのでやむをえず部長職に切り替えるといった理不尽なことまで行われたりしてきた。生え抜きの職員の課長ポストが不足していたため，それに相当する無任所の参事を設けていたのに，中央から係長ポストを要求され，参事に補佐をつけたひどい事例さえあった。

　ともあれ，この慣行が持続する限り，職務上の上下関係が身分上の支配隷属関係として作用し，職務を離れての私的生活にも不対等な階層関係を持ち込むことになる。もっとも，私的生活への波及は後述の都市化に伴う若年層の高学歴化，サラリーマン化，官公庁労働運動<sup>＊</sup>の活発化により，最近ではかなり克服されたことは確かである。

（3）　行政官庁理論の支配

　つぎに，日本の行政組織のもう1つの特色として，中央地方を通じての行政官庁理論<sup>＊</sup>の支配を挙げることができる。行政機能が拡大すれば，その専門分化が進み，組織は複雑膨大化する。だが，行政は，与えられた目標を効果的に達成するには，全体として統一ある運営が行われなければならず，組織構成員の責任分担と命令系統の確立が要求される。こうして，分化階梯に沿った垂直的な責任と権限の体系が作り出され，階統制秩序となる。アメリカの職階制やスウェーデンの職務体系は，すべての職位にそれぞれ固有の責任と権限を規定し，後者の場合は裁判官を含めて個々の官職保有者の責任がオンブズマン<sup>＊</sup>により追及できるようになっている。

　ところが，日本では特に旧体制下の国の場合，この階統制秩序がそのまま天皇を頂点とする絶対的な支配服従関係になっていたことはすでに触れたとおりである。しかも，この天皇に発する支配権は，憲法上は天皇に対して直接単独輔弼<sup>＊</sup>責任を負う各省大臣に個別に付与され，行政組織に対する帝国議会の統制権欠如と相まって，結局大臣だけがそれぞれ行政権限をもつことになっていた。そして，形式的にはこの大臣権限，次官，局長以下省内の下部機構や地方出先機関の末端に至るまで順次下方へ委任され，大臣だけが「行政官庁」

として独立法人格を有し，他の官職は法制度上はすべてその補助機関，諮問機関，参与機関，執行機関に過ぎず，例えば争訟の際など大臣以外当事者たりえないし，組織の構成員各自が自分の職務に責任をもって創造的に対処する態勢にはなかったといえる。

ともあれ，この行政官庁理論は，大臣の単独輔弼責任制が新制度で内閣の連帯責任制に変わったにもかかわらずそのまま引き継がれた。また，行政組織に対する法的規制は，議会の関与を排した勅令から議会制定法によることに改められたが，法律立案権は実質上行政権側にあるので大きな変更はみられない。ただ，独立性の高い行政委員会だけが新たに行政官庁に加えられた。

一方，行政官庁理論は，地方自治の領域にもそのまま適用されており，ただ国の場合と違って，行政官庁は長と議会と行政委員会だけであり，各部局長ではないが，その問題点は国の場合と大同小異といえる。

#### (4)　特別権力関係理論の存続

いま1つ問題なのは，公務員の国や自治体との関係を，一般の雇用契約とは異質の**特別権力関係**としている点である。この理論は，19世紀のドイツ官吏法制から導入されたもので，天皇への絶対服従の根拠づけに利用された。その最大の特色は法治主義の原則を排除し，一般の権力関係には認められる人権を官公吏については無視し，秩序を維持するために苛酷な服務規律を課していたことにある。そして，旧体制下では，官公吏に強固な身分保障は与えた反面，上級者への反対行動は許されず，懲戒処分に対する争訟の道は一切閉ざされていた。そして，この法的根拠として，公職に就く以上，一般権力関係より制約の度が厳しくなるのはやむをえないとしていた。旧制度下では，憲法による人権の保障はことごとく国の認める範囲に限られ，現行憲法のように天賦自然の基本的人権ではなかった。

したがって，日本国憲法となって基本的人権が保障された以上，このような特別権力関係の理論は当然排除されるべきであった。だが，公務員の労働基本権の制限や政治的自由の剥奪を根拠づけるために，旧来の理論とは違い，一般権力関係とはまったく異質の関係として残された。もちろん，天皇への忠誠というバックボーンは取り除かれ，懲戒処分への公平審査や訴訟の道も開かれた。だが，警察官と消防職員には

組織法の特徴を表す用語であり，各府省の大臣を中心に法律の解釈，立法，訴訟などが行われること。(参照，今村 2006)。

**＊オンブズマン**
➡第11章「自治体行政の統制」❺参照。

**＊単独輔弼責任**
「国務大臣単独輔弼責任制」とは，「大臣が1人で天皇を助ける」という意味である。この制度は大日本帝国憲法制定の際に導入された（大日本帝国憲法第55条「國務各大臣ハ天皇ヲ輔弼シ其ノ責ニ任ス」「凡テ法律勅令其ノ他國務ニ關ル詔勅ハ國務大臣ノ副署ヲ要ス」)。

**＊特別権力関係**
特別権力関係とは，公権力が私人に対し，①法治主義の排除，②人権の制限，③司法審査の排除が可能となるとする特別の法律関係を表現する学説の一種である（芦部 2019)。

団結権すら認められていない（地公法第52条第5項）。ともあれ，このような封建遺制的な古色蒼然たる理論は排して，近代的な雇用関係に置き換えるべきだろう。

### （5）年功序列と男性優位

そのほか，年功序列や男性優位の人事体系も問題である。年功序列は，終身雇用と並んで日本型組織の長所とみる向きもあったが，事なかれ主義や先例踏襲主義といったお役所仕事の根源であり，就職した当初は張り切っていてもいつしかぬるま湯につかって後は惰性で過ごしてしまうことにもなりかねない。政府もようやく21世紀を迎えて中央地方を通じての改革に乗り出したが，そうなると本来の**職階制**のように科学的な職務分析を行い，客観的公平な**人事評価**ができるような態勢づくりが先決となろう。

一方，男性優位も，近年かなり精力的に克服策が講じられてきてはいるが，これも欧米諸国の足下にも及ばない。制度改革と併せて男性公務員自身の意識改革も必要である。

### ③ セクショナリズムの弊害

行政組織内部の垂直的権限体系は，それ自体セクショナリズムを生み出す。それに加えて，現代社会における人間生活の高度化・複雑多様化に対応した行政機能の専門分化が進むと組織の目的・環境・時期・構成員・受益者等々の相違によりその構成原理も多様化するため，必然的に組織間の共管・競合問題が生じて，ときには各部局間や部局内部に権限争いや施策をめぐる意見の対立に発展する。特に，旧体制下の国の場合には，官僚の地位が高く，国民の意思を反映する議会による統合を受けつけなかったし，また大臣の単独輔弼責任制や**国務大臣・行政長官重複制**によって制度的にもセクショナリズムが一段と激しかった。この傾向は，敗戦後議院内閣制に移行してからも改まっていない。そして，この中央の対立が公選の長となって統合力の強化が期待されたはずの自治体においても，各省に直結する各部門間のセクショナリズムを生み出している。北欧，とりわけノルウェーで1980年代以降に実施された**フリー・コミューン**の実験では，日本と同様中央と直結し自主的な政策決定を阻害してきた自治体の縦割りによる弊害を，議会の討議能力・政策形成能力の強化により克服する試みがなされていたが，参考になろう。

＊職階制
➡第6章「内部の組織と人事」③ ② 参照。
＊人事評価
➡第14章「政策の評価」② ② (2)参照。

＊国務大臣・行政長官重複制
無任所大臣（ある特定の官庁を統轄しない）ではなく，ある特定の官庁を統轄する行政長官の機能を併せもつ大臣によって内閣を構成する制度のこと。（辻清明・林茂編 1981：40）。根拠条文は憲法第66条1項及び第74条。

＊フリー・コミューン
英語では 'Free Government Program' と呼ばれる。住民要望への応答性を高めるための自治体組織の企業モデルの摂取（消費者選択の導入）と議「員」内閣制の導入（執行部に議会議員を就任させる）などの議会改革を内容とする一種の実験政策のことである。（参照，自治体国際化協会 1995）

## ② 時代の変化

### 1 官僚優位の崩壊

　日本の公務員制度に色濃く残されてきた特権的性格は，それを支えてきた官僚優位が崩れはじめてようやく薄れてきた。

その崩壊の要因は以下のとおりである。

　第1に，敗戦後の民主主義教育を受け，憲法感覚が身につき，平等意識に目覚めた人々が多数を占めるようになり，高級官僚の特権姓を認めなくなったことにあった。

　第2に，特に1960年代以降の経済の高度成長期に入って，所得の急上昇とともに国民全体の高学歴化が進み，半数以上が大学卒となるに及んで，高級官僚との学歴格差は著しく縮まったことが指摘できる。

　第3に，日本の経済の急成長に伴い，西欧先進諸国との格差も縮まり，公害問題のように日本のほうが先行するものさえ現れ，それだけ西欧モデルへの依存度も低下して，その模倣に頼っていた高級官僚の存在意義は薄れたことも挙げられよう。

　第4に，高度成長の進展につれて，農村型社会から**都市型社会**への全面的移行が起こり，地域社会が多様化したため，これまでの西欧モデルに依拠した全国画一の法令ではそれぞれの地域の実情に合わず，高級官僚の影響力が弱まってきたこと，その反面各地域社会の事情に最適な政策はそれぞれの地域の実情に通じた自治体の関係者によってのみ策定されうるのだという自信が生まれてきたことも無視できない。

　第5に，21世紀近くになって相次いで起こった前述の官官接待や，大蔵・外務・厚生・警察等々の不祥事によって官への不信が増幅したことも重要であろう。

　第6に，やはり20世紀末に推進された**地方分権改革**により，はじめて中央と地方の関係は，これまで当然と考えられてきた上下・支配服従関係ではなく，対等同格の協力関係だということが確認されたことも大きな意義があったといえよう。

　第7に，世紀の変わり目になってようやく男性優位が崩れはじめ，女性が公務員の世界でもその能力を遺憾なく発揮できる状況が整えられつつあることに注目すべきであろう。

**＊都市型社会**
農村型社会とともに松下圭一の用語として有名である（参照，松下 1991）。農村型社会では共同体によって人々の生活が支えられていたが，都市型社会では政策・制度によって人々の生活が支えられるようになった。農村型社会は農業従事人口が多くを占めるのに対し，都市型社会ではサラリーマンが労働人口の多くを占めるようになり，生活様式が一変した。松下は政策・制度の変化をこのような社会形態の変化とともに説明している。

**＊地方分権改革**
➡第4章「広域と地域」参照。

### 　2　公私の境界の不分明化

　つぎに，従来明確に区分されてきた公私の関係が，自治体においても不分明となってきたことにも，いくつかの原因が考えられる。

　第1に，行政機能が著しく拡大された結果，もはやこれまでのように専任職員だけで対応することが困難になり，ボランティア，NPOその他様々な住民の協力が欠かせなくなり，あるいは民間企業への委託等が必要になってきたことが挙げられる。

　第2に，高度な専門化が進む行政機能の中には，民間企業や研究機関に在籍する専門技術者や研究者，あるいはその集団への依存度が高まることもある。

　第3に，行政への需要は高まる一方なのに，それに必要な財源には自ずから限界があり，まして慢性的不況期となると，行政のスリム化要求が強まって，民間委託をはじめとする外部化が増えることも指摘できよう。

## ③　望ましい地方公務員の資質と能力

　21世紀を迎えて日本の経済事情は悪化の一途をたどっており，それに伴い地方財政も窮迫し，地方公務員の世界にもリストラの脅威が忍び寄っている。それだけに，公務従事者としての自覚に立った積極的な勤務ぶりと，その職務を効率よく処理できる資質と能力を身につけることが強く望まれる。

　もっとも，一口に地方公務員といっても，その職種は多様であり，その違いに応じて望まれる資質や能力も変わってこよう。ただし，どのような職種にも共通して必要と思われるものは何点か指摘できそうである。

### 　1　政策形成能力の充実

　それぞれの地域社会の生活福祉向上に必要な政策の立案は，地方分権時代に入ってもはや中央への依存は許されず，地方公務員の肩に責任がかかっている。それだけに，これからの自治体を取り巻く環境の変化を十分見通して，それぞれの分野の任務や課題について明確な展望をもち，計画的に的確な処理ができる能力を高めなければならない。そのためには，国際化，少子高齢化，高度情報化，文化化，環境問題，災害問題等々各部門の施策を横断的につなぐ基底的事項について豊かな識見を養う必要がある。

　これまで，どこの自治体でも，単独，もしくは共同，さらには派遣等の研修に力を入れてきたが，財政窮迫を理由に研修費を大幅に削減するところが増えてきた。もっとも，これらの研修はしょせん動機づけの域を出ず，後は各自の不断の努力にまつほかない。

　幸い，最近各大学で，地方公務員などを対象にした大学院の社会人コースを新設するところが出てきており，これに呼応して自治体も勉学の便宜を図るようになった。こうなると，例えば法律学などは従来の解釈学だけでなく，むしろ政策形成に役立つような内容を充実させる必要があろう。

### ［2］　チャレンジ精神の持続

　人はだれでも新しい環境に身を置くと，若いほどやる気を起こせる。自治体の公務に就くときも例外ではなく，それどころか他の職務にも増してやりがいを感じ，いろいろと抱負をもつことであろう。ところが，年を取るにつれていつしかこの気概は薄れていくこともまた事実である。問題は，この就職時点の気概を公務に就いているあいだいかに持続するかにある。

　そのためには，環境の変化が起こった場合，どんな困難が立ちはだかろうとも臆することなく，常に積極的に新しい施策に挑戦しなければならない。たとえ失敗したとしても，地方自治の世界は小回りが利き，何度でもやり直せる。古人のいうとおり，失敗は成功のもとなのである。

### ［3］　政策変更能力の養成

　つぎに，日増しに変化のテンポが早まっている時代だけに，従来の政策を修正したり変更したりする必要が生じやすいが，敏感にそれを察知し，提起できる能力を養うことが望ましい。

　そのためには，平素からその政策の対象となる住民や環境に目を向け，変化の時機を逃さず捉えられるようになっていなければならない。また，これに対応して各自の所属する組織単位も，政策変更の提案を末端の現場から受けたとき，直ちに迅速な対応ができるよう，弾力性に富んだ状態を維持する必要がある。

### ［4］　説得・調整能力の獲得

　いま一つ大事なのは，住民に対する説得や調整能力の獲得である。住民の多様性や行政に関係する要素の多元化を反映して，これからの行政施策は，ますますこういった資質や能力を必要とするようになろう。

　まず，説得で成功を収めるには，関係住民にひけを取らない知識や情報を身につけていなければならない。一方，調整の能力は，対立する諸利害の的確な分析の上に生まれる。いずれにせよ，十分な研究が要求されることだけは確かである。

　また，ときには公務員自らが直接調整の衝に当たるのでなく，既存の委員会その他の適切な仕組みを利用したり，新しい仕掛けを工夫したりして，間接的に対応するほうが事はスムーズに運ぶこともあろう。

### ［5］　自発性・創造性の発揮

　つぎに大切なのは，自発性・創造性の発揮である。自治体の多様化が進み，中央からの画一的方針や指導ではもはや住民から信託された地域社会の公共管理責任は十分に果たせなくなった。しかも，その中央の指針さえ，日本が後進性の強かった時代に顕著だった西欧モデルへの依存は，多くの分野で最先端を切るに至り，不可能になっている。

　こうなれば，地方分権時代にふさわしく，自治体の行政を預かる各公務員が，それぞれの変転の激しい分野で，しっかりとした将来展望をもちながら，絶えず的確なかじ取りをしていかなければならない。

　ところが一方，行政の対象となる住民や，それを自治体の主人公としての立場で見守っている住民は，全体の**高学歴化**や情報化の進展によって個々に知識や情報を豊富に身につけており，組織的には自治体の担当公務員の知識や情報の量を圧倒するほどの力さえ有することがある。

　このような住民に対して，なお常に相手の納得と信頼を得て先導性を発揮し続けるには，よほどの努力を要することになろう。

### ［6］　温かみのある行政の確保

　最後に，住民の心情に思いやりをもち，行政を血の通った暖かみのあるものにする心配りを挙げたい。いくら豊かな識

**＊高学歴化**
文部科学省の「令和3年度学校基本調査」によると，2021年3月の大学進学率は，54.9%となっている。

## ▶▶ *Column 8*　武蔵野市の自治 ◀◀

　武蔵野市は東京都多摩地域の東部にある15万人の都市である。武蔵野市は全国的な総合計画の成功例，あるいは市民参加の武蔵野市方式として知られている。当時，市民参加を踏まえて作成されたのが地域課題を地図上にプロットした地域生活環境指標であった。この指標は住民の生活権＝シビル・ミニマムを具体的に保障するものとして知られている。

　武蔵野市の第 1 期武蔵野市基本構想・長期計画の具体的な内容は武蔵野市のホームページでみることができる（1971〔昭和46〕～1980〔昭和55〕年）。時の市長は革新市政で知られる後藤喜八郎であった。長期計画には以下の 5 原則が掲げられていた。すなわち，（1）市民自治の原則，（2）自治権拡充の原則，（3）市民生活優先の原則，（4）科学性の原則，（5）広域協力の原則であった。なお，長期計画策定委員は，学者の遠藤湘吉，佐藤竺，松下圭一，田畑貞寿と市助役 2 名の計 6 名であった。学者はすべて武蔵野市民であった。

　武蔵野市長期計画では，まず現代の自治体の課題が掲げられていた。すなわち，①自治体内部での民主主義の実現，②シビル・ミニマムの保障，③都市改造の推進，④国に対する市民の利益の主張，⑤自治体機構の民主的能率化の 5 点であった。その上で武蔵野市の課題としては，（1）市民参加システムの形成と（2）地域生活単位の構成（コミュニティづくり），（3）市民センターとしての市庁舎改築（1929〔昭和 4〕年に建築されたものであったため老朽化が著しかった）の 3 点が掲げられていた。

　武蔵野市長期計画への着手は1970（昭和45）年であった。この時期は学生運動や反戦平和運動など，市民の社会参加も盛んでもあった。武蔵野市では長期計画の下でいくつかの市民委員会が立ち上げられた。そのうちの 1 つに市民緑化委員会があり，ここに行政学者であり，武蔵野市民であった西尾勝も参加していた。なお，この委員会の初代委員長は松下圭一であった。

　松下は著作（『自治体は変わるか』岩波書店，1999年）の中でこの当時の武蔵野市政を振り返っている。その中で松下は，国側の「中央直結型による経済開発」に対して「市民参加による市民福祉」を置いていたことを明らかにしている。総合計画が地方自治法で義務づけられる中，これを市民の道具として使いこなすことを課題としていたのである。武蔵野市の取組みは，自治体自治のあり方をいまなお示してくれている。

（南島和久）

見を有し，創造性を発揮してテキパキと職務を処理する能力を備えていても，旧制度下の官公吏に多くみられたように，特権意識を鼻にかけて一段と高いところから住民を見下すような態度で臨むようでは，これからの公務員としては失格である。

日進月歩の技術革新下で，世の中の動きが万事早まり，自分たち自身が何か巨大化し，超能力でも身につけたような錯覚に陥りがちだが，日常生活ではしょせん先祖伝来のこの等身大でしか存在しない。そういう普通の人々を襲う様々な欲望や喜怒哀楽，苦痛や逆境，災害等々に対して，何からの形で身近な自治体の公的援助やサービスが求められることも決して少なくないであろう。

ところが，行政のほうは，肥大化する中で，ともすればそういった要求に弾力的に対応する姿勢を失って通り一遍の杓子定規な対応をし，住民の側に冷たさを感じさせることになりかねない。**オンブズマン**\*が急速に世界各国に広がった理由を思い起こしてほしいものである。

（佐藤　竺・南島和久）

*オンブズマン
➡第11章「自治と統制」⑤
参照。

# III

## 自治体の運営

# 第8章

# 政策と法務

本章では，自治体が政策実現の手段として法的ルールを効果的に用いることを法務管理として捉える。そして，自治体における法務の特徴を明らかにした上で，国と自治体における法体系，条例制定権の範囲，条例の制定過程，条例を活用した政策の歴史的変遷を紹介する。

## 1 政策と法務の関係

### 1 法的資源を活用した政策実現

　自治体が何らかの公共サービスを住民に提供するときには，そのサービスを生み出すための資源が必要となる。その資源としては，情報資源，金銭資源（財源），人的資源（働く人）及び法的資源（権限）の4つが挙げられることが多い（砂原・手塚 2022：14-15）。自治体はこれら4つの資源を組み合わせることで，公共サービスを提供したり，法的拘束力のある規制を実施したりしているわけである。

　これら4つの資源のうち，本章では法的資源に注目する。法的資源を用いた政策手段の典型例は，法律や条例などの**法令**に基づく**直接規制**である。直接規制とは，法的ルールを設けて，そのルールに違反した者に対して，制裁を加える仕組みである（秋吉・伊藤・北山 2020：90）。例えば，千代田区が生活環境条例（いわゆるポイ捨て禁止条例）を制定し，路上禁煙地区での喫煙に，2000円の過料処分を適用している。

　後述するように，2000年の第1次地方分権改革によって，自治体の法的資源（権限）は質的・量的に拡充された。他方において，少子化・高齢化・人口減少等の影響から，自治体が金銭的資源（財源）や人的資源（働く人）を大量に投入した政策を実施する余地は狭まってきている。したがって，自治体は，これまで以上に法的ルールを効果的に使いこなすこと，つまり的確な法的資源の活用が求められている。

　自治体の法的資源は，言葉どおり，法令に根拠を有している。自治体が政策実現に向けて，法的ルールを効果的に利用

**＊法令**
法令は，もともとは，国会で制定された「法律」と国の行政機関で制定された「命令」とを総称した言葉である（ここでいう「命令」は，政令，府省令等の，国の行政機関が成文法を定めるための形式全体を意味している）。しかし，法令は今日では，法律と命令だけでなく，憲法，自治体の条例，規則または最高裁判所規則なども含めた広い意味で使用されている。

**＊直接規制**
➡第12章「自治の政策」①2参照。

することを「法務管理」という（鈴木 2009）。

### ②　法務とは何か

　自治体における「法務」は，従来，**法制執務**[*]や法律事務の意味合いで用いられることが多かった。とりわけ**機関委任事務制度**[*]が存在した時代には，国が定めた法令を国の意図に即して解釈・運用することが自治体における「法務」の重要な役割と考えられていた。

　しかし，**第1次地方分権改革**[*]を経て，自治体が地域における政策主体として位置づけられて以降，法務は単なる執務や事務ではなく，自治体の政策実現のために法を活用するという側面が強く意識されるようになった。これを「政策法務」と呼ぶ。

　地方自治法第148条は，「普通地方公共団体の長は，当該普通地方公共団体の事務を管理し及びこれを執行する」と規定している。つまり，首長は自治体の事務の管理執行権を有している。自治体の事務とは，地域における事務（自治法2条2項）であり，法定あるいは法定外を問わない。そして自治体職員は首長の**補助機関**[*]（自治法172条）として，この管理執行権を各人が分担して担い，法定あるいは法定外の地域における事務を処理する（出石 2022：4）。

　このような前提に立つと，自治体の「法務」は，①法律（法令）執行，②条例（規則等）制定・執行が基本的な対象となる。まず，自治体は国が定めた法令により与えられた権限を住民の福祉の向上のために適切に行使することが求められる。ただし，法令は全国一律の適用が原則とされることから，法定権限をルール通りに行使しても地域によっては住民の福祉の向上につながらない場合がある。そのときは，自治体の事務全般（国が定めた法定事務も含む）を対象に独自の法規範である条例を制定し，執行することとなる（同上：4）。

### ③　法務のプロセス

　法務のプロセスは，立法法務，解釈運用法務，評価・争訟法務という3つの段階に区別できる。この区分は，政策過程における Plan（立案），Do（実施），Check-Action（評価）の3段階に対応している（礒崎 2018：6-8；出石 2022：9-18）（**図8-1**）。

　立法法務とは，条例・規則などのローカル・ルールを制定

---

**＊法制執務**
国や自治体の行政機関において，法制度に関する立案，審査，解釈及び調査等を行う事務。

**＊機関委任事務制度**
➡第4章「広域と地域」①①参照。

**＊第1次地方分権改革**
➡第4章「広域と地域」①①参照。

**＊補助機関**
➡第6章「組織と人事」①②参照。

図 8-1 自治体における政策法務の流れ

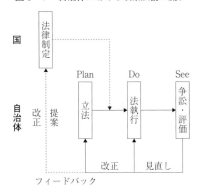

(出所) 礒崎 (2018：8)。

するための活動である。政策を実現するためには，立法段階
で有効かつ効率的な制度設計をすることが重要である。自治
体の事務を定める法令については，国が立法段階を担い，自
治体が執行段階以降を担うのが通常である。これまで自治体
は，条例を独自に制定することには消極的であったが，これ
からは自らの政策を法的な形にして積極的に**条例**づくりを進
めることが求められる。

＊条例
➡第 2 章「住民の地位」❸
[1]及び第 3 章「地域と社
会」❸[2]参照。

　解釈運用法務とは，法の内容を解釈し具体化するととも
に，法律や条例を個別の事例に当てはめて一定の結論を出す
という法執行活動である。これにはルールの周知・啓発や
ルール違反者への対応など多様な業務が含まれる。政策を実
現するためには，制定された法律や条例を所期の目的に沿っ
て適切に解釈・運用することが重要である。自治体は，国が
制定した法律と自ら制定した条例の両方を執行する活動を担
当している。なお，解釈運用法務ではなく「執行法務」と呼
ぶ場合もあるが，ほぼ同義と考えてよい。

　評価・争訟法務は，評価法務と争訟法務に分けられる。評
価法務は，立法法務，解釈運用法務，争訟法務の活動を評価
し，フィードバックする活動である。争訟法務は，自治体の
活動に対して住民等から提起された訴訟や不服審査請求に対
応する活動である。法律や条例が違法・無効とされたり，従
来の解釈・運用方法が否定されたりすると，所期の目的が達
成できず，政策実現がおぼつかなくなることから，争訟法務
には適切な対応が求められる。また，争訟を契機として，法

執行の成果や状況を見直し，必要に応じて法の改正につなげていくことも重要である。

## 2　法の形式と自治体

＊自治立法権
自治立法権とは，自治体が法律の範囲内で条例や規則を制定する権能。憲法第94条は，自治体が法律の範囲内で条例を制定することを認めている。

＊自治行政権
自治行政権とは，自治体が自ら行う行政活動の範囲を定め，その活動を遂行する権限。憲法第94条は，自治体が，その財産を管理し，事務を処理し，及び行政を執行する権能を有することを認めている。

自治体には，**自治立法権**＊と**自治行政権**＊が憲法上保障されている。しかし，第１次地方分権改革以前は，法令の解釈権は国に専属しているという認識が強く，自治体は必ずしも条例制定権を十分に活用することができていなかった。

第１次地方分権改革により改正された地方自治法では，自治体の法解釈権が明確に規定され，条例制定権もすべての事務に及ぶことが明らかとなった（出石 2022：35）。

本節では，以上のことを前提とした上で，国が定める法令，計画，通達，そして自治体が定める条例，規則等の法の形式について説明する。

### ［1］　法律と自治体

#### （1）　自治体の法解釈権

法解釈は誰でも行うことができる。例えば，建築基準法によって個人や企業の建築行為には一定の規制が課されているので，個人や企業は建築行為を行うときには，建築基準法の規定を解釈する必要がある。法の執行に当たる行政機関も，法を適用する過程において，当然に法を解釈する。そして，国民による法解釈と行政機関による法解釈が異なり，対立した場合には，そのどちらが妥当な解釈であるかを，最終的には裁判所が決定する（同上：35）。

＊公定解釈（有権解釈）
権限を有する国の機関によって行われる法律の解釈であり，有権解釈とも呼ぶ。これによって解釈が公定されるため，私人の解釈よりも重要な意味をもつとされる。

特に国民の権利義務に直接関わるような法律については，いわゆる**公定解釈（有権解釈）**＊が，当該法律を所管する国の行政機関によって行われている（同上：35）。

しかし，国による解釈は必ずしも地域における多様な実情を反映したものではない。そこで，自治体が法そのものの目的を踏まえ，地域の実情に即した形で，第１次解釈権を行使すべきとの見解が示されている。その根拠は，地方自治法第２条11項から13項に求めることができる（同上：35）。

#### （2）　地方自治法が規定する法解釈の原則

地方自治法第２条11項は，国が自治体に適用される法律を制定する際の原則を定め，「地方自治の本旨に基づき，かつ，国と地方公共団体との適切な役割分担を踏まえた」ものでなければならないとしている。ただし，実際にそのように

なっているかといえば，そうとばかりもいえない。

そこで，地方自治法第2条12項は，「地方公共団体に関する法令の規定は，地方自治の本旨に基づいて，かつ，国と地方公共団体との適切な役割分担を踏まえて，これを解釈し，及び運用するようにしなければならない」ことを求めている。この規定は，国のみならず自治体にも適用されるものであるから，公定解釈とは異なる，自治体独自の法解釈権を認めたものと理解できる（同上：36）。

さらに，同条13項は，法律またはこれに基づく政令により自治体が処理することとなる事務が自治事務である場合には，国に対し，自治体が地域特性に応じた事務の処理ができるように配慮を求めている（同上：36）。

これらの規定は，いずれも地方自治法第1条の2第2項で定められている「住民に身近な行政はできる限り地方公共団体にゆだねることを基本として，地方公共団体との間で適切に役割分担をするとともに，地方公共団体に関する制度の策定及び施策の実施に当たって，地方公共団体の自主性及び自立性が十分に発揮されるようにしなければならない」という規定が，法の解釈・運用の場面において反映された結果であるといえる。つまり，地方自治法第1条の2，第2条11項から13項は，憲法第92条で保障される**地方自治の本旨**を具現化するものと解することができる（同上：36）。

**＊地方自治の本旨**
➡第1章「自治の歴史」❸ ⓵参照。

### ［2］ 政省令と自治体

**政省令**は，それぞれの法律の委任を受けて制定されるものであり，その意味では法律と一体となって法秩序を形成するものだから，自治体もこれを遵守しなければならない。また，政省令は法律の具体化という役割を有するものであるため，自治体が法律に基づく事務を執行する際に，政省令に準拠するものである。したがって，自治体の自主解釈権は法律のみならず政省令にも及ぶ（同上：36）。

地方自治法第14条1項の規定では，条例は法律だけでなく政省令にも違反してはならないとされている。このことは，政省令が法律を執行するために定められるものであることから，政省令と整合をとることで条例が法律に適合するという見方もできる（同上：36）。

しかし，法律から授権された政省令には，全国一律に適用される詳細な基準や手続が定められるのに対し，条例は地域

**＊政省令**
政省令は，内閣が定める政令と，各省大臣が発する省令との総称である。

**＊行政立法**

法律による行政の原理を前提としながらも，法律で細部まで規定することが困難だったり，行政活動の柔軟性を阻害したりするおそれがある場合には，法律は大枠のみを定め，それを受けて，行政機関がより詳細な定めを設けることがある。このように行政機関によって定められる規範を行政立法と呼ぶ。

**＊技術的な助言**

国の各大臣等は，その担任する事務に関し，自治体に対し，自治体の事務の運営その他の事項について適切と認める技術的な助言または勧告をすることができる。なお，「技術的」とは，主観的判断，意思を伴わないという意味である。

**＊処理基準**

国の各大臣は，その所管する法律またはこれに基づく政令にかかる都道府県の法定受託事務の処理について，都道府県が当該法定受託事務を処理するに当たりよるべき基準を定めること，また，都道府県の執行機関が，市町村の法定受託事務について処理基準を定めることをいう。

**＊是正の指示**

自治体の法定受託事務の処理が，法令に違反しているとき，また著しく不適正で明らかに公益を害しているときに，国の各大臣または都道府県の執行機関がその事務の処理について必要な指示をする行為をいう。

**＊代執行**

自治体の事務の処理が法令に違反しているとき，また

固有の事情を踏まえて制定されることから，両者の関係は個々に慎重に解釈すべきである（同上：36）。

　政省令は**行政立法***である。とりわけ各省大臣が制定する省令と，議会立法である条例との関係は，地方分権改革を経た今日では，上下の関係に置かれるべきものではないとの見解もある（同上：36-37）。

### ［3］　通達・技術的助言・処理基準と自治体

　通達とは，各省大臣，各庁長官等が，その所掌事務について所管の諸機関や職員に対して命令または示達するもの（国家行政組織法第14条2項）である。通達の多くは法令の解釈・運用や事務の執行方針を指示している。機関委任事務が存在した時代の自治体は，省庁から指示された通達どおりに機関委任事務を執行することが当然視されていた。

　第1次地方分権改革によって機関委任事務が廃止されると，通達もその役割を終えて自治体に対する拘束力を失った。しかし，通達の一部は，地方自治法第245条の4に規定する**技術的な助言***に衣替えをしたり，または同法第245条の9に規定する法定受託事務の**処理基準***として位置づけられたりしている（同上：38）。

　とはいえ，技術的助言に法的拘束力はない。処理基準に従わなかった場合には国からの**是正の指示***や**代執行***が行われる可能性はあるものの，処理基準自体には法的拘束力はない。

　したがって，自治体は，通達から技術的助言または処理基準に変更されたものについても，その内容を精査し，これに準拠すべきかどうかを自主的に解釈することが求められる（同上：38）。

### ［4］　条例

　自治立法のうち最も重要なものは，住民代表機関である議会の議決を経て制定される条例である。法律と条例との関係に注目すると，既存の法律とは切り離された自治体独自の条例と，既存の法律を執行するための条例に区別することができる。前者を自主条例，後者を法令事務条例と呼ぶ（同上：39）。

#### （1）　自主条例

　自主条例には，全く法律の存在しない分野に定める「独自事務条例」と，法律の存在する分野ではあるが法律とは直接

的な法的つながりをもたず法律とは別個の事務を形成する「並行条例」がある。並行条例は，法律と同一事項について一定の法律上の要件と効果を定めた法律とは独立して，独自の条例上の要件と効果を条例で定めるため，法律上の制度と条例上の制度の競合・重複が生じ，法律と並行して運用されることから，そのように称される。独自事務条例は関連する法律がないため，もっぱら合憲性が問われる。他方において並行条例は合憲性とともに当該法律との関係において適法性の確保も要請される（同上：39）。

　独自事務条例の例としては，路上喫煙条例，ペット霊園規制条例，市民参加条例などが挙げられる。並行条例の例としては，まちづくり条例，産業廃棄物処理施設規制条例，風俗施設規制条例などがある（同上：39）。

### （2）　法令事務条例

　法令事務条例には，法律の委任を受けて制定する「委任条例*」と，法律の委任を受けていないものの自治体がその法律を執行するために制定する「法執行条例」に区別できる（同上：39-40）。

　また，法令事務条例は，法律によって定められた法律上の効果を発生させるための要件を条例によって変更（追加）する「書き換え（書き加え）条例」と，法律によって定められた要件の具体的内容を条例によって定める「具体化条例」に分けることもできる（同上：40）。

　法令事務条例は，条例によって法律の効果に変動をもたらす可能性があることから，従来は委任条例に限られてきた。また，法執行条例についても，「書き換え条例」は委任を受けずに法律の基準を変更（上乗せ）することになるため，違法性が高く，ほとんど事例はみられなかった。これに対し，「書き加え条例」は法律の基準に条例の基準を加える（横出し）ことから，地域の実情を踏まえれば書き換えよりは制定の余地が広がるとの意見もある（同上：40）。

　他方において，具体化条例の例としては，「墓地，埋葬等に関する法律」の墓地経営許可の基準等を具体的に定める条例などがある（同上：40）。

### ⑤　規則

　規則とは，議会ではなく，首長及び行政委員会が制定する自治立法である。自治体における条例と規則の関係は，国に

はその自治体がその事務の処理を怠っているときに，当該事務をその自治体に代わって国が行うことをいう。

＊委任条例
自治体が行う行政活動の中には，法律に根拠を有するものが少なくない。その法律の条文中に「条例の定めるところにより」などと規定されている場合があり，当該法律を執行するために条例制定が必要となることがある。そこで，自治体は法律によって委任された事項を具体的に条例として定めることになる。こうして定められた条例を委任条例と呼ぶ。

おける法律とその委任に基づく政省令の関係のように，委任関係にはない。ただし，規則は条例に違反してはならない。

首長は，その権限に属する事項について，広範な規則制定権を有している。つまり，条例で定めなければならない事項または議会の議決を要する事項を除き，首長限りで処理し得る事務について必要な事務処理上の基準等に関し，規則を制定できる（同上：42）。

他方において，行政委員会の定める規則は，「法律の定めるところ」によらなければならない（地方自治法第138条の4第2項）。したがって，例えば，教育委員会の場合には地方教育行政の組織及び運営に関する法律第15条，人事委員会の場合には地方公務員法第8条5項のような規定が規則制定の根拠として必要となる（同上：42）。

### 6　自治立法に準ずる自治体の法形式

条例と規則は，住民の権利を制限したり義務を課したりすることができる。他方において，住民の権利義務とは関わらないが，要綱，協定，訓令を自治立法に準ずる法形式とみなすことができる。これらの法形式は実際の行政活動においても多用されているので，ここで紹介しよう。

#### (1)　要綱

**宅地開発指導要綱**[*]に代表されるように，要綱は自治体の行政手法として重要な機能を担ってきた。法令が地域独自の行政ニーズに必ずしも十分に対応することができず，しかも，条例は法令の範囲内でしか制定できないという制約の中で，自治体は創意工夫を凝らして要綱を定め，住民の要望に応えようとしてきた（同上：44）。

要綱は，非権力的な行政作用を担うものであり，幅広い行政分野にわたって制定されてきたが，いくつかの問題も指摘されてきた。例えば，住民や事業者の権利の制限や法定外の義務を盛り込んだ規制的な性格をもつ要綱については，自治体にとっては法の不備を補うものとしてやむをえない側面があったものの，法治行政の視点から疑問視する意見もあった（同上：44）。

現在では，規制的な内容を有する要綱に基づく行政指導に対して，**行政手続条例**[*]が一定のルールを設けており，要綱運用の透明性・任意性の確保を求めている。ただし，要綱による行政指導の内容が社会的に妥当であり，その運用が事実上

**＊宅地開発指導要綱**
1960年代以降，都市化に伴う都市環境・生活環境の悪化に対応するため，大都市圏の自治体を中心に開発指導要綱が制定された。自治体が条例で開発行為の規制を行うと建築基準法，都市計画法等の法律に抵触すると解されていたことから，要綱に基づく行政指導によって，事実上の規制や誘導を行うことを意図したものである。

**＊行政手続条例**
行政手続法（1993年制定）に基づき，処分，行政指導，届出等に関する手続に共通する事項を定めて，行政運営の公正の確保や，透明性を向上させることにより，住民の権利や利益を守ることを目的として制定された条例をいう。

の強制に当たらなければ，依然として要綱は有用な行政手法の一つとして活用しうるものである（同上：44）。

### (2)　協定

協定には，自治体が当事者になるものと，住民同士が当事者となり，そこに行政が何らかの関与をするものがある（同上：44）。

第1に，自治体が当事者となる協定の代表的なものが，**公害防止協定**[*]である。自治体は，生活環境や自然環境の保全のために，法令や条例に基づき，様々な規制を実施している。しかし，一律的・画一的な規制実施では十分に対応できない場合や，より効果的な規制を実施するために，規制を課された相手方と規制の具体的な内容について協議し，遵守すべき事項を合意により取り決めるという手法をとることがある。この合意内容を明文化したものを協定という（同上：44）。

第2に，住民同士が当事者となる協定には，自治体が住民同士の締結する協定に認定等の関与を行い，当該協定に公的な位置づけを与えて，一定の法的効果を付与する手法を採用している例がある。まちづくり条例に基づく**まちづくり協定**[*]や土地利用協定などである。法律に基づく協定制度としては，建築基準法による建築協定や都市緑地法による緑地協定がある（同上：45）。

### (3)　訓令

訓令は，上級機関が下級機関に対して発する命令である。個別具体的事項について発せられる場合もあるが，一般的事項について指針を示す場合の訓令は規程形式をとることがある。その対象となる事務は，決裁，服務，文書管理，職員研修などであり，行政の内部管理事項に当たるとされていた（同上：45）。

訓令は，住民に対して発せられるものではないから，直接に住民を拘束するものではなく，したがって，従来はその制定改廃に当たって住民の権利の保護が視野に入れられることは稀であった。しかし，これまで訓令事項とされていた事務についても，住民の権利に関係があると捉え，**規則化**[*]を図る事務分野が出てきている（同上：46）。

## ③　条例制定権と条例制定過程

地方分権改革により自治体の自治立法権と法令解釈権が拡大したことを踏まえると，条例は，自治体が政策課題を解決

**＊公害防止協定**
自治体と公害発生企業との間に，公害防止を目的に締結される協定をいう。法令の規制基準を補完し，地域の実情に応じた公害防止の目標値の設定，具体的な公害対策の明示等を内容とし，法律や条例による規制とともに公害防止対策の手段として用いられている。

**＊まちづくり協定**
地区計画や景観重点地区で定めているルールを補完することを目的に，地区住民等が地区のまちなみや住環境の保全，向上のために守るべき事項を定め，自ら運営する仕組みをいう。

**＊規則化**
従来は規程だったものが規則化された例として，文書管理規程が挙げられる。情報公開条例が公文書を住民の権利利益に関わる「公共用文書」と位置づけたことにより，訓令としての文書管理規程から，規則としての文書管理規則，さらには文書管理条例を制定する自治体が増加している。

するためのツールとして，重要性を増してきている。そこ
で，本節では，条例制定権と条例制定過程について概観しよ
う。

### 1 条例制定権の範囲

憲法第94条は，自治体が「その財産を管理し，事務を処理
し，及び行政を執行する権能を有し，法律の範囲内で条例を
制定することができる」と規定している。自治体の条例制定
権は憲法によって保障されているのである。

とはいえ，憲法は「法律の範囲内」という制約を設けてい
るし，地方自治法第14条１項も「法令に違反しない限りにお
いて」条例を制定することができると規定している。この
「法律の範囲内」という規定をどのように解釈すべきだろう
か。かつては，「法律の範囲内」を狭く解し，自治体の条例
制定権を限定する**法律先占論**＊が有力だった。しかし，現在で
は，法律の趣旨・目的・内容及び効果を比較検討した上で，
条例が法律の範囲内かどうかを判断するという基準が，判
例・学説において主流となっている（小林 2022：50）。

徳島市公安条例事件最高裁判決（最大判昭50・9・10刑集29
巻８号489頁）は，条例の適法性基準を示した判例として知ら
れている。判決は，条例と法令との関係について，「条例が
国の法令に違反するかどうかは，両者の対象事項と規定文言
を対比するのみではなく，それぞれの趣旨，目的，内容及び
効果を比較し，両者の間に矛盾抵触があるかどうかによつて
これを決しなければならない」としている。

法令と条例の関係は次の３つのパターンに整理することが
できる（同上：51）。

①法令が規制するのと同一の事項について，法令とは異
　なる目的で条例を制定する

②法令と同一の目的の下に，法令が規制対象としていな
　い事項について条例を制定する（横出し条例）

③法令と同一の目的の下に，同一の対象について，法令
　よりも厳しい規制を課す条例を制定する（上乗せ条例）

徳島市公安条例事件判決によると，①の場合には，条例が
法令の目的・効果を阻害しない限り，法令と条例は抵触しな
いと解される。②の場合には，法令がその規制対象以外の規
制の「横出し」を許容する趣旨かどうかの解釈によって，結
論が分かれる（許容すると解釈されれば，条例は適法）。③の場

＊**法律先占論**
法律が対象としている先占
領域（事項）については，
法律の明示的な委任がない
限り，条例は制定できない
とする見解。

合には，法令が自治体による「上乗せ」規制を容認する趣旨
と解釈できるかどうかによる（同上：51）。

　1999年に制定された地方分権一括法の施行により，これま
での機関委任事務が廃止され，自治体の行う事務は**法定受託
事務**と**自治事務**に再編された。それまで国の事務である機関
委任事務には自治体の条例制定権が及ばなかったのに対し，
自治事務だけでなく法定受託事務も自治体の事務であるとさ
れたことから，法令に違反しない限りにおいて条例を制定す
ることが可能になった。つまり，条例制定権の範囲が拡大さ
れることになったわけである。

　とはいえ，自治体が特定の条例を「法律の範囲内」で制定
できるかどうかについては，十分な検討が必要であることに
注意しなければならない。機関委任事務は廃止されたもの
の，それぞれの**法律の規律密度**は依然として高いため，法律
と条例の関係を個別具体的に検討しなければ，「法律の範囲
内」かどうかが確定しないからである。

### 2　条例制定過程

　首長が提案する**条例の制定過程**は，①政策課題の発生・発
見，②情報収集と議論，③条例案の作成，④他の部局・自治
体・国との調整，⑤議会への根回し，⑥条例案の決定，⑦議
会での審議・議決，⑧条例の公布・施行といった流れをたど
る（北村・青木・平野 2017：85-88）。

　第1に，政策課題の発生・発見とは，自治体をとりまく
様々な政策課題の中から，条例を用いて対処すべき課題を選
択する段階である。政策課題によっては，条例を用いなくと
も，予算執行や情報提供で済むものもある。条例を改正した
り新規制定したりすることには一定の時間と労力がかかるた
め，条例を用いる必要性を判断する必要がある。

　第2に，情報収集と議論とは，条例の制定・改正に必要と
なる情報を収集し，分析することである。具体的には，当該
政策課題の実態把握や**立法事実**の確認，国及び他の自治体
の動向把握が行われる。また，新しい条例を制定したり従来
の条例を大きく変更したりする場合には，**審議会**が設置され
る場合もある。利害関係者，住民，学識者等が審議会の構成
員となり，当該条例に関する議論を交わすことを通じて，多
様な意見を条例の内容に取り込むことが期待されるのであ
る。

**＊法定受託事務**
➡第4章「広域と地域」**①**
**①**参照。

**＊自治事務**
➡第4章「広域と地域」**①**
**①**参照。

**＊法律の規律密度**
法令に基づいて自治体の事
務処理の基準・方法・手続
などを拘束している度合
い。

**＊条例の制定過程**
➡第12章「自治の政策」**②**
参照。

**＊立法事実**
法律の制定を根拠づけ，そ
の合理性を支える一般的事
実，すなわち社会的，経済
的，文化的事実をいう。

**＊審議会**
審議会は，地方自治法第
138条の4第3項で規定す
る附属機関。

**＊法務担当課**

法務担当課とは，条例・規則等に係る制定改廃の審査，所管系部課からの法律相談，争訟対応などを所管する部課をいう。都道府県，政令指定都市，中核市等の大規模組織では，「法務課」「法制課」「法規係」等として法務専任の課や係を設ける例がみられる。他方において，人口10万人以下の規模の市町村では，「総務課」，「文書課」，「庶務係」等の総務系組織が様々な庶務的業務の一環として法務管理を担っている例も少なくない。

**＊議会解散請求**

地方自治法に規定された直接請求制度の1つで，自治体の議会が住民の意思からかけ離れた方向に進んでいるような場合，住民が議会の解散を請求することである（地方自治法第13条1項）。請求の対象は，議会を解散することであり，解散して，選挙を行い，新たな議会を構成することを目的とする。解散請求は，選挙権者の総数の3分の1以上の者の連署をもって，その代表者から選挙管理委員会に対してなされる。請求があると，選挙管理委員会はその要旨を公表し，さらに選挙人の投票にこれを付さなければならず，投票において過半数の同意があったとき，議会は解散することとなる。

**＊出直し首長選挙**

自治体の長の職にある者（都道府県知事・市町村長）が，その職を退職し，その退職によって実施されるこ

第3に，いよいよ条例案の作成である。条例案を作成するのは，通常，当該政策課題に対応する課（原課，担当課，所管課などと呼ばれることが多い）である。情報収集と議論の成果は，条例案の作成段階で生きることになる。

第4に，他の部局・他の自治体・国との調整である。この調整作業は，条例原案の作成と同時並行で行われるのが通例である。特に，他の部局と解釈を統一しておかなければ，条例を円滑に運用できない恐れがある。また，既存の法律との整合性の確保も重要である。そのため，庁内の**法務担当課**による審査が行われ，条例案が既存の法律に違反していないかどうかがチェックされる（同上：87）。

自治体が自主条例に罰則を置くときには，事前に地方検察庁と協議することが慣例化している（鈴木 2009：43）。国の法令との関係で問題のある条例や，罰則の構成要件が不明確な条例，あるいは義務規定を定めた本則との間に齟齬がある条例などが制定されると，罰則の適用が困難になるため，地方検察庁が助言することとされている。

第5に，議会への根回しである。条例は議会の議決によって制定されるため，過半数の議員の支持を内々に得ることができれば可決される可能性が高まる。根回しに際して重要なことは，首長を恒常的に支持する議員やその会派が議会で多数を占めているか否かということである。首長を支持する議員が多数を占めている場合には，それらの議員の理解を得られれば議案の可決はほぼ確実になるため，根回しはそれらの議員を対象として行われるという（北村・青木・平野 2017：87）。

これに対し，議会で首長を支持する議員が少数である場合，首長は条例案の可決のためにできる限り反対する議員の要望を聞き入れ，時には思い切った譲歩をして賛成を得ようとすることもある。他方において，議会と全面的に対立している首長の中には，有権者に直接アピールすることで条例の実現を図る者も現れつつある。そのための有力な手段となるのが，**議会解散請求**や自らの辞職による**出直し首長選挙**である。また，自前の地域政党を結成して議会選挙で候補者を擁立し，多数派を形成して政策の実現をめざす首長もみられるようになった（同上：88）。

第6に，条例案の決定である。行政内部での最終的な調整が済んだ条例案は，首長によって承認されて，行政の正式な

案として決定される。

第7に，議会での審議・議決である。議会での審議は，首長を支持する議員が議会の過半数を占め，⑤の議会への根回しも完了している場合には，条例案の可決が確実視されることから，形式的なものとなる可能性が高い。しかし，首長に対して与党的立場をとる議員の数は必ずしも明確でない場合もあり，可決される見通しが立たないまま条例案が議会に提出されることもある。首長と議会多数派との対立が続いている状態で（首長が実現をめざす政策的内容の）条例案が提出されると，否決される可能性が高くなる（同上：88）。

議会での審議の結果，賛成多数で可決されると条例は成立し，⑧条例の**公布・施行**＊がされることになる。

## ④　条例による課題解決の変遷

自治体の条例制定権は戦後，憲法によって保障されるようになった。それでは，これまで自治体は条例の制定を通じて，どのような政策課題に対処してきたのだろうか。礒崎初仁の見解に従い，次の5つの時期に区分して説明しよう。

第1期は，秩序維持型法務の時代（1940年代後半〜50年代）である。この時代には，戦後復興の中で社会秩序が動揺したことから，全体として社会秩序維持を目的とする条例が数多く制定された。例えば，GHQの指示もあって，集会，集団行進，集団示威運動の規制を目的として，**公安条例**＊が全国で制定された。自治体が集団行動の自由を規制することについては批判があり，下級審の判決例の中には条例そのものを違憲とするものもあったが，最高裁判所はこれを合憲としている。さらに，有害図書の販売規制等を定めた青少年保護条例も制定された。数多くの条例が制定されたことは自治体法務の基礎をつくることにつながったともいえる。しかし，これらの条例には治安当局の要請を受けて制定された側面が強く，条例による地域課題の解決という政策法務の色彩は薄いものであった（礒崎 2018：18 - 19）。

第2期は，環境保全型法務の時代（1960年代〜70年代前半）である。この時代には，高度経済成長のもとで工業化・都市化が進んだことから，**革新自治体**＊を中心に公害防止や環境保全を目的とする取組みが実践された。条例による取組みとしては，東京都公害防止条例のように法律よりも厳しい規制を課す「上乗せ条例」が制定されるようになった。また，列島

ととなった選挙（都道府県知事選挙・市町村長選挙）に再び立候補して行われる選挙のことをいう。

＊**公布・施行**

条例は，その成立後，議会の議長より送付を受けた日から20日以内に公布されなければならない（地方自治法第16条2項）。条例の公布は一般に，庁舎の掲示場に掲示されることによって行われる。公布とは，成立した条例を一般に周知させる目的で，住民が知ることのできる状態に置くことをいい，条例が現実に発効し，作用するためには，それが公布されることが必要である。条例の効力が一般的，現実的に発動し，作用することになることを「施行」といい，公布された条例がいつから施行されるかについては，通常，その条例の附則で定められている。

＊**公安条例**

自治体が，公共の安全や公共の安寧保持のため，主として屋外の公共の場所で行われる，集会，集団行進，集団示威運動等を規制するために定めた条例の通称である。公安条例は，集団行動を行わんとする者に対し，公安委員会に届け出またはその許可を得なければならないことを規定している。

＊**革新自治体**

➡第3章「地域と社会」①②参照。

＊住民参加
住民自治のためには，住民が政治に参加できることが保障されていなければならない。住民に保障される参政権には，選挙に参与する権利及び直接参政の権利などがある。前者の例としては議会の議員と長の選挙権・被選挙権があり，後者の例としては，現行法上，直接請求，住民投票，住民監査請求と住民訴訟の制度がある。しかし，これら既存の制度にとどまらず，住民との情報共有，審議会等への公募市民の参加，パブリック・コメントの実施，ワークショップ・勉強会の開催など，多様な仕組みを活用することが求められる。➡第2章「住民の地位」，第3章「地域と社会」②，第11章「自治と統制」②参照。

＊自治基本条例
➡第2章「住民の地位」③①及び第3章「地域と社会」③②参照。

＊増田レポート
民間の有識者でつくる政策発信組織である日本創成会議の人口減少問題検討分科会が「人口再生産力に着目した市区町村別将来推計人口」をもとに「消滅可能性都市」を試算し，2014年5月に少子化対策の提言とあわせて公表した。同会議座長の増田寛也が発表したことから，通称「増田レポート」と呼ばれる（参照，増田編 2014）。

改造ブームによる国土の乱開発に対応するため，都道府県を中心に自然環境保全条例や県土保全条例が制定された。これらの条例には法律では規制対象外とされている地域や行為についても自治体独自の規制を課す「横出し条例」が多くみられた。この時期には，条例以外の行政手法も開発されていった。例えば，自治体と事業者との合意に基づく協定方式（横浜市公害防止協定など）が登場した。また，行政指導によって開発行為に対する規制・誘導を行おうとする開発指導要綱がつくられた。この時代には，自治体が独自の政策判断で条例を制定したり，協定や要綱等の行政手法をつくりだしたりしたことから，政策法務の創成期とみなすことができる（同上：19-20）。

第3期は，住民参加型法務の時代（1970年代後半～80年代）である。オイルショック以降，日本経済が安定成長期に入ると，「地方の時代」が唱えられるようになり，住民参加[＊]を重視した取組みが顕著になった。神奈川県などが制定した公文書公開条例は全国に波及することとなったし，高知県窪川町が原子力発電所設置に関する住民投票条例を制定したことも注目された。また，環境に大きな影響を及ぼすおそれのある事業を実施する事業者が，環境への影響について事前に評価し，住民や行政などの意見も踏まえた上で，事業実施の際に環境保全への配慮を求める環境アセスメント条例が川崎市などで制定された（同上：20-22）。

第4期は，分権推進型法務の時代（1990年代～2000年代）である。この時代には，地方分権の推進が国の政治日程にのぼることとなり，自治体の政策自立を求める風潮のもとで分権型の条例づくりが進んだ。まず，1990年代初頭のバブル景気に基づく乱開発に対応するために，大分県湯布院町や掛川市などで開発規制を目的とする個性的なまちづくり条例が制定された。また，「自治体の憲法」とも呼ばれる自治基本条例[＊]が北海道ニセコ町で制定されると，全国に次々と広がっていった。北海道栗山町で制定された議会基本条例も全国的に普及している。この時代には，国の法制度の枠組みを超えて，条例の総合化・個性化・自立化の傾向が強くみられる。地方分権と政策法務が車の両輪となって分権型条例の制定を後押ししたと考えることができる（同上：22-23）。

第5期は，地域再編型法務の時代（2010年代～現在）である。いわゆる増田レポート[＊]が2040年までに896の自治体が消

## ▶▶ Column 9　開発指導要綱の問題点 ◀◀

　土地利用に関する法制度の隙間を埋めたり，不十分さを補完したりするために，多くの自治体が独自に開発指導要綱を策定して，開発行為の規制や調整を実施してきた。要綱は本来，行政上の内規にすぎない。しかし，開発指導要綱は，法的拘束力こそもたないものの，規制的な行政指導の内容を定めていた。

　自治体が政策手段として条例ではなく要綱を選択した理由には，①財産権の制限を含み，関係法令が多岐にわたる土地利用分野では，自治体が条例を制定すると法律違反になるリスクが高いと考えられたこと，②条例と異なり議会の議決を要しない要綱の方が行政にとって柔軟な対応ができることなどが指摘されている。

　例えば，武蔵野市では，1970年前後からマンションの建築が相次ぎ，工事による騒音や高層化による日照の問題が生じたり，人口の急増により学校や保育園が不足したりした。

　そこで，武蔵野市は，宅地開発やマンション建設によって市民の生活環境が悪化することを防ぐために，市内で一定規模以上の宅地開発や中高層建築物の建設を行おうとする事業者を行政指導するために1971年，「武蔵野市宅地開発等に関する指導要綱」を策定した。この要綱では，市が事業者に対して教育施設負担金の納付を求めることや，行政指導に従わない事業者に対して上下水道等の供給を行わないことがあることが規定された。

　しかし，武蔵野市マンション事件訴訟（最高裁判所判決1989年11月8日）は，要綱に従わない事業者が建設した住宅に対して上下水道を供給しないとする武蔵野市の対応が，行政指導の名を借りた強制力あるものと判示し，市が教育施設負担金の納付を求めた行為は国家賠償法上違法とした。また，1994年に制定された行政手続法では，行政指導に法的拘束力がないことが明記されたことから，開発指導要綱を廃止して条例に基づく手続に切り替える自治体が少なくない（礒崎・金井・伊藤 2020：137）。

　開発指導要綱の問題点は，関係するアクターによって異なる。要綱に規制効果を期待する行政にとっては，法的拘束力がなく実効性に欠けることが問題である。他方で事業者にとっては，行政による過剰な行政指導が行われ，事実上の不利益が発生するおそれがあることが問題である。訴訟を提起するとしても時間的・金銭的コストがかかる。さらに，住民にとっては，指導要綱の作成プロセスに民主的手続が欠けており不透明であることや恣意的な内容になるおそれなどが問題点として指摘できるだろう。

（鈴木　潔）

減するとの予測を公表すると，自治体の人口減少対策に注目が集まり，2014年に**まち・ひと・しごと創生法**＊が制定された。同法に基づき，自治体では地方版総合戦略が策定され，国の財政的支援を受けつつ，地方創生施策が実施されている。これからの時代には，人口減少に伴う地域社会の再編が政策課題となる可能性が高いことから，地域再編型法務の時

＊**まち・ひと・しごと創生法**
地方創生を推進するため，人口減少や東京圏への人口集中を食い止め，地方を活性化するための基本理念などを定めた法律であり，2014年11月に公布された。

代ということができる。この時代の課題として，①コンパク
ト化（施設の小規模多機能化など），②リニューアル（公共施設
の維持・更新など），③コミュニティ（コミュニティの再生な
ど），④ローカル・ルール（地域の自己決定，住民参加・協働の
推進など）が指摘されている。政策法務は，法制度の統合・
枠組み法化，公共施設管理法の改革，空き家・耕作放棄地対
策，コミュニティの支援，熟議型住民参加制度の導入などを
通じて，時代の要請に応えていくことが期待される（同上：
23-25）。

（鈴木　潔）

# 第9章

# 政策と財務

　私たちは日常生活において，教育，福祉，治安，道路，公共施設などのさまざまな財・サービスの便益を受けている。これらは主に国や都道府県・市町村などの自治体によって供給されており，このうち，自治体の財・サービスの提供に伴うお金のやりくり（経済活動）を「地方財政」と呼んでいる。「地方財政」の面から自治体をみることにより，私たちが暮らす地域の台所事情を知ることができる。

## 1　地方財政の概要

### 1　財政の機能

　私たちは自らの必要を満たすため，お金を払って民間の財やサービスを手に入れる。これは言い換えれば市場を通じて希少な資源を配分する市場機能を利用しているということである。一方，道路などの社会資本，治安，教育，各種福祉など，**財・サービス**[*]の性質上，市場を通じた資源配分になじまないものや生活をする上で誰もが享受すべきものについて，市場に依らず政府（国や地方）から供給を受ける。こうした政府の活動をお金の面から捉えたものが財政であり，主に次のような3つの機能を有している。

　①資源配分機能

　資源配分機能は，市場を通じて供給することが困難な財やサービスを政府が供給することである。例えば一般の道路を例にとれば，これを人々が利用する際に対価を支払わない人を排除できない非排除性と利用者が増加しても混雑しない限り追加的な費用が発生しない非競合性という2つの性格がある。こうした種類の財・サービスは，民間企業により市場通じて供給することに適さない，いわゆる**「市場の失敗」**[*]が生じるため，国や自治体といった政府が供給する。なかでも自治体は，社会福祉，保健衛生，義務教育など地域に密着した財・サービスを担っている。

**＊財・サービス**

人々の暮らしに必要な衣服，家，自動車などの有形のものが「財」，交通や福祉などの人々の役務を通じた無形のものを「サービス」と呼ぶ。経済学用語として用いられる場合が多い。

**＊市場の失敗**

売り手と買い手が自由な商品取引を行う市場経済では，財・サービスは両者が折り合う（需給が均衡する）価格で取引される。この動きを市場メカニズムと呼んでいるが，財・サービスの性格や市場の条件によって，このメカニズムが機能しない状況が生じる。これを市場の失敗という。
（「政府の失敗」➡第12章「自治の政策」①　2　）

### ②所得の再分配機能

　所得の再配分機能は，財政を通じて高所得者と低所得者との所得格差を是正して社会的公正を図ることである。具体的には，政府が税制に基づく高所得者への累進的な課税などで歳入を確保し，一方で低所得者への生活保護や年金などの社会保障給付の歳出を通じて，所得を再分配する。こうした再分配は全国一律で行う必要があるため，一般的に国の財政に適しているが，自治体も社会保障に関わる給付やサービスなどの重要な役割を果たしている。

### ③経済安定化機能

　経済安定化機能は，財政のもつ不況や好況時の極端な経済変動をもたらさないように安定化を図ることであり，ビルトイン・スタビライザー（自動安定化機能）とフィスカル・ポリシー（財政政策）の２つのものからなる。ビルトイン・スタビライザーは，累進的な課税や社会保障給付などの制度自体に，不況期には景気の低迷を支え好況期には景気の過熱を抑制する作用が組み込まれていることであり，フィスカル・ポリシーは，国や地方が行う公共事業や産業育成などを通じて，経済の活力を維持しようとするものである。自治体では，地域産業の保護育成を図る役割が重要となる。

## ［2］　地方財政の重要性

　地方財政は国の財政以上に重要な役割を果たしている。

　**図9-1**は国と地方を合わせた一般会計の目的別歳出の割合を2019年度決算ベースでみたものである。国や地方の収支は一般会計と**特別会計**[*]で管理しており，主要な行政サービスの収支は一般会計に計上されている。国と地方を合わせた合計額は172.3兆円，このうち国が73.4兆円，地方が98.3兆円である。図の最上部に示された国と地方の歳出比はおよそ４対６と地方が国を上回る。「国の決算額が少ないのでは？」と思うかもしれないが，国が行政サービスに直接支出する範囲は限られており，最終支出額でみるとこの規模となる。

　歳出の内訳をみると社会保障関係費である民生費（22.2%）が最も高い割合を占め，借金の元利償還費である公債費（20.0%），学校教育費と社会教育費等をあわせた教育費（11.9%）などがこれに続く。さらに各歳出項目を国と地方の歳出比でみると，社会保障，教育，衛生など多くの費目で地方の歳出が国を上回っており，財政からみると地方の役割の

**＊特別会計**
特定の事業について一般会計とは別枠で予算を管理する会計。地方の場合，国民健康保険や介護保険などの様々な事業が，それぞれの特別会計で管理されている。

図9-1 国と地方の歳出規模と内容（2019年度決算）

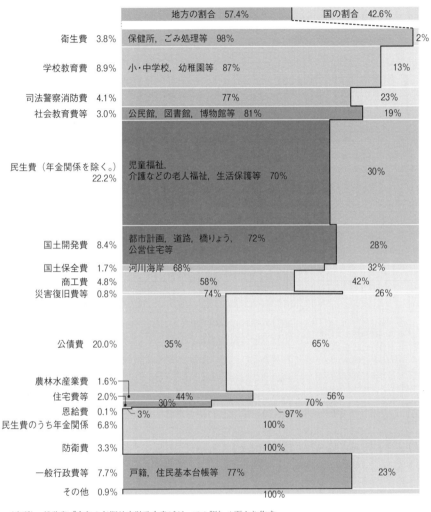

（出所） 総務省『令和3年版地方財政白書ビジュアル版』4頁より作成。

重要性がわかる。

[3] 国と地方の財政関係

　地方財政は国からの財源移転を伴って様々な歳入から構成
されている。図9-2は国と地方の税収配分や国から地方へ
の財源移転を表したものである。
　まず，財源の基本となる租税総額は2019年度決算で102.5

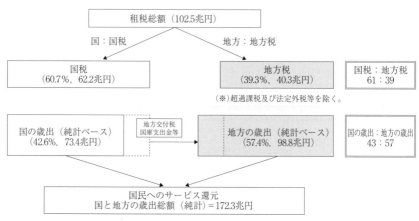

図9-2　国と地方の租税配分と財政関係（2019年度）

（出所）　総務省『2021年度業務案内』（2021年3月）30頁より作成。

兆円にのぼり，このうち国税は62.2兆円（60.7％），地方税は40.3兆円（39.3％）で，国と地方の税収比は6対4と歳出とは対照的である。地方税だけでは歳出に見合った財源が不十分であることは直感的にわかるだろう。

地方財政は地方税に加えて，国からの様々な財源移転が特徴である。図9-2の3段目に国から地方への2つの財源移転が示されている。

1つ目は地方交付税である。自治体の税収が通常の行政を行うのに足りない分を客観的な算定を通じて補てんするもので，使い道が制限されない「一般財源」と呼ばれている。2つ目は国庫支出金である。事業ごとに法律や予算で国が負担率や負担額を定めて補てんするもので，当該事業に使い道が特定される「特定財源」と呼ばれている。

このように国から地方へ一般財源や特定財源が移転され，歳出に見合った財源が確保される。**図9-3**は地方全体の歳入構成であり，地方税が約4割を占め，財源移転分以外には借入金である地方債，**その他（使用料・手数料等）**も1割以上を占めており，様々な種類の財源から成り立っていることがわかる。ところで読者の皆さんは地方税の割合についてどのような印象をもたれたであろうか。かつて歳入に占める地方税の割合が低い状況を「3割自治」と批判することもあったが，国の財源でも地方交付税は自治体が使い道を決められることから，必ずしも地方税でなければ地方自治が成り立たな

**＊その他（使用料，手数料等）**
自治体の歳入には地方税や国の移転財源以外に様々なものがあり，施設の使用料や書類発行の手数料，個人や法人などからの寄付金，土地や基金の売却運用益などの財産収入，法人などへの融資の元利償還金などがある。多くの人に知られるようなった「ふるさと納税」は正確には寄付金である。

**＊民生費**
社会福祉費，老人福祉費，児童福祉費，生活保護費，災害救助費からなる。地方全体では児童福祉費が35％を占めており，保育所運営費や児童手当などが含まれる。2010年度の子ども手当の導入をきっかけとする児童手当の拡充や2015年度か

図 9-3　地方歳入決算の内訳（2019年度決算）

| 地方税 | 地方譲与税<br>地方特例交付金<br>地方交付税 | 国庫支出金 | 地方債 | その他 |
|---|---|---|---|---|
| 41兆2115億円<br>39.9% | 19兆8213億円<br>19.2% | 15兆8344億円<br>15.3% | 10兆8705億円<br>10.5% | 15兆5082億円<br>15.0% |

――――――地方歳入103兆2459億円――――――

（出所）　総務省『地方財政の状況』（2021年3月）14頁より作成。

いともいえない。地方自治を財政制度から考える際には，財源の性格よりもむしろ自由度に着目することが重要である。

## ② 自治体の歳出

　前節で述べたように一般会計でみた自治体の歳出は国を上回る規模である。したがってその歳出構造を知ることは私たちの暮らしに関わる身近な公的支出の現状を知ることになる。歳出の決算状況をみる場合，どのような政策目的に支出されたかを表す「目的別歳出」とどのような性格の経費に支出されたかを表す「性質別歳出」という2つの側面から捉えることができる。

### 1　目的別歳出

　**図9-4**は，2019年度決算の目的別歳出の構成である（以下断らない限り，コロナ禍の影響を考慮し，図表は2019年度決算に基づく）。都道府県，市町村を合わせた純計でみると**民生費**[*]，**教育費**[*]，**土木費**[*]，公債費などの割合が高い。最も割合が高い民生費は高齢者・子ども・障がい者・生活保護等の社会保障関連経費，教育費は学校教育，生涯学習，スポーツ振興などの事業に要する経費，土木費は道路橋りょう，公園や区画整理などのまちづくり事業に要する経費，公債費は地方債などの借入金の元利償還費である。行政サービスという観点からみれば社会保障，教育，社会資本インフラ整備などが歳出の中心であることがわかる。

　都道府県，市町村別でみると，所管する行政の違いから歳出構成が大きく異なっている。

　都道府県では教育費の占める割合が最も高く，次いで民生費，その他，公債費，土木費などが高い。教育費では高等教育費などの負担，その他には警察費や市町村向けのなどの負担が含まれ，いずれも市町村の割合を大きく上回る。

ら子ども・子育て支援法などに基づき，小規模保育などを含めた子育て施設への公費拡充などで増加傾向にある。特に福祉行政の中心となる市町村では民生費の4割を占める。

**＊教育費**

小学校費，中学校費，高等学校費，高等専門学校費，大学費，社会教育費，保健体育費，教育総務費などからなる。このうち社会教育費は公民館，図書館，博物館などの施設建設や運営費，保健体育費は小中高等学校の体育施設費や学校給食費，教育総務費は教育委員会の運営費などである。都道府県では小中高等学校費で全体の6割以上を占めており，市町村では高等学校費以外の費目が10%から20%台を占めている。小中学校費については義務教育施設等の建設や維持補修などの普通建設事業費の割合が高い。少子化の中で教育施設は減少傾向にあるものの，既存の施設については耐用年数や耐震補強の関係で普通建設事業費の負担が大きくなっている。

**＊土木費**

道路橋りょう費，河川海岸費，港湾費，都市計画費，住宅費などからなる。

図9-4　目的別歳出決算額の構成比

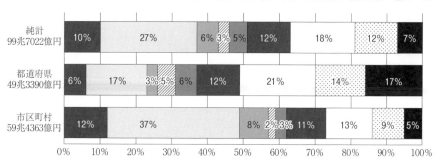

（出所）　総務省『地方財政の状況』（2021年3月）18頁より作成。

**＊衛生費**

公衆衛生費が6割弱，清掃費が4割弱で残りは保健所費などである。公衆衛生には保健衛生，精神衛生及び母子衛生等に要する経費が含まれ，医療関係行政の役割が大きい都道府県で高い割合となっている。

**＊義務教育教職員の給与費**

義務教育教職員給与費の支出は3分の1が国庫負担で残りを都道府県が負担している。ただし，2017年度に道府県から政令市へ給与負担事務が移譲され，翌年度には個人住民税2％の税源移譲も行われた。この結果，政令市の性質別歳出の人件費が急増した。

**＊地方公営企業法**

地方公営企業は自治体が経営する企業体で，交通（自動車や鉄道等），上下水道，病院など様々な事業がある。地方公営企業法は，公営企業について一般の企業と同様に発生主義に基づく会計を義務づけるもので，事業にかかわる取引が発生した時点で会計処理し

一方，市町村では，民生費，総務費，衛生費の割合が都道府県に比べて大幅に上回っている。民生費は生活保護（町村は都道府県）や児童福祉，介護保険などの福祉事務の負担，総務費は窓口業務や戸籍，住民基本台帳事務などの住民に身近な行政の負担，**衛生費**は清掃事務や保健所運営（政令市や中核市）などの負担によるものである。

改めて歳出構成の特徴を整理すると都道府県は教育や土木，市町村は社会保障関係の役割が大きいことがわかる。

2　性質別歳出

**図9-5**は2019年度決算の性質別歳出の構成である。

まず純計で経費区分をみると「義務的経費」と「投資的経費」というくくりで捉えることができる。義務的経費は法令上支出が義務づけられていたり，経費の性格上，自治体が容易に削ることができなかったりする経費で，人件費，扶助費，公債費からなる。義務的経費が増加すると自治体財政は硬直化する。一方，投資的経費は道路橋りょうや教育施設などの社会資本インフラや公共施設の建設など，将来にわたり人々に便益をもたらす事業の経費であり，普通建設事業費，災害復旧事業費，失業対策事業費からなる。投資的経費は地方債の発行を伴うため，多大な建設事業の実施は後年度の公債費が増え財政悪化をもたらす場合がある。

義務的経費は歳出の約5割を占めている。このうち最も高い割合を占めているのは人件費であり，都道府県では一般職員に加え，**義務教育教職員**や警察官の給与費などの負担があ

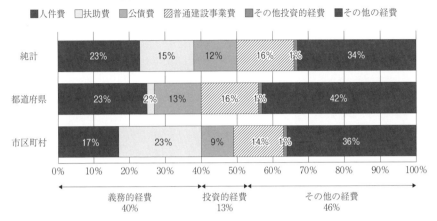

図 9 − 5　　性質別歳出決算額の構成比

（出所）　総務省『地方財政の状況』（2021 年 3 月）22 頁より作成。

るため，歳出の 4 分の 1 を占めている。これに次ぐ扶助費は生活保護，児童福祉，高齢者福祉などの社会保障関係費が中心であり，主に福祉行政を担う市町村で歳出の 4 分の 1 近くを占めている。

　一方，投資的経費のほとんどは普通建設事業費が占めており，純計でみると国の補助金を伴って行う補助事業費と自治体単独で行う単独事業費が概ね半々となっている。

　その他の経費も純計では約 3 割を占めており，その約半分は補助費等，繰出金である。補助費等は個人や団体への補助金，自治体が加入する一部事務組合への負担金，**地方公営企業法**を適用しない公営企業への財政負担などが含まれる。都道府県で高い割合を占めているのは，市町村向けの**都道府県税交付金**[*]が含まれるためである。都道府県税交付金とは地方税のうち都道府県税として課税し，その一部を法令に基づき市町村に移譲するもので，例えば地方消費税交付金が挙げられる。繰出金は自治体が運営する病院や交通などの地方公営企業法を適用する公営企業，国民健康保険や介護保険などの特別会計への財政負担が含まれる。このほか図中には示されていないが，その他の経費には民間委託費などの物件費も含まれており，自治体の民間委託が進む中で同経費が占める割合も大きい。

複式簿記を用いる。また，経営の管理者を置き一般行政組織から切り離すことで経営の独立性を高める。同法では当然適用する事業を規定しており，上水道，交通（自動車，鉄道等），病院などが挙げられる。なお，現金の収支が生じた時点で会計処理するのが官庁会計で自治体の会計や地方公営企業法非適用事業で採用している。

**＊都道府県交付金**

市町村に交付される都道府県税には利子割交付金，配当割交付金，株式等譲渡所得割交付金，分離課税所得割交付金，法人事業税交付金，地方消費税交付金，ゴルフ場利用税交付金，環境性能割交付金，軽油引取税交付金（政令市のみ）がある。この大半を占めるのは地方消費税交付金で各都道府県内の市町村に対し，地方消費税の 2 分の 1 を交付する。按分の基準は 2014 年度以降の税率引き上げ分に

ついては市町村人口，それ
以外は小売年間販売額と
サービス業対個人事業収入
額を用いる。

**＊三位一体改革**

小泉政権下で2004～2006年
度にかけて行われた地方財
政改革で，国から地方への
税源移譲，国庫補助負担金
（決算項目では国庫支出金
と呼ばれるもの）の見直
し，地方交付税改革を一体
的に行うことから名づけら
れた。国の制約を受ける国
庫補助負担金を廃止縮減
し，その見合いの国税を地
方税に税源移譲する。さら
に地方交付税の総額を抑制
するというもの。最終的に
国庫補助負担金は4.7兆円
が見直され，所得税から住
民税へ3兆円の税源移譲が
実現。地方交付税について
は人件費，社会保障などの
一般行政経費単独事業，投
資的経費単独事業の財源保
障が削減され，なかでも人
件費については地方公務員
の人員を4万人以上純減す
ることを目標として圧縮さ
れた。➡第4章「広域と地
域」❶❷参照。

**＊集中改革プラン**

国は2005年3月に「地方公
共団体における行政改革の
推進のための新たな指針」
を示し，各自治体に対し
2005年4月から5年間にわ
たり，地方公務員の6.4%を
目標とする定員純減，民間
委託の推進など，様々な地
方行革の取組みを求めた。
この結果，地方全体の定員
純減は目標を上回る7.5%
となり，学校給食や公共施
設の民間委託の急増などの
大幅な合理化が進んだ。

### ［3］　歳出構成の推移

　以上のような歳出の構成は中長期的にみると経済財政政策の中で大きく変化してきた。性質別歳出を例にとれば，1990年代までは景気対策を伴う公共事業（建設事業）が主流であったため，普通建設事業は歳出総額の2～3割程度を占めていたが，扶助費は1割にも満たなかった。2000年代に入ると国地方の債務累積を背景に財政健全化が課題となり，公共事業が大幅に抑制され，地方の普通建設事業も減少していった。これに伴い地方債の発行も減少したため，公債費も減少傾向がみられる。近年は防災減災や公共施設の老朽化対策などの必要性から下げ止まる傾向にある。一方，扶助費は高齢者化に伴う自然増や少子高齢化対策の充実を背景に年々増加傾向にある。このほか人件費は1990年代には歳出の4分の1を上回っていたが，2000年代には地方の行財政改革（三位一体改革，集中改革プラン＊等）や市町村合併などを背景に自治体職員数の削減や給与水準の抑制が行われ微減傾向がみられる。

## 3　自治体の歳入

　国と地方の財政関係のところでみたように自治体の歳入は，地方税のほか国からの移転財源や地方債など様々な財源から構成されている。その特徴について詳しくみていこう。

### ［1］　歳入の概要

　図9-6は2019年度決算の歳入の構成である。図では使い道を自治体が決定できる「一般財源」と「その他の財源」に分かれており，一般財源は歳入全体の約6割を占めている。一般財源の割合が高い自治体ほど，財政運営の自由度が高くなる。

　一般財源の柱となるのは地方税と地方交付税で，そのほかでは国の税制改正などで生じた地方税の減収分を補てんする「地方特例交付金」，国税（地方揮発油税や自動車重量税など）の一部を地方に移譲する地方譲与税がある。また，図中ではその他の財源に含まれるが，一般財源に準じるものとして地方債のうち「臨時財政対策債＊」がある。

　その他の財源では国庫支出金の割合が最も高い。国庫支出金（国庫補助負担金，補助金などとも呼ばれる）は，法律や予算に基づき①国と地方が共同責任を負う行政分野の国負担，②

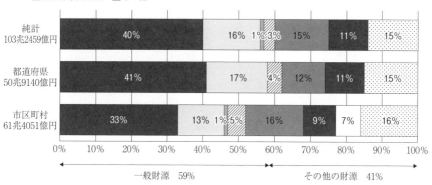

図 9-6　歳入決算額の構成比

（出所）　総務省『地方財政の状況』（2021 年 3 月）15 頁より作成。

国による特定の政策推進，③国の事務の委託を目的に，一定割合あるいは一定額が交付されるものである。①の例としては義務教育費国庫負担金（3 分の 1），生活保護費国庫負担金（4 分の 3），②では**地方創生推進交付金**\*（2 分の 1），③では国政選挙費（全額）などがある。なお，総額の約 4 分の 3 は社会保障関連の負担金で占められている。国庫支出金は社会保障のように全国一律の行政水準を国の責任として確保する一方で，補助金等によっては国が課す交付の条件が地域に応じた自治体政策を阻害する側面もあり，常に国庫支出金の制度設計のあり方が問われる。

　地方債は，自治体が特定の事業を行う目的で借り入れる中長期の資金である。自治体の財政運営は地方財政法第 5 条に基づき原則借金を制限（非募債主義）しているが，その例外として建設事業，出資金・貸付金，借り換えなどの特定の財源確保について地方債の発行ができる。また，同法第 5 条以外にも個別法や地方財政法の特例により地方債の発行を可能としているものがある。例えば過疎地域自立促進特別措置法による**過疎対策事業債**\*や地方財政法の特例による臨時財政対策債などがある。地方債の資金調達には政府資金（**財政融資資金**\*等），民間金融機関，地方公共団体金融機構（全自治体が出資する資金調達機関）がある。地方債の発行に当たっては国（総務大臣）との事前協議が必要であるが，財政赤字や一定以上の債務負担を抱えている場合，国の許可制などの起債制限

**＊臨時財政対策債**

2001 年度から導入された特例地方債で，地方交付税の一部を臨時財政対策債に振り替えて自治体の財源不足に充てる。本来，当該年度の地方交付税で補てんすべき財源不足の一部を自治体が借金して立て替え，その元利償還金については全額地方交付税で補てんするため，実質的な負担は生じないとされている。ただし，地方交付税による措置というのは，基準財政需要額（本文参照）に元利償還分を算入することであり，他の基準財政需要額の増減要因とあわせると，必ずしも元利償還分を実費で保障することにならない。あくまで臨時的な地方交付税の振替措置であることから，地方交付税で財源保障することが本来の姿である。

**＊地方創生推進交付金**

2060 年を視野に人口減少問題の克服や成長力の確保などをめざして，2015 年度か

**図9-7　道府県税収入額の構成**

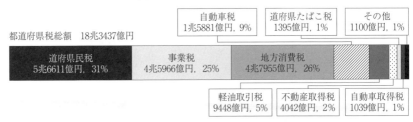

（出所）　総務省『地方財政の状況』（2021年3月）51頁より作成。

**図9-8　市町村税収入額の構成**

（出所）　総務省『地方財政の状況』（2021年3月）52頁より作成。

ら5か年にわたる基本目標や施策を盛り込んだ国の「まち・ひと・しごと総合戦略」が閣議決定された。これを踏まえて地方版の総合戦略の策定が求められ，取組みを支援するために地方創生推進交付金が創設された。交付要件は地方版総合戦略の策定を条件に，人口減少対策や地域活性化に資する先駆性のある取組みなどに対し交付され，補助率は2分の1である。2019年12月には2020年度から5か年にわたる第2期の「総合戦略」が閣議決定され，引き続き地方創生推進交付金も存置されているが，新たに国が進めるデジタル化が盛り込まれ，地方創生がめざすべき方向が変化しつつある。

**＊過疎対策事業債（過疎**

がかかる。自治体の建設事業等の実施に当たっては中長期の債務負担を見据えた適切な事業選択が求められる。

　都道府県，市町村別でみても基本的な構成はほぼ同様であるが，市町村では都道府県支出金がある。同支出金には国の制度に基づき義務的に負担するものと都道府県独自の施策として補助するものがある。

<br>

2　　地方税の概要と課税権

　自治体の歳入の基礎となる地方税は地方税法において税目が定められており，**都道府県税**[*]と市町村税に区分される。

　**図9-7，図9-8**は2019年度決算の都道府県税と市町村税の内訳である。都道府県税ではいわゆる住民税と呼ばれる道府県民税（個人分，法人分）と事業税が総額の約6割を占めており，特に法人関係税（都道府県民税法人分，事業税）が主要な税収となっている。そのため景気動向の影響を受けやすく変動幅が大きい。また，地方消費税も2014年度，2019年度の増税により事業税を上回る高い割合だが，その半分は地方消費税交付金として市町村に配分されるため，実質的な税収は13%程度にとどまる。

一方，市町村税では市町村民税（個人分，法人分）と固定資産税が主要な税収となっており，両者を合わせると総額の9割弱を占めている。固定資産税は景気変動の影響を短期的に受けにくいため，都道府県税に比べて市町村税は安定的である。

以上のような地方税法の法定税目以外に，自治体独自の税目として「法定外税」を創設することができる。法定外税は2000年に施行された分権一括法により，従来の国の許可制から同意を要する協議制へ緩和され，かつ，新たに法定外目的税の創設が可能となったことで地方の裁量が拡大した。2022年4月現在で64件の法定外税が創設されており，例えば法定外普通税（税の使途を明示しない税）では核燃料税（福井県など10県），空港連絡橋利用税（泉佐野市）など，法定外目的税（税の使途を明示した税）では産業廃棄物税（27道府県），宿泊税（東京都など3都府県，京都市など5市町）などがあげられる。ただし，核燃料税を除けば税収はわずかであり，各種施策の補完的な財源に位置づけられる。

また，自治体の課税権の行使では「**超過課税**」*という方法もある。これは地方税法に定められた通常の税率（標準税率）を超えた税率を設定するもので，2020年4月現在で都道府県では延べ127団体，市町村では延べ1613団体が超過課税を行っている。最も多いのが法人住民税の超過課税であり，投票権をもたない法人への課税に偏りがちであるが，個人住民税についても37府県1市で森林や水源を保全する財源確保のために超過課税を行っている。

法定外税，超過課税のいずれも納税者に追加的な負担を求めることになるため，課税や税率の根拠について丁寧な説明が求められる。

### ③　地方交付税の格差是正機能

自治体間の税収には大きな差があり，都道府県別の人口1人当たりの税収の最大と最小差は，地方税全体で2.4倍，法人関係税では6.0倍にもなる。一方で各自治体は税収の格差にかかわらず，一定の行政水準を確保する必要がある。そのために自治体間の財政格差を是正し，すべての自治体において通常の行政水準に足る財源を保障するのが地方交付税である。

地方交付税は国税5税の一定割合（所得税・法人税33.1%，

**債）**

「過疎地域の持続的発展の支援に関する特別措置法」に基づき，過疎地域に指定された市町村が過疎地域自立促進市町村計画を策定して行う事業について発行を認める地方債である。対象事業は産業振興施設，厚生施設，教育文化施設等の整備や地域医療の確保などのソフト事業など広範囲にわたる。地方債発行の条件は事業費に対して100%充当可能で，元利償還金の70%が地方交付税で補てんされる（基準財政需要額に算入）。2022年度には2020年度の国勢調査人口に基づき885市町村が過疎地域に指定され，市町村数の5割を超えた。過疎地域の考え方や財政支援のあり方について見直す転機となるかもしれない。

**＊財政融資資金**

国が債務負担に頼らずに国債の一種である財投債を発行し金融市場から資金を調達して，公的な政策金融機関（日本政策投資銀行等）等を通じて投資や融資を行う。地方債についても財投融資資金が政府資金として活用される。自治体に対する地方債の資金の割り当ては，国が策定する地方債計画に基づいており，民間資金に比べ政府資金の発行利率が低く設定されるため，財政力の低い町村などに優先的に割り当てられる。

**＊都道府県税**

東京都は特別区の市町村税の一部（法人住民税，固定資産税等）を都税として課税しており，他の道府県と

図 9-9　普通交付税の仕組み

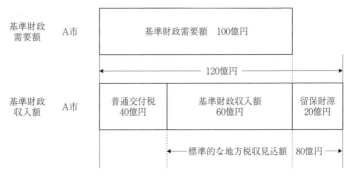

（出所）　総務省 HP「地方交付税の概要」（2022年10月24日閲覧）より作成。

は課税権の範囲が異なること
から，地方税法では総称として都税を含め道府県税としている。なお，東京都に納められた法人住民税，固定資産税，特別土地保有税等の55.1%は，「都区財政調整制度」という地方交付税に類似した算定を通じて特別区に交付される。

**＊超過課税**

森林や水源の保全を目的とする超過課税は，2003年4月の高知県を皮切りに全国に拡大していった。新税ではないものの各県ではその使途を象徴する名称がつけられている。課税方式は一部を除き個人住民税や法人住民税の均等割（定額課税）に一定額を上乗せしており，個人住民税では500円が多い。一方，2024年度から国の「森林環境税」が創設される。これは市町村を主体とする私有林人工林の管理などの財源として，個人住民税に1000円を上乗せするもので，その全額が「森林環境譲与税」として人口，林業就業者数，私有林人工林面積を基準に

酒税50%，消費税19.5%，地方法人税100%）を基礎財源（「法定率分」と呼ばれている）として，国が策定する**地方財政計画**[*]により総額を決定する。その94%は「普通交付税」として法令で定められた算定式に基づき交付され，残り6%は「特別交付税」として省令に基づき，災害復旧などの普通交付税では算定されない自治体の特別な財政需要を踏まえて交付される。

**図 9-9**は普通交付税の算定の仕組みである。自治体ごとに税でまかなうべき標準的な行政経費である「基準財政需要額」（図では100億円）を算定し，これに対して標準的に見込まれる地方税収（図では80億円）の75%相当となる「基準財政収入額」（図では60億円）を算定し，基準財政需要額から基準財政収入額を差し引いた額（図では40億円），すなわち財源不足額が普通交付税の交付額となる。基準財政需要額は道路橋りょう費，小・中学校費，社会福祉費など経費ごとの需要を算出して合算する。算定方法は項目ごとの法定単価である「単位費用」に人口や面積などの「測定単位」と都市化や人口規模など地域ごとの経費差を反映する「補正係数」を掛け合わせて積算する。これらの経費の算定は，必要な普通交付税の交付額を確定することが目的であり，普通交付税の使途を制約するものではない。なお，基準財政収入額が基準財政需要額を上回る自治体は「不交付団体」と呼ばれ，財政力が高い自治体とみなされる。2021年度の不交付団体は都道府県では東京都，市町村では53団体であり，多くの自治体は交付を受けている。

地方交付税は自治体の必要経費を計算し，税収との差額を

補てんする仕組みによって自治体間の財政力の格差を是正
し，私たちがどこに住んでも通常の行政サービスが利用でき
るように財源保障する重要な役割を果たしている。

## 4　財政の健全性

　自治体財政が健全に運営されるためには，適切な予算編成
と執行，財政指標の活用などによる財政状況の把握が必要で
ある。財政の健全性を担保するための手法について解説しよ
う。

### 1　予算と決算

　私たちが家計を切り盛りするのと同様に，自治体財政も収
支を見積もり，年間の**予算**＊を立てこれを執行し，その結果を
集計する作業を行っている。

　自治体の予算は「単年度主義」に基づき４月から翌年３月
末を年度として予算編成，予算執行，**決算**＊という３つのプロ
セスをたどる。

　ｔ年度の予算は前年（ｔ－１）度の秋ごろから予算編成が
始まり，財政部局の予算編成方針の提示，これを踏まえた各
部局の予算要求，財政部局の予算査定，首長の予算査定など
を経て予算案が策定される。予算案はｔ年度直前の２～３月
の議会定例会（予算議会）に提出され，予算審議と議決を経
て予算が成立し，ｔ年度に執行される。ｔ年度の予算執行を
終えると次年（ｔ＋１）度の４～５月にｔ年度の最終的な収
支の整理を行う出納整理期間を経て，６月頃から予算執行の
結果を集計する決算作業が行われる。決算は監査委員による
監査を経て首長に提出され，通常は９月の議会定例会で決算
認定が行われる。「認定」は議会による前年度（ここではｔ年
度）の予算執行結果を確認する行為であり，決算内容に不適
切な会計処理等の問題が認められる場合に「不認定」となる
ことがある。しかし，そのことが過去の予算執行に何らかの
影響を及ぼすものではない。

　このように予算編成過程から決算にいたるプロセスは，議
会の議決や認定を経ることによって，予算に基づく自治体政
策の実施や予算執行に対して民主的統制を利かせ，適切な財
政運営をコントロールしている。ただし，これらを十分に機
能させるためには議会における活発な審議が不可欠であり，
議員の財政に関する理解を深めていくことが求められる。ま

主に市町村に配分される。
すでに2019年度から譲与税
については先行導入されて
いるが，自治体の超過課税
による事業との重複や人口
割による森林の少ない都市
部への多額の配分など，制
度には様々な課題が残され
ている。

＊**地方財政計画**
毎年度，国が策定する地方
一般会計の新年度収支見通
しで，新年度予算の国会審
議の参考資料として提出さ
れる。この見積もりを通じ
て歳出に必要な地方交付税
の総額を決定するため，単
なる参考資料にとどまらな
い重要性がある。地方交付
税の法定率分（本文参照）
が同計画で見積もった総額
に満たない場合，総務省と
財務省の折衝を通じて国の
一般会計から加算するなど
の対策が講じられ，これを
地方財政対策と呼んでい
る。歳出の見積もりは実際
の見通しではなく，法令で
義務づけられた事務事業を
中心とする標準的な行政水
準であり，同計画は地方全
体の標準的な行政水準の財
源保障の役割を果たしてい
る。

＊**予算と決算**
➡第５章「議会と首長」❷
2 参照。

表 9-1　主な財政指標（2019年度決算）

| 団体名 | 一般指標 | | | 財政健全化指標 | |
|---|---|---|---|---|---|
| | 実質収支比率 | 財政力指数 | 経常収支比率 | 実質公債費比率 | 将来負担比率 |
| 都道府県 | 1.6 | 0.52 | 95.4 | 11.2 | 189.8 |
| 市 | 5.1 | 0.64 | 93.0 | 6.9 | 61.3 |
| （うち政令指定都市） | 1.7 | 0.86 | 97.0 | 7.2 | 98.2 |
| （うち中核市） | 3.3 | 0.80 | 93.1 | 5.9 | 60.6 |
| （うち施行時特例市） | 4.9 | 0.90 | 93.2 | 3.6 | 40.4 |
| 町村 | 7.0 | 0.40 | 89.0 | 7.6 | 53.8 |

（出所）　総務省HP「決算状況調」(https://www.soumu.go.jp/iken/jokyo_chousa_shiryo.html) より作成。

た，議会だけでなく住民向けのわかりやすい予算資料の公開などを通じて，財政における住民自治の機能を高めることも必要である。

### 2　財政指標：一般指標

　私たちが住む都道府県，市町村はどのような財政状況なのだろうか。その診断をする上で役に立つのが財政指標である。財政指標は地方自治体の決算データをもとに算出され，自治体財政の現状を把握したり，経年的な変化から財政構造の変化を分析したりすることができる。また，財政指標の中には法律にもとづき財政破たんを判断する指標もあり，財政状況を把握する目安にとどまらない重要な役割を果たしている。

　表 9-1 は主な財政指標を団体別平均でみたものである。

　まず一般指標からみると実質収支比率は黒字額または赤字額の**標準財政規模**に対する比率で，黒字の場合は経験値として 3～5 ％程度が望ましい水準とされている。また，比率がマイナスの場合は赤字団体であり，その規模が一定水準を超えると後述する自治体財政健全化法における財政破たんとみなされる。なお，2019年度の赤字団体はゼロで，例年でも若干数にとどまる。

　財政力指数は財政の自立度を表す指標である。ここでいう自立度とは税収によって経費をまかなえる程度で，数値が高くなるほど自前で経費をまかなえる財政力があるとみなされ，さらに 1 を超えると地方交付税の交付なしに財政運営ができる不交付団体となる。財政力指数は自治体ごとの差が大きいが，都市圏の都道府県や市町村で水準が高い傾向がみら

**＊標準財政規模**
地方自治体の一般財源の標準的見込額で各種財政指標の計算に用いられる。

## ▶▶ *Column* 10　消費増税と自治体財政 ◀◀

2014年4月と2019年10月の2回にわたり，消費税率が5％から10％に段階的に引き上げられた。その目的は社会保障の財源確保にあり，増収分（推計で約14兆円）については2012年2月に閣議決定された「社会保障・税一体改革」に基づき，社会保障4経費（年金，医療，介護，子育て）の目的財源となっている。

実は10％への増税には地方消費増税分も含まれており，従前の1％から2.2％に引き上げられ，自治体の貴重な社会保障財源の一部となっている。さらに，消費税の0.34％相当が地方交付税の法定率分に充当され地方財源の充実に寄与した。

地方消費税は景気動向にかかわらず税収が安定的で，自治体間の偏在性も小さいことから，日々の身近な行政を担う自治体の税目としてふさわしいという見解がある。ただし，高所得者よりも低所得者のほうが所得に占める消費割合が高くなるため，消費税・地方消費税の所得に占める税負担率でみると低所得者の方が高くなる逆進性の問題が指摘されている。消費税の10％引き上げにあわせて軽減税率が導入され，ある程度逆進性が緩和されているが，課税に見合ったサービスの充実も問われる。また，地方消費税の社会保障目的税化は，一見社会保障の財源充実として有効にみえるが，自治体の社会保障経費の増加に地方消費税の増税が紐づけられてしまう逆の論理にもなりかねない。あくまで地方税はその使い途を民主的に決定するという原則に立ち戻り，今後の社会保障経費の増大を見据えて，地方消費税だけでなく個人住民税，法人関係税などを含む地方税制全般の負担のあり方を検討することが必要だろう。例えば全国知事会の地方税財政制度研究会がとりまとめた「地方是正における税源偏在の是正方策の方向性」（2013年7月）では，地方分権型社会を支える安定的な地方税財源の充実確保をめざし，国税の消費税を地方消費税に移譲し，見合いの地方法人課税を地方交付税の原資とする「税源交換」により，偏在性の少ない地方税構造の見直しを提案している。地方行財政をめぐる受益と負担のバランスと構造を多面的に考えることが必要である。

(飛田博史)

れる。例えば都道府県では最低が島根県（0.26）で最高が東京都（1.18）と4.5倍ほどの差がある。

経常収支比率は財政の硬直度を表す指標で，数値が高くなるほど財政が硬直化しているとみなされる。ここでいう硬直化とは，一般財源のうち毎年度決まって支出する経費への充当割合が高く，独自の施策に回す財源の余裕がないことを意味する。社会保障関係の経常的な経費がかさむ中で，都市部を中心に90％台と高止まりの傾向がみられるが，町村は生活保護などの事務を行わないため，相対的に低くなっている。一般的に町村の財政は厳しい状況にみられがちだが，財政の

弾力性という点では福祉行政が限定されている分，他の都市に比べて優位に立っている。

### ［ 3 ］ 財政指標：自治体財政健全化法

自治体の財政破たんの判断は「地方公共団体の財政の健全化に関する法律」（以下「**自治体財政健全化法**<sup>*</sup>」と呼ぶ）に基づく財政指標による。自治体財政健全化法は2009年度に全面施行されたもので，一般会計及び一般会計と関連する各種会計や事業（特別会計，一部事務組合等，第三セクターなどの出資法人）の財政状況を4つの法定指標で捉え，その基準に応じて「財政健全化団体」と「財政再生団体」の2段階の区分で財政再建を図る制度である。

早期健全化基準は財政破たんが懸念されると判断される基準，財政再生基準は財政破たんと判断される基準である。ただし，財政破たんといっても自治体が潰れてしまうわけではなく，自主再建のプロセスを法的に担保するものである。

いずれかの基準を超えた自治体は法律の適用を受け，基準以下となる再建計画（早期健全化計画・財政再生計画）を策定し，議会の議決を経て公表するとともに，総務大臣や都道府県知事（市町村の場合）への報告が義務づけられている。また，計画進捗状況の国及び議会への報告と公表，個別外部監査の実施も義務づけられる。

財政再生団体となった場合にはこれに加えて，地方債発行が原則制限され，これを緩和するためには財政再生計画への総務大臣の同意が必要となる。地方債の発行ができなければ財源不足は必至であり，国の同意を得る計画を策定せざるをえず，事実上，国の管理下に入ることになる。現在，財政再生団体は夕張市1団体のみであり，2008～2029年度の21年間にわたる計画に基づき再建中である。

**表9-2**は4つの指標の概要と具体的な早期健全化基準，財政再生基準である。なお，この他に上下水道や病院などの公営企業の経営健全性を測る「**資金不足比率**<sup>*</sup>」がある。4つの指標を大きく分けると上記2つは財政赤字の指標，下記2つは債務負担の指標である。4つの指標は上から下に移るにつれて対象とする自治体会計の範囲が広がっており，実質赤字比率は一般会計のみ，連結実質赤字比率は特別会計も対象としている。実質公債費比率はさらに自治体が加入する一部事務組合や広域連合の債務の当該自治体負担分を含み，将来

表9-2　財政健全化指標の概要と指標の基準

| 健全化指標の概要 | 早期健全化基準 | 財政再生基準 | (参考)地方債許可制基準 |
|---|---|---|---|
| ○実質赤字比率（一般会計等の赤字の比率） | 都道府県：3.75%<br>市町村：財政規模に応じ11.25〜15% | 都道府県：5％<br>市町村：20% | 都道府県：2.5%<br>市町村：財政規模に応じ2.5〜10% |
| ○連結実質赤字比率（一般会計，特別会計をあわせた赤字の比率） | 都道府県：8.75%<br>市町村：財政規模に応じ16.25〜20% | 都道府県：15%<br>市町村：30% | |
| ○実質公債費比率（国による公債費負担分を除く，実質的な公債費負担の比率） | 都道府県・市町村：25% | 都道府県・市町村：35% | 都道府県・市町村：18% |
| ○将来負担比率（地方債残高や出資法人の損失補てんなど将来負担すべき実質的な債務累計の比率） | 都道府県・政令市：400%<br>市町村：350% | | |

(注)　市町村には特別区も含まれる。
(出所)　総務省HP「早期健全化基準と財政再生基準」（2022年10月24日閲覧）より作成。

　負担比率は自治体が出資する地方公社や第三セクターといった法人に対して自治体が負っている将来負担まで対象としている。夕張市は実質公債費比率が基準を超えているため，財政再生団体の指定を受けている。

　なお，実質赤字比率と実質公債費比率については，自治体財政健全化法とは別に地方債発行の国の許可制の基準にもなっている。

　改めて前掲表9-1で2019年度の財政健全化指標の状況をみると実質公債費比率，将来負担比率とも基準を大きく下回っており，ほとんどの自治体がただちに財政破たんとなる懸念はないが，自治体会計を広い視野で捉え適切な財政運営を行う目安として，積極的に活用していくことが望ましい。

（飛田博史）

# 第10章

# 情報の管理

　自治体における情報の管理は，情報政策ともいわれる。情報の管理は，情報の収集，保存，活用，提供，公開，保護などを含めた総合的な情報システムとその運営をいう。近年のICT（情報通信技術）化の推進によって，国や自治体の情報の管理は大きく変化している。本章では，自治体における情報の管理のうち，情報公開や公文書管理，オープンデータ，個人情報保護，マイナンバー制度などに絞って説明する。

## 1　情報公開

### 1　情報公開の意義と「知る権利」

　情報公開は，広義には国の行政機関や自治体の機関が保有している情報を，国民や住民などの外部に提供するすべての活動を指す。広義の情報公開の体系は，情報提供施策，情報公表義務制度，情報開示請求制度から構成される（西尾 2001：395）。

　情報提供施策とは，自治体のウェブサイトで提供される行政サービスの案内，市政だよりや議会だより，市民便利帳などの広報誌の発行，市政要覧などの行政資料の刊行や配布，情報コーナーや資料室などの設置運営などのことである。住民が政策形成に参加して住民自治を充実させるには，政策の形成に役立つ**政策情報**\*が公開されるべきであるといわれてきた。自治体の現状や課題を住民と共有するために論点データ集を定期的に作成して公表している自治体もある。情報提供施策では，情報を公開するかどうかは自治体の判断に委ねられているものの，住民などにとって理解しやすいように提供される情報も比較的多いのが特徴である。

　情報公表義務制度には，会議の公開があり，具体的には地方議会の本会議の傍聴や会議録の公表などが該当する。地方議会の各種委員会や審議会の原則公開を条例などで定めている自治体もある。情報公表義務制度の対象には，条例や規則の公布，財政状況の公表などが含まれる。情報公表義務制度

---

**＊政策情報**

松下（1999：90）によれば，政策情報には次の3種類がある。自治体が直面している多様な課題を整理して，争点として公開する「争点情報」。自治体が保有している，統計，地図，条例や規則・要綱などの法務情報，財務諸表などの財務情報など，自治体の地域特性や政策内容を理解するのに資する「基礎情報」。政策領域ごとの個別の課題を解決するための技術情報とされる「専門情報」。なお，専門情報を補足すると，廃棄物行政やリサイクルなどの環境政策を形成し決定するには自然科学系の専門知識も必要になる。

は法令などで情報の公開が自治体に義務づけられているものであり，情報開示請求制度との違いは，住民などからの開示請求がなくとも情報が公開されることである。

なお情報開示請求制度には，例えば情報公開条例に基づく情報の開示があるが，これは開示請求によって公文書を公開させるものである。

このように自治体において情報公開の体系が形成されているのは，自治体行政が本来的に秘密主義となりがちであるためである。中央府省や自治体などの大規模組織を**官僚制**[*]というが，官僚制は統治に関する優れた性格を備える一方で，秘密主義に代表される民主主義とは相容れない側面もある。情報公開の体系には，自治体の秘密主義を未然に防ぐこと，いいかえれば行政職員を取り巻く政治家や住民との間にある情報の非対称性（曽我 2022：22-24）を是正しようとすることが期待されている。

一般的に情報公開制度といわれるのは，広義の情報公開体系のうちの情報開示請求制度である。この制度は，「知る権利」をめぐる議論とともに形成されてきた。日本国憲法が保障する表現の自由は個人が思想や情報を発信し伝達する自由とされており，民主主義の発展にとって不可欠の権利であると理解されている。情報化の進んだ現代社会では，表現の自由を「知る権利」という観点を加味して再構成しなければならないという学説もある（芦部 2019：181）。「知る権利」は，公権力の保有する特定の情報について開示を求める情報開示請求権として，あるいは表現の自由と表裏の関係であることから，取材などに関係する情報収集権として，または政治に参加する権利の一環としての参政権として捉えられてきた。情報公開条例や情報公開法は公権力が保有する情報の公開を積極的に要求することができる権利，すなわち情報開示請求権として捉えられてきた。

### ② 情報公開制度の普及

#### (1) 自治体が先導した情報公開制度の整備

日本において情報公開制度の整備を求める世論が高まってきたのは，1970年代ごろといわれる。1976年に発覚した**ロッキード事件**[*]が国民の政治不信を高めたことなども，情報公開法の必要性が与野党で認識される契機となった。しかし，国会においては，1993年に55年体制が崩壊するまで，情報公

**＊官僚制**

合議制構造の組織が意見の対立などを生じさせやすいのに対し，官僚制組織はピラミッド型の階層構造をもち，規則や上下の指揮命令関係によって規律されるので，業務が的確・迅速に遂行され，業務内容の統一性や安定性を保ちやすいとされる。分業が進むとともに，規則にしたがって個人的な感情を排除し事務が処理されることで，相手によって依怙贔屓をしたりせずに事務を公平に処理できるところが官僚制の卓越性である。

**＊ロッキード事件**

アメリカのロッキード社が自社のジェット旅客機を全日空に売り込むにあたり，日本の複数の政府高官などに多額の賄賂を贈ったとされる汚職事件であり，戦後最大の疑獄事件ともいわれた。内閣総理大臣であった田中角栄は5億円を受領し，運輸大臣に対して全日空がロッキード社の旅客機を選定・購入するように行政指導せよと働きかけたとして収賄罪で逮捕起訴された。すでに退任していたが，「総理の犯罪」としても話題を呼んだ。

法の制定に向けた議論は本格化しなかった。

　日本において情報公開制度の法制化をリードしたのは当時の先進的な自治体であった。1980年に学識経験者等からなる情報公開制度研究会が神奈川県に設置され，県の情報公開準備委員会が中間報告を公表した。同年の11月に開かれた神奈川県主催の情報公開シンポジウムがマスコミで大きく報道されることで，情報公開への国民の関心を高めることに大きく貢献したといわれている[*1]。また，「情報公開を求める市民運動」が設立され，1981年に情報公開8原則や情報公開権利宣言を発表し，その後の情報公開制度の法制化に少なからぬ影響を与えたと評されている。

　1982年3月，日本で最初に情報公開条例を制定した自治体は山形県金山町であった。同年，長洲一二知事時代の神奈川県において都道府県初となる情報公開条例が制定された。

　国においては情報公開法が1999年5月に制定され，2001年4月から施行されている。国の行政機関については，情報公開法に基づき行政文書の開示請求をすることができる。情報公開法の目的規定では，「知る権利」が明記されなかったものの，行政運営の公開性の向上とともに，政府の「説明する責務」の確保が明記された。アカウンタビリティは「説明する責務」と訳されることもあるが，これは国民主権から論理的に当然に導かれるとされる。主権者である国民の信託を受けている政府は，国民に対して，自らの諸活動を説明する責務を負わなければならず，この責務が果たされない場合，主権者は「情報を与えられた市民」とはいえない。政府情報の公開によって，国政に対する国民の的確な理解と批判が可能となり，主権者としての責任ある意思形成が促進されるのである（宇賀　2018：33）。

　自治体では，国の情報公開法の制定を受けて，情報公開条例を改正して住民への説明責任の確保を明記する動きなども広がった。総務省の調査では2020年4月1日現在，町村の1団体を除いて都道府県と市区町村すべての自治体において情報公開条例が制定されている[*2]。

## (2) 情報公開条例の基本的な仕組み

　ここでは，特別区（東京23区）の情報公開条例をモデルとして基本的な仕組みを説明していく。情報公開制度が十分に機能するためには，公開の対象となる情報の範囲をできるだけ広く定める方が望ましい。公開対象としては，文書だけに

＊1　都道府県初となる情報公開条例（制定当時，「神奈川県公文書公開条例」）➡第8章「政策と法務」❹参照。

＊2　同じ調査で，一部事務組合・広域連合における情報公開条例等（要綱などを含む）の制定状況は70％である。情報公開が不十分ではないかと，かねてより問題視されている。一部事務組合➡第4章「広域と地域」❹❶参照。

限定せずに，図面，写真，フィルム，電磁的記録なども対象とされている。また，作成した情報だけでなく，取得した情報も対象となる。

　条例によって情報開示請求する権利が認められている者を請求権者という。請求権者について，区内に住所を有する者，区内に事務所を有する法人，区内に勤務・通学する者，利害関係者，として限定している区もある一方で，「何人も」として，請求権者の範囲を限定していない区もある。なお，請求権者以外の者による請求に対しても，応じるように努めることが条例で規定されている区もある。

　情報の公開義務を課されている区の機関を，実施機関という。区長や行政委員会（委員）を実施機関として定める区が多く，議会固有の制度として条例化している区を含め，議会も実施機関に含めている。[*3]

　情報開示請求する公開窓口について，一元化している区と実施機関や所管課ごとなどに対応している区とに分かれている。

　実施機関は，請求を受けた翌日から起算して14日以内に公開・非公開の決定をしなければならない。この期間内に決定できない場合，請求を受けてから60日以内等の期間延長の規定がある。著しく大量の開示請求については，60日の期限の特例を定める区もある。

　条例で定められた情報公開制度では，区が保有し管理する情報は原則として公開しなければならない。しかし，例えば個人情報などは非公開にすることが定められている。具体的には，（ア）氏名，住所，生年月日等の戸籍事項に関するもの，（イ）学歴，職業，家族構成等の経歴や生活に関するもの，（ウ）健康状況，障害の有無や程度等心身の状況に関するもの，（エ）学業成績，信仰等の能力，思想信条に関するもの，（オ）所得，資産状況等の財産に関するものなどである。

　また，区政執行に関する情報で非公開とされているのは，ア）審議，検討等の意思形成過程[*4]における情報で公開することにより公正または適正な意思形成に著しい支障を生じるおそれがあるもの，イ）入札予定価格，試験問題など，公開することにより，区政の公正または適正な執行を著しく妨げるおそれがあるもの，ウ）犯罪の予防や行政上の取締りに関する情報等，公開することにより，公共の安全や秩序維持に支

*3　全国的にみると，地方独立行政法人（➡第13章③【2】）を実施機関に含める自治体が増えている。自治体が情報公開を積極的に進めたとしても，その外郭団体などの情報公開が不十分な場合，住民に対して説明責任を果たせない。外郭団体や民間委託業務の情報公開を確保することが課題になっている。藤沢市のように指定管理者（➡第13章②【2】）を実施機関に加えたり，第三セクター（➡第13章③【1】）に対し当該団体の規程で情報公開制度を設けさせたりする自治体もある。

*4　「意思形成過程」における未成熟情報を初期に公開するにあたっては，公開による支障と，公開の自治的公共性とを，比較衡量（秤にかける）して選択判断をすることが自治体に求められている（兼子・室井編 2007：223）。

障を生じるおそれがあるものなどである。

　ほとんどの区の情報公開条例では情報公開審査会が置かれ
ている。情報公開審査会は，情報公開制度に関し優れた識見
を有する者によって構成される合議制機関（附属機関[*]）であ
る。開示請求に対する第１次的な判断は実施機関が行うが，
不開示決定や部分開示の決定に対しては請求権者が妥当では
ないと判断する場合もある。その場合，情報公開条例では情
報公開審査会に不服申立てができる手続が定められている。
不服申立てがあったとき，実施機関は遅滞なく情報公開審査
会に諮問しなければならないとされている。

　情報公開審査会の審査では，**インカメラ審理**[*]といわれる形
式が採用されている。不開示などとされた公文書の現物（複
写したもの）を情報公開審査会の委員が実際に見ながら開示
の範囲を審理するのである。情報公開審査会は審理を経て答
申を出す。実施機関はこの答申を尊重して不服申立てに関す
る決定を行うこととなっている。なお，開示請求の結果に不
服のある者は直接，裁判所に訴訟を提起することもできる。

### (3)　市民オンブズマン活動と情報公開

　住民が情報公開条例を利用する目的は何だろうか。情報を
公開させること自体が目的化している事例があるものの，住
民がもつ問題意識や課題を解決・改善するために自治体に情
報公開を求めていく事例もある。

　情報公開条例を有名にしたのは，行政監視や税の使途の監
視を目的とした情報公開条例の利用である。1995年に全国市
民**オンブズマン**[*]連絡会議が行った食糧費の一斉請求は，自治
体による飲食接待の実態を全国的にはじめて明らかにするこ
とになった。情報公開の範囲をめぐって飲食接待の相手方の
氏名の公開が問題となったが，現在では相手方の氏名の公開
を原則とする自治体が多い。さらに，食糧費の情報公開によ
り**官官接待**[*]の実態が明らかになった結果，支出内容の見直し
が進んだ。慣行として行われきた補助金の獲得などを目的と
した飲食接待による自治体と国，あるいは自治体間の不適切
な関係が是正された（三木 2002：34-35）。

### (4)　情報公開制度の限界

　情報公開制度には限界もある。第１に，住民の側が請求し
なければ，情報が開示されない。第２に，情報は請求者に対
してのみ開示されるのであって，これだけでは，自治体の住
民さらには国民に広く公開されることには必ずしもならな

**＊附属機関**
➡第6章「組織と人事」①
②参照。

**＊インカメラ審理**
インカメラとは裁判官室
（camera）においてという
意味である。アメリカの情
報自由法では，行政機関の
非公開決定の当否を判断す
るために裁判所が行政機関
の記録を非公開で審理でき
る。インカメラ審理は元
来，非公開とされた記録に
ついて，裁判官が非公開・
密室の裁判官室で審理する
ことを指す。

**＊オンブズマン**
➡第11章「自治と統制」⑤
参照。

**＊官官接待**
➡第7章「職員の責務」①
①参照。

い。第3に，自治体の側は新しい情報を収集または作成する
ことを義務づけられておらず，現に保有する情報に手を加え
ることをせずに，あるがままの姿で開示することを義務づけ
られている。そのため，開示された情報が請求者にとってわ
かりやすい有意義な情報であるとは限らない（西尾 2001：
398）。

　また，自治体において情報を収集し公文書を作成するのは
自治体職員である。自治体職員が何らかの理由により情報公
開制度の下で情報公開が求められることを避けようとする場
合，情報を文書等の形で記録しようとしなくなったり，ある
いはいったん記録しても，これをごく短期間のうちに廃棄し
てしまったりするおそれがある。[*5] このような情報公開制度に
関わる自治体職員のモラルハザードが生じないようにするた
め，自治体において公文書の作成や保存などを適正に行うこ
とが求められているのである。

**＊5**　不祥事のすべてが発
覚するわけではない。ただ
し，発覚した場合，懲戒処
分の対象となりうる。「懲
戒処分」➡第6章「組織と
人事」**④**　**3**　参照。

**〔 3 〕　公文書管理の重要性：情報公開制度の形骸化を防ぐには**

**（1）　情報公開制度と公文書管理の関係性**

　情報公開制度はここまで説明してきたように，開示請求の
対象となる文書等を特定した上で行政に公開を求める仕組み
となっている。そのため，国であれ自治体であれ，前提とし
て文書等が適切に作成され保存されていなければ，情報公開
制度が事実上機能しなくなってしまうおそれがある。

　情報公開法と行政文書の管理は車の両輪といわれる。国に
おいて情報公開法が制定されたとき，公文書管理についての
法制化は将来の検討課題とされたが，2009年6月に公文書管
理法が成立し2011年4月に施行された。公文書管理法は現在
のみならず将来の国民に対する説明責任も全うするために，
主に国の行政機関などの公文書等の適正な管理や保存につい
て定めている。他方，自治体に対して公文書管理法の趣旨に
のっとり，保有する文書の適正な管理に関して必要な施策を
策定し実施するよう努力義務を課している。

　内閣府によれば，公文書管理のための条例等の制定状況
は，全都道府県で条例等が制定されており（うち，条例は15団
体），市区町村では1694団体（97％）が条例等を制定している
とされている。また，36都道府県では管内の全市区町村で条
例等が制定されているとのことである（2022年4月1日現在）。

## (2)　大阪市の場合

　公文書管理法の自治体への努力義務を履行した最初の公文書管理条例といわれているのは，大阪市公文書管理条例（以下「本条例」という）である（宇賀 2015：324）。本条例は2006年4月に施行された後に2011年2月大幅に改正されている。本条例では市政運営に関する情報は市民の財産であると明記されているのが特徴であって，公文書管理法と同様に現在及び将来の市民に説明する責務が全うされるとともに，市政運営に対する市民の信頼の確保を図ることが目的となっている。

　公文書の定義は大阪市情報公開条例における定義と基本的に同じであるが，公文書の作成，分類，編集，保存，保存期間満了後の廃棄など，公文書のライフサイクル全体について定められている。

　本条例制定の1つの契機となったといわれる第三セクターの経営破たんが過去にあり，その原因検証の過程において，当時の公文書がほとんど存在せず事実関係が明瞭にならないとか，組織としての意思決定の過程が極めて不透明といった指摘が出ていた（『大阪市特定団体調査委員会報告書』（2004年10月））。そのため，本条例では意思決定をするに当たっては公文書を作成して行うことを原則とすることを定めている。さらに，意思決定の過程に関する事項であっても，意思決定に大きく影響を与える会議の審議内容や，市長への説明資料，説明時の市長からの指示の内容などについて，公文書を作成することとしている。

　また，大阪市が設立した地方独立行政法人の保有する文書を公文書として位置づけるとともに，第三セクターや指定管理者が保有する文書についても本条例の管理対象としている。歴史資料として重要な公文書で**公文書館**に保存されることになったものについては永年保存とされ，閲覧などの利用のルールが規定されている。

## (3)　自治体の公文書管理

　公文書のあり方について近年注目されたのが豊中市議会議員の情報公開請求から始まった「森友問題」であった。2018年6月に財務省が公表した調査報告書では，交渉記録の廃棄や決裁文書の改ざんについて，「国権の最高機関である国会への対応として，上記のような決裁文書の改ざん作業を行い，改ざん後の文書を提出したことは，あってはならないこ

**＊6**　行政組織における意思決定は文書で行われている。意思決定にあたり，公文書が作成されるということである。「稟議」➡第6章「組織と人事」❷「2」参照。

**＊公文書館**
保存期間が過ぎた公文書のうち，歴史資料として重要な公文書の保存や利用などを行う公の施設であり，自治体では1959年4月に開館した山口県文書館が最初とされる。現在は公文書館法（1987年成立）に基づき条例で設置されるが，財政的な理由から府県でも未設置の団体がある。県と市町村が共同で設置・運営する施設として2012年11月に開館した福岡県共同公文書館がある。

とであり，不適切な対応だったと言わざるを得ない。さらに，行政府における文書管理のあり方としても，一旦決裁を経た行政文書について，事後的に誤記の修正等の範疇を超える改ざんを行ったことは，『公文書等の管理に関する法律』の趣旨に照らしても不適切な対応だったと考えられる」（財務省 2018：38）とされていた。

　この事例からわかることは，情報公開法や公文書管理法の精神が国の行政機関に必ずしも定着していないということである（宇賀 2019：364）。公文書管理法を制定したにもかかわらず，公文書に対して隠ぺいや改ざん，不適切な廃棄がなされたことを，自治体も深刻に受け止めなければならないだろう。

　公文書管理を積極的に行っている自治体に共通することの１つは**首長**[*]がリーダーシップを発揮していることであるという（魚住 2020：32）。適正な文書管理体制の構築には，予算をはじめとして一定のコストが必要になるからである。

　公文書管理については行政内部の実務的な問題であるとか行政職員の課題であると認識しがちである。情報公開制度や公文書管理制度は**行政統制**[*]の手段であって，住民自治の充実に欠かせない仕組みであることを住民とともに認識し，首長や地方議会が適正な制度運営に向けた方策を主体的に探っていくことが求められる。

＊首長
➡第5章「議会と首長」❷❹及び第6章「組織と人事」❶❷参照。

＊行政統制
➡第11章「自治体と統制」参照。

## 2　オープンデータ政策

### 1　オープンデータとは何か

　オープンデータ政策は，第1節で説明した広義の情報公開体系の中に位置づけるのであれば，情報提供施策に該当するものである。ただし，従来の情報公開の体系に収まらない新しい特徴ももっている。それは国民・住民が提供された公的データを活用して，公共サービスを向上させたり，新規のビジネスを創出させたりする点であって，公的データの国民・住民への提供後の利活用に重点が置かれていることである（宇賀 2019：270）

　2016年12月に成立した官民データ活用推進基本法では，自治体が保有する官民データについて個人などの権利利益が害されることのないようにしつつ，国民がインターネットその他の高度情報通信ネットワークを通じて容易に利用できるよう，必要な措置を講ずるものとすると定められた。

　2017年5月，内閣に設置されていた高度情報通信ネットワーク社会推進戦略本部（IT総合戦略本部）が決定した「オープンデータ基本指針」では，オープンデータを定義している。それによれば，国，自治体及び事業者が保有する官民データのうち，国民誰もがインターネット等を通じて容易に利用（加工，編集，再配布等）できるよう，次のいずれの項目にも該当する形で公開されたデータをオープンデータと定義するという。① 営利目的，非営利目的を問わず二次利用可能なルールが適用されたもの，② 機械判読に適したもの，③ 無償で利用できるもの。補足すると，②の機械判読とは，コンピュータプログラムが自動的にデータを加工，編集等できることを指す。

　2012年にオープンデータ政策を最初に開始した自治体として福井県鯖江市が知られている[*7]。また，鯖江市がリードする形で福井県では2014年にすべての市町村でオープンデータ化の取組みが実現した。福井県のウェブサイトでは，オープンデータを利用したウェブアプリの一覧が公開されている。

### ［2］　オープンデータ政策・シビックテックの事例

　オープンデータ政策は，住民の立場から「シビックテック」と表現されることもある。シビック（市民）とテック（テクノロジー）をかけあわせた造語で，「市民主体で自らの望む社会を創り上げるための活動とそのためのテクノロジーのこと」（稲継 2018：2）といわれる。シビックテックは，地域を活性化させるために，住民や地域社会の側からオープンデータの活用を目指していく活動といえそうである。

　東京都が公開している7000件あまりのバリアフリートイレのオープンデータを利用して，バリアフリーマップ（地図情報アプリ）が開発され利用されている。アプリの名は「WheeLog！」（ウィーログ），バリアフリートイレの利用者が必要とする情報は様々だという。都のオープンデータにはバリアフリートイレの入り口，便座周り，その他設備について，3枚の写真で情報提供があるため利用者が必要とする情報を得やすいという。オープンデータの提供は事業者も行っている。例えばファミリーマートは民間企業で初めてこのアプリに参加し，多目的トイレのある店舗4500店の情報を提供している（『日本経済新聞電子版』2020年2月6日）。

## ③　個人情報保護

### ①　「個人情報保護法」2021年改正

#### （1）　自治体における個人情報保護制度

　自治体は住民の日々の暮らしに関わる多種多様な行政活動を展開している。自治体業務の過程で住民の「氏名・生年月日・性別・住所」などの個人情報を取得して保存したり，保存していた個人情報を利用したりする。個人情報は，自治体の行政活動にとって必要不可欠なものである。他方で，集められた個人情報が漏えいした場合，個人の権利利益が侵害されるおそれもある。

　自治体における個人情報の取扱いについての基本的事項を定め，個人の権利利益を保護する仕組みが個人情報保護条例である。この種の条例では，住民の**自己情報コントロール権**を実質化させるため，自己を本人とする保有個人情報の開示，訂正及び利用停止を請求する権利を規定するとともに，**個人情報保護審査会**などについても定めている。

#### （2）　個人情報保護法制の一元化

　2021年5月に成立した新しい「個人情報保護法」は，2022年4月から施行された。この新しい「個人情報保護法」は，官民を通じた個人情報の保護と利活用の調和を確保することが国策となる中で，官民データの流通を促すため，従前の個人情報保護法，行政機関個人情報保護法，独立行政法人等個人情報保護法の3本の法律を1本の法律に統合し，公的部門と民間部門における種々の規定が一覧できるようにするとともに，自治体の個人情報保護制度についても全国的な共通ルールを規定している。

　これまで自治体は，自治体ごとに個人情報保護条例を制定して保有する個人情報などを管理してきた。その仕組みを変更し，自治体に対しては2023年4月から，地方自治に配慮しつつ，原則として，従来の行政機関個人情報保護法に相当する公的部門の種々の規定（新しい「個人情報保護法」の5章）が適用されることとなっている。個人情報保護法制の一元化によって，条例による独自措置が全面的に禁止されたわけではないものの，現在施行されている各自治体の個人情報保護条例は改廃される見通しである。

　情報公開制度と同じく，国の個人情報保護法の制定に先立って1970年代から自治体は個人情報保護条例を制定してき

**＊自己情報コントロール権**

憲法第13条に基づく権利である。自己に関する情報の流れをコントロールする個人の権利として理解されている。元来，新しい人権の1つとしてプライバシー権といわれ，プライバシー権は私生活をみだりに公開されない権利とされる。

**＊個人情報保護審査会**

個人情報の開示請求に対して不開示などの決定がなされ，その決定について不服申立てがあった場合，首長などの実施機関の諮問に応えて調査審議する自治体の合議制機関（附属機関）である。情報公開審査会と同様にインカメラ審理を行う。情報公開・個人情報保護審査会として両者を一体化させている自治体もある。新「個人情報保護法」が全面施行される2023年4月以降も，従前と同様の役割を担うこととなっている。

た。国の行政機関が保有する個人情報と自治体が保有する個人情報は異なり，自治体の中でも都道府県が保有する個人情報と市区町村が保有する個人情報は異なっている。自治体が住民に身近な政府として膨大な個人情報を管理することは今後も変わらないことから，自治体が国に先んじて保有する個人情報の取扱いに関する問題を発見し，対策を講じることなどが引き続き期待されているといえる。

なお国会において新しい個人情報保護法の法律案を議決する際，自治体がその地域特性に照らし必要となる事項について，自治体が保有する個人情報に関して条例を制定する場合には，地方自治の本旨に基づき最大限尊重するという附帯決議がなされている。

### (3) 法改正の背景

自治体の個人情報保護制度が一元化を志向する新たな個人情報保護法に組み込まれることとなったのはなぜだろうか。従前の個人情報保護法制は，以下のようになっていた。

まず旧個人情報保護法は，個人情報の著しい拡大に対応し，個人の権利利益を保護するために2003年に制定された。また同年，国の行政機関に対し，行政機関個人情報保護法が，独立行政法人に対しては独立行政法人等個人情報保護法が制定された。そして，前述のとおり自治体では，それぞれの自治体において個人情報保護条例が定められてきた。

すなわち自治体の数と同じ数の個人情報保護条例が存在していた（1788条例，2022年4月現在）。特別地方公共団体である広域連合等も個人情報を扱う場合には条例の制定が求められてきた。ただし，特別地方公共団体である組合の中には，個人情報保護条例を制定してこなかった団体もあった。このような個人情報保護法や条例がいくつもばらばらに存在する状態に加えて，それに伴う弊害が生じているとして，「個人情報保護法制2000個問題」と呼ばれるようになった。また，自治体間で個人情報保護のルールが異なることによって，情報の共有の支障になっていることが問題視され始め，被災者台帳作成など防災分野などにおける個人情報の利用や提供の障壁になることがありうると指摘されてきた。

さらに，2020年に入ってから新型コロナウイルス感染症の大流行が始まり，その対応を契機として，災害対応や公衆衛生等の課題に適切かつ迅速に対応するためには，社会全体の**デジタル化**と個人情報保護法制の共通化を進める必要がある

**＊デジタル化**
総務省によると，デジタル化政策の歴史は，光ファイバーを含むブロードバンドなどのICTインフラの整備が進められた第1期（2000年〜），インフラ整備とと

との認識が，急速に高まったことが大きいともいわれている（宇賀 2021：82）。

## ［2］　マイナンバー制度

### （1）　制度の概略

　2013年5月にマイナンバー法（番号法）が成立した。マイナンバー制度（番号制度）は，行政運営の効率化に貢献し，より公平な社会保障制度や税制の基盤となる制度であるとされている。同時に，マイナンバー（個人番号）をはじめとする個人情報を保護することも目的としている。12桁のマイナンバーは，外国人も含めて**住民基本台帳**[*]に記録されているすべての人に対し，重複されることなく付与される。原則として，付与されたマイナンバーは生涯変わることがない。マイナンバーを確認することによって，ある人物が，その人物であることを容易かつ確実に確認することができるようになる。

　これまで日本の行政では，「基本4情報」といわれる「氏名・生年月日・性別・住所」によって，多くの業務が処理されてきた。このうち，生年月日は数字のみで処理することができ，性別も必ず男女に区別するとするならば男女別にコードを振って数字で処理することができる。他方で，氏名や住所については漢字表記が同じでも読み方が異なる場合や，漢字自体に「高」と「髙」など表記が異なる場合がある。漢字には多様な異字体があり，常用漢字が2136字なのに対し，住民基本台帳ネットワークで用いられる漢字は19563字となっている。また，氏名や住所は変更されることがあり，生年月日や性別も変更されうるものである。こうしたことから，コンピューターによる処理を前提とすると，基本4情報を用いた対象者の特定は非効率な場合があるといわれるようになってきた（宇賀・水町・梅田 2014）。

　マイナンバーを通知したり，マイナンバーが記載された**マイナンバーカード**[*]を交付したりする業務は市区町村が担っている。また，マイナンバーを利用した情報授受の仕組みとして，情報提供ネットワークシステムが創設された。国の機関や自治体が情報提供ネットワークシステムを介して情報のやりとりを行っているが，やりとりできるのはマイナンバー法で規定された個人情報に限定されている。情報提供ネットワークシステムを介した情報のやりとりでは，安全管理の観

もに電子自治体や遠隔医療などの実現を目指してICT利活用を推進した第2期（2003年〜），オープンデータを含むデジタルデータの利活用を推進した第3期（2015年〜），デジタル社会の構築を目指す第4期（2018年〜）の4つの時期に区分できるという（『令和3年版情報通信白書』）。「デジタル社会の実現に向けた改革の基本方針」（2020年12月 閣議決定）では，デジタル社会のビジョンとして「デジタルの活用により，一人ひとりのニーズに合ったサービスを選ぶことができ，多様な幸せが実現できる社会」を掲げ，「誰一人取り残さない，人に優しいデジタル化」を進めるとしている。

**＊住民基本台帳**
➡第2章「住民の地位」❶［2］及び第15章「危機と管理」❹［4］参照。

**＊マイナンバーカード**
住民がマイナンバーカードを取得するかどうかは任意とされている一方で，国は普及率を引き上げるため取得者に対して買い物などに利用できるマイナポイントを付与するなどの事業を実施している（2022年4月現在）。自分のマイナンバーを証明できるとともに，運転免許証と同様に本人確認書類として通用する。健康保険証としての利用も始まっている。また，希望する人が運転免許の情報をマイナンバーカードに記録できるようにするため，2022年4月に道路交通法が改正された。

点から，マイナンバーとは別の変換された符号を使う。情報
提供ネットワークシステムは，内閣総理大臣が設置管理し，
デジタル庁などによって運営されている。

### (2) マイナンバーの利活用

　住民の立場からすると，マイナンバー制度導入にどのよう
なメリットがあるのだろうか。例えば，行政窓口で申請手続
を行うときの添付書類の削減があるといわれる。子どもが生
まれると出生届の後にマイナンバーが通知される。児童手当
の申請や現況届に申請者や子どものマイナンバーを記入すれ
ば，所得証明書や健康保険証の写しなどの添付が省略でき
る。高校生や大学生になり，奨学金を申請する時にマイナン
バーを提供すれば，保護者の課税証明書などの添付が省略で
きる。ただし，初めてパスポートを申請するときに必要とな
る戸籍関係の証明書は，戸籍にマイナンバーが付けられてい
ないので省略できない。

　行政の立場からすると，次のように業務が効率的に進めら
れるとされる。生活保護の場合，生活保護の受給申請を受け
た市区町村が，その申請書に記載された要保護者についての
給与収入の有無，社会保険給付の有無について調査すること
になっているが，このときに他の市区町村から税関係書類，
保険給付関係書類等を入手し，これらに記載された人物が当
該要保護者と同一人であることについて，変更がありうる氏
名・住所・性別等によって特定している。同一人であること
の特定が困難なケースもあるといわれる。マイナンバーを利
用することで，同一人であることの確認は，従前よりも容易
に行える。ただし，この調査において，預貯金や不動産等の
資産調査を行うこともあるが，これらの情報にはマイナン
バーが必ずしも利用されていないため，効率化は限定的であ
る。

### (3) 特定個人情報保護評価

　マイナンバー法では，マイナンバーを含む個人情報を特定
個人情報という。自治体にも実施が求められる特定個人情報
保護評価は，日本で初めて導入される**プライバシー影響評価**[*]
である。個人のプライバシーなどの権利利益が一度侵害され
ると，拡散した情報をすべて消去・修正することが極めて困
難なため，権利利益の回復は容易ではない。個人のプライバ
シーなどの権利利益の保護のためには，事後的な対応ではな
く，事前に特定個人情報の漏えいのリスクを分析し，このリ

**＊プライバシー影響評価**
情報システムの導入や改修
に当たりプライバシーに及
ぼす影響を事前に体系的に
評価し，プライバシー保護
のための措置を促していく
プロセスをいう。外国では
1990年代半ばから制度化の
検討が進められ，アメリカ
連邦政府の場合，2002年に
制定された電子政府法208
条に基づき各行政機関に対
し個人情報を収集するなど
して情報技術を開発・調達
するとき，事前にプライバ
シー影響評価を実施するこ
とを義務づけている。

---

▶▶ *Column* 11　Society5.0と行政のデジタル化 ◀◀

　Society5.0とは，第5期科学技術基本計画（2016年1月閣議決定）において初めて提示された，未来社会の姿のことである。

　Society5.0は，ICT を最大限に活用し，サイバー空間とフィジカル空間（現実世界）とを融合させた取組により，人々に豊かさをもたらす「超スマート社会」とされ，人類社会のあり方として狩猟社会，農耕社会，工業社会，情報社会に続くような新たな社会を生み出す変革を科学技術イノベーションが先導していく，という意味を込めている。

　第5期科学技術基本計画では，経済・社会的課題への対応の中で，世界最先端の医療技術の実現による健康長寿社会の形成を進めるとしていて，医療機関の連携や医学研究などに用いる「医療等分野の番号」（医療等分野における識別子）の導入，検査・治療・投薬等診療情報の収集や利活用の促進，医療情報等のデータの電子化などによる医療ICT基盤の構築などが盛り込まれていた。これらが実現すると，健康診断や電子カルテなどから収集したビックデータの解析によって，新薬を創り出すのに役立ったり，がんの発生原因がわかるようになることで適切な治療方法がみつかったりする可能性がある。これは，確かに新しい未来社会を予見させるものといっていいだろう。

　2021年3月に閣議決定された第6期科学技術・イノベーション基本計画では，Society5.0が引き続きめざす社会像とされている。この計画には行政のデジタル化も含まれる。

　「地方公共団体情報システムの標準化に関する法律」（2021年5月成立）で決まったが，児童手当や住民基本台帳など自治体17業務の情報システムの標準化を2025年度までに行うとする。同時に，自治体の情報システムの運用経費について，2026年度までに2018年度比で少なくとも3割削減をめざすとする。

　行政が経済性や効率性を追求して経費を節減することは，情報社会に入る以前から実施してきたことで新しいことではない。行政のデジタル化がもたらす効果については慎重に見極める必要がある。

（土屋耕平）

---

スクを軽減するための対策を講じる必要がある。これは，被害発生を事前に防止し軽減するための仕組みである。

　特定個人情報保護評価が導入された目的は，マイナンバー制度に対して国民・住民の信頼を得るためである。**個人情報保護委員会**＊は，特定個人情報保護評価を実施する上での指針を作成し公表する。その指針に基づき自治体などの評価実施機関が，特定個人情報ファイルの取扱いについて評価した結果を特定個人情報保護評価書に記載する。この評価書についてはパブリック・コメント手続にかけてから，個人情報保護委員会の承認を得ることが義務づけられている。前述の指針

＊**個人情報保護委員会**
2016年1月に内閣府に設置された行政委員会であり，国会の同意を得て内閣総理大臣が任命する，委員長及び委員8名で構成される。個人情報保護法を所管し，個人情報の保護が適正に行われているかどうか自治体などに対して監視・監督するとともに，自治体の個人情報保護施策についての助言などもする。

に適合しているとして承認を受けた特定個人情報保護評価書は，個人情報保護委員会のウェブサイトで公表され，検索できるようになっている。

（土屋耕平）

# 第11章

# 自治と統制

　自治体行政はあまりにも複雑である。また，その活動は近視眼的になったり，視野狭窄に陥ったりする。これに対応するため，住民参加や情報公開，オンブズマンなど多様な手段で自治体行政の統制を試みてきた。本章では，自治体行政の統制の仕組みについて説明する。その上で，住民からみた行政統制の意義について考えてみよう。

## 1　肥大化した行政の統制

　「行政統制」という言葉から，どのような印象を受けるだろうか。「決定された政策を効率的に執行するようにしなければならない」か。「住民の声を適切に反映しなければならない」か。あるいは「住民の権利が侵害されることのないようにしなければならない」かもしれない。

　しばしば行政は，非効率的で無駄な活動に固執しているようにみえたり，住民の感覚からズレているようにみえたり，住民の権利を侵害しているようにみえたりすることがある。一般に，組織が大きくなると，決定された政策を効率的に執行できなくなったり，組織外部との感覚のズレが生じやすくなったり，組織内の様々な問題に十分に目が行き届かなくなったりする。

　そこで行政統制が必要になる。決定された政策を効率的に執行する，住民のニーズに対応した行政サービスを提供する，実際に権利を侵害された住民の救済を行う，そのために行政統制はある。自治体の行政統制は，**住民自治**を実現するため，すなわち自治体の主人公である住民の意思が自治体行政のあり方を規律するためにある。

　自治体において住民と行政とを媒介するのは議会や首長である。しかしながら現代の自治体行政は議会や首長だけですべてを統制できない。したがって，多様な統制の仕組みが求められる。他方，行政自身が自ら統制する行政責任も重要になる。以下では，統制の主体，統制の制度，応答性と責任，オンブズマンの4つの視角から，自治体行政の統制について

**＊住民自治**

日本国憲法第92条にある「地方自治の本旨」を解釈する上で，国に対する自治を意味する「団体自治」と，自治体への住民の意思反映を意味する「住民自治」がある。この両者の関係については，住民を自治体の主人公と捉えるのであれば，団体自治のあり方は住民自治によって決まると考えられる。すると住民自治は地方自治の基底にあるといえるだろう（今川編2014）。

説明していこう。

## 2　統制の主体

　ここでは，「統制の主体」について議論する。ここで取り上げるのは，議会，首長，住民，国の４つである。

### 1　議会による統制

　自治体行政の究極的な統制主体は有権者である住民ではあるが，**代表制民主主義**<sup>*</sup>において最も基本にあるのが，住民の代表である議会である。議会による行政統制は，条例の提案や予算の審議・議決，会期中の行政に対する質問を通じて果たされる。

　また，行政統制の本筋とは異なるが，議員個人の議会外での活動も大なり小なり行政へ影響を与えうる。議員個人による資料請求や質問，仲介やあっせんなどとして自身や会派，住民からの要求を行政職員へ伝えることもある。

　ただし，自治体議会には課題も多く，その理想からは程遠いところにある。まず，専門分化した行政と議員との間には情報量・知識量の差がある。例えば議会による条例発案数は首長よりもはるかに少ない。また，**議会質問**<sup>*</sup>も「○○はどうなっているのか」や「これからの展望を聞きたい」といった行政の現状を確認する内容に傾倒しがちである。こうした受動的な議会のあり方については，行政監視機能を十分に発揮できているとはいえず，より能動的なあり方が模索されている。

　そのほか，**国会における党派性**<sup>*</sup>が地方政治にもちこまれることによる地方独自の政策争点のあいまい化，相乗り候補の存在，住民の認知不足，スキャンダルの存在，担い手不足や高齢化など，複数の要因で議会は行政に対して力を発揮できない状況にある。こうした状況を理由に自治体議会不要論を唱える者すらいる。<sup>*1</sup>

　しかし，議会の主な役割は，住民の代表として自治体行政を統制することにある。現状の機能不全を理由に結論に急ぐのではなく，議会や議員をサポートする体制の整備等，本来の役割を果たせる仕組みの整備を検討する必要があるだろう。

---

**＊代表制民主主義**
民主主義の理念に照らせば，構成員全員で徹底的に議論をし，相互に説得しながら合意を形成していく意思決定方法が理想的といえる。しかし，いかに少人数であろうと困難であることが容易に想定できるし，一自治体規模になると物理的に不可能である。したがって代表を選び，その代表に自分の言い分を代弁してもらおうというのである。自治体議会における問題の１つは，議員が住民の代表になっているかどうか，である。

**＊議会質問**
議員が執行者である行政に対して，政策・施策・事業の執行状況を問いただしたり，行政の課題を提示したり，政策を提案したりする。自身の住んでいる地域の「議会だより」や議会のウェブサイトには，どの議員がどのような質問をしたのか掲載されているので，是非確認してみてほしい。百聞は一見に如かず。

**＊国会における党派性**
これを嫌った人々が2010年前後に立ち上がり，地域政党が次々に誕生した。大阪府・大阪市における大阪維新の会，名古屋市における減税日本，京都市における京都党，東京都における都民ファーストの会等である。

*1　➡第５章「議会と首長」③ 1 参照。

### 2　首長による統制

　行政組織の長である首長は，議会による統制の対象である。他方で住民による選挙を通じて選ばれるという観点からは，首長は行政統制の主体となる。実際首長は，条例案の決定，予算調製，人事，組織，総合計画をはじめとする各種計画の策定といった，多数の統制手段をもつ。

　また，首長は個々の議員と比較してマス・メディアへの露出度も高く，住民からその活動が見えやすい。このように強い力をもつ点と露出度の高さ＝住民からの見えやすさが支持獲得につながる。他方，住民の支持を得ていることを根拠に議会による統制や行政組織内の合意形成を無視した首長の独走・暴走といわれる状況につながることもある。

　首長が住民との結びつきを強めるほど，多様な住民の意見を代表すべき議会の意義が軽視されたり見失われたりして，議会不要論に拍車がかかる。ただ，確かに先述したような課題を多く抱える自治体議会を前提に考えれば，首長の主導的役割は肯定的に評価すべきかもしれない。とはいっても，住民あるいは住民の代表である議会の監視から免れると考えるべきでない。いずれにしても，首長の主導権の強さの是非とともに，ほかの統制手段，特に議会との関係を改めて考え直さねばならない。

### 3　住民による統制

　行政統制の基本的な主体は前述の議会と首長であったとしても，自治の究極的な主人公は住民である。その理念を現実のものとするように，住民は選挙を通じて行政統制の基本的な主体である議員や首長を選ぶ。ただし，議会や首長を通じた統制は，住民と行政とを直接的に結びつけはしない。したがって，場合によっては，より直接的に統制を可能とする手段が求められる。それが住民投票や直接請求制度である。

　住民投票についてはこれまでに，原子力発電所や産業廃棄物処分場といった施設の設置を問うものや，市町村合併の可否を問うもの，近年では大阪市の廃止を問うもの，政令指定都市内の区の再編を問う事例*2があった。

　住民投票には，その結果に法的拘束力をもたせるものとそうでないものがある。後者の場合，決定権は住民ではなく議会や首長にあるが，結果の反映をめぐって議会や首長に説明を求めることができる。

＊2　新潟県旧巻町（現新潟市）では1996年8月4日に原子力発電所の建設について，岐阜県御嵩町では1997年6月22日に産業廃棄物処理施設の設置について住民投票が行われた。市町村合併の賛否を問うものに関しては，例えば埼玉県上尾市がさいたま市と合併することの可否を問う住民投票が2001年7月29日に実施された。近年では，政令指定都市内の区を見直す住民投票も複数みられる。静岡県浜松市では2019年4月7日に浜松市の区の再編を問う住民投票があった。大阪市の区に関する住民投票では2度あった。1度目は2015年5月7日に，2度目は2020年11月1日に特別区の設置に関する投票として実施された。➡第4章「広域と地域」3 2 参照。

ただ，単純に賛否で問うことのできない慎重な議論を要する争点もある。最終的には住民投票を行うにしても，それに付随して実質的な内容に関する議論をいかにして実現するかがむしろ大きな課題となるだろう。

直接請求制度については，条例の制定改廃請求，事務の監査請求，議会の解散請求，議員・首長・主要公務員の解職請求がある。ただ，条例の制定改廃請求や事務の監査請求に関しては有権者の50分の１以上の署名，議会の解散請求，議員・首長・主要公務員の解職請求に至っては有権者の３分の１以上の署名が必要であり，かなりのハードルの高さである。

ところで，直接民主主義の１つの形として，地方自治法第94条と第95条には議会に替わる仕組みである**町村総会**の規定がある。条例によって議会の代わりに住民が総会を設置する内容である。

**＊町村総会**
➡第５章「議会と首長」❸
[1](3)参照。

### [4] 国による統制

自治体が国から統制されるルートは，国会の定める法律，中央省庁の定める計画や指針や通知，自治体に対する各種計画策定の義務，裁判所の判決，補助金による個別政策への統制がある。そのほかに，個別の政治家による要望や，国と自治体の人事交流といった関わりの中で自治体行政が影響を受ける場合もありうる。

実際，国から自治体に策定を要求する計画が自治体に多大な負担をかけている。法律によって義務づけられている計画策定だけでなく，努力義務であったり，通知や要綱で求められたり，補助金や交付金の申請に際して計画策定が求められることもある。自治体はこれに対応するため担当の組織や人員を配置することになる。この中には本来国の政策であるべきものが，あたかも自治体の政策として政策結果責任が転嫁され，国が自治体の計画執行を評価することで統制を強めているという指摘もある（今井 2018：53-75）。[3]

**＊3** ➡第12章「自治の政策」❸[6]参照。

計画策定自体は確かに重要であるものの，果たしてこうした他律的・義務的な計画策定で自治体の本来有する課題解決にどれだけつながるのか。国との関係のあり方についてはつねに考え続けなければならない。

## 3　住民統制の諸制度

　ここでは，「統制の主体」のうち「住民」に着目する。住民はどのような制度を通じて自治体行政と接点をもつのか。ここでは，住民と情報，審議会・委員会等，広報・広聴，参加と討議の４つの接点を紹介する。

### 1　住民と情報

　自治体行政と住民個人との間の力の差は大きい。それは権力の有無はもちろん，情報の有無のためでもある。住民が自らの地域の抱える問題について議論するためには，その前提として行政の有する情報が住民に対して公開されている必要がある。でなければ，住民は自分の住む自治体について，そもそもどのような状況でなにが問題となっているのか把握すらできない。

　だからこそ，自治体行政自ら積極的に住民に対して情報提供することが理想である。とはいっても，自治体行政自身による情報提供には限界がある。それは，自身に不都合な情報提供がしにくいだけでなく，自治体のもつ情報はあまりに多岐にわたり，提供するための取捨選択や体裁を整えるための加工が難しいためである。場合によっては，取捨選択や加工の結果，公開される情報と住民にとって必要な情報とが一致しないこともありうる。

　したがって，行政側の判断によらず，自動的・強制的に情報を開示させる仕組みが重要になる。その１つが情報公開である。ただし情報公開の前提として，適切に**公文書管理**がなされて情報が保存されている必要がある。また，公開することによって行政の公正が損なわれてしまう場合やプライバシーにかかわる情報の取り扱いといった情報公開から除外される範囲や，公文書と認め保存・公開の対象となる情報の範囲等，課題も多い。

### 2　審議会・委員会等

　審議会・委員会・会議等として，地方自治法第138条の４第３項で規定される附属機関である審議会のほか，各自治体が例規等で定める委員会や協議会といった会議がある。そこでは，いわゆる「有識者」と呼ばれるような，大学教員や弁護士，地元経済界の代表者，マス・メディアの関係者，地域

**＊公文書管理**

意思決定に関する文書が残されていなければ，後に参考にすることができなくなる。しかし，定められた期限の前に廃棄してしまったり，保存しておくべき文書が最初から廃棄されていたり見つからないことも多い。また，手書きのメモも含め，どこまでを「公文書」と定義するかの問題もある。担当職員の配置やルールの見直しが課題であろう。➡第10章「情報の管理」①③参照。

の代表といえる人物（自治会長や PTA の代表等）といったメンバーを集めて議論が行われる。

　審議会・委員会・会議等の意味は，行政だけでは解決できない自治体の問題について，構成委員の専門的な知見を活用しつつ審査・審議・調査・協議を行うところにある。大学教員や弁護士の学術的・法的な専門性はもちろん，地元経済界の代表者やマス・メディアの関係者，地域の代表といえる人物も，「その地域をよく知る」という専門性をもつ。

　だが，行政側であらかじめ設定されたシナリオからそれることはあまりない。それらを土台から覆すような人物が招かれることはないためである。その意味では，行政を統制する手段というより，自らの決定にお墨付きを与える行政側の道具であるともいえる。また，専門的知見をもつ構成委員の意見と住民の意見が必ずしも一致するとは限らないという「代表性」の問題もある。だからこそ，後述の広報・広聴や住民参加の意義がある。

### ［ 3 ］　広報・広聴

　広報・広聴が行政統制のツールとして強調されるのは，住民と行政との間の情報のやり取りを一挙に担いうるためである。こうした住民・行政間のコミュニケーションの関係は，「行政 PR」（**Public Relations**[*]）として，各事業を担当する部局とは異なる広報・広聴担当部局による情報発信・収集と分析による行政課題の抽出の重要さが説明されてきた（井出1967）。住民とのコミュニケーションを担当する機関を設置し，行政の内と外との媒介役となることで，行政の実施する事業に常に住民の声を注入しながら，改善し続けることのできる循環過程を生み出すと期待するのである。

　この視点のもと，多様な手法が開発されてきた。広報誌の内容1つとっても，決定された内容を伝えるだけなのか，それとも住民と行政とがともに自治体の抱える問題を考えられるような提起型の広報なのかで，広報の意味は全く変わってくる。広聴についても，市長への手紙，各種の調査，市民懇談会のほか，**パブリック・コメント**[*]制度や相談窓口の設置など，個別の住民の声に対応できる仕組みも用意されてきた。

　そして広報・広聴の両者とも ICT 技術の発展によって，2000年代以降の掲示板での議論を想定した電子自治体や，コールセンター，現在は**ソーシャル・メディア**[*]や**チャット**

**＊ Public Relations**
　「PR」は宣伝・広報活動と捉えられている。組織が外部に向けてプロモーションしたりアピールするという意味で主に使われる。
**＊パブリック・コメント**
➡第3章「地域と社会」③［2］参照。
**＊ソーシャル・メディア**
Twitter，Facebook といった SNS（ソーシャルネットワークサービス），YouTube やニコニコ動画といった動画共有サイト，ブログ，LINE 等のメッセージアプリのことである。誰でも簡単に情報を発信し，書き手と読み手が交流できる。
**＊チャットボット**
自動化された相談窓口を行政が活用する例は多数みられるようになった。適切な窓口の案内といった簡単な問い合わせを24時間自動会話プログラムで対応できるようになり，自治体行政にとっての業務効率化にあわせて，住民にとっての利便性も高まったといえよう。

ボット*の登場・採用で住民と行政とのインターフェイスが劇的に変化することになった。双方向のコミュニケーションがより行いやすい環境になってきているといえる。

だが，忘れてはならないのは，住民すなわち利用者の「顧客満足度」だけでは広報・広聴の真の目的は達成しえない点である。そのサービスの利用が快適で利便性の高いものであったかどうかは確かに大事な観点である。しかし，その時々のサービスや対応の満足度だけではなく，むしろごくわずかであっても不満をもつ住民の意見を聞き出し，行政課題の解決につながっているかどうかが精査されるべきだろう。

加えて，住民の問題意識の醸成や住民間の議論に発展できるかどうかも，広報・広聴の重要な課題である。住民と自治体行政との間の単純な情報のやり取りだけではない。情報はあくまでも道具である。行政に意見を届けるだけではなく，住民がより主体的に議論できる場を用意するという意味では，住民参加が重要になる。*4

*4 ➡第3章「地域と社会」❶ ❷ 及び ❸ 参照。

### ［4］　参加と討議

住民参加は，次の2段階で考えることができる。第1に，住民が行政の意思決定過程へ参加し，行政の決定に影響を及ぼすという点である。行政の決定に住民の感覚を挿し込むという意味で，決定の民主性を高めようというのである。住民の意見がたとえ反映されない場合でも，「なぜ反映させることができないのか」という説明を行政はしなければならない。

第2は，異なる価値観をもち，利害が対立する住民同士の議論が，住民相互の学習効果を生む点である。価値観や暮らしの多様化は，行政による住民間の紛争の解決を困難にしてきた。だからこそ，住民同士が議論し，互いの価値観や利害を学びあう場を用意する必要がある。むしろ行政の役割は直接的な解決策の提供というより，上記のような場の提供にこそあるべきかもしれない。*5

*5 ➡第7章「職員の責務」❸ ❹ 参照。

## 4　応答性と責任

自治体行政が住民の意見に十分に応えられない場合，住民運動が発生したり，マス・メディアやソーシャル・メディアにおいて批判されたりする。ここでは，自治体に対する批判と，住民の要望に対応する行政責任に焦点を当ててみよう。

**＊圧力団体**

政府の決定に利害関心をもち，影響を与えようとする団体である。

**＊NIMBY**

➡第2章「住民の地位」④
①参照。

**＊受益圏と受苦圏**

施設の存在によって主に利益を受ける範囲を受益圏と呼び，主に害を受ける範囲を受苦圏と呼ぶ。例えばごみ処理場の建設に際しては，ごみを回収してもらえるエリアが受益圏となる。これに対して，収集車の騒音，匂いや有害物質等の安心・安全にかかわる問題をかかえてしまうエリアが受苦圏となる。受苦圏に住む人々は被害者となる。そして建設を推進した者，利用者を加害者と捉えるが，受益圏と受苦圏が一致しないがために，利用者が加害者意識や当事者意識をもつことはむずかしい。

## ［1］　住民運動

　自治体が何らかの決定をした際，その決定に不服があったとしても個人はなかなか抗いがたい。だからこそ，集団でデモを行ったり，**圧力団体**を通じたり，政党や議員を通じたり，解職請求や監査請求，情報公開といった制度を利用することもある。マス・メディアがこうした住民運動を取り上げることもある。行政に圧力をかけるだけでなく，社会全体に争点を投げかけ，変革につなげる意味もある。

　**NIMBY**（Not In My Back Yard：「家の裏庭にはゴメンだ」）問題といわれるものがある。発電所や空港，軍事基地，ごみ焼却場，火葬場のような，社会における必要性は認識されつつも，住環境に悪影響を及ぼす可能性のある施設については，建設予定地の近隣住民による反対運動が発生しやすい。

　本来であれば，**受益圏と受苦圏**の調整とともに，利用者・加害者・被害者を整理し，誰にどのような救済を行うか，将来的に施設の建て替えを行う際には別の地域にするのかどうかといった論点も含めた，幅広い当事者を含む住民間の利害調整が重要である。だが，利害調整のコストを恐れる政治家や行政職員は概ね後ろ向きである。そうして解決を放置されれば政治的に大きな争点となり，首長選挙の主たる争点になったり，住民投票につながったりする。

　さて，こうした住民運動については，「やる意味があるのか」「騒がしいだけ」といった否定的な見解も少なくない。また，「わがままだ」や「エゴ」と捉えられることもある。だが本来的には，「エゴ」のぶつかりあいこそが，議論を表面的・形式的でなく実質的なものに深化させ，生身の人間同士の利害調整の機会につながるはずである（牧田 2007）。むしろ「エゴ」のぶつかりあいは，価値観の異なる住民同士が相互に学習しあい，自治体のあり方を再検討する出発点にもなりうる。

## ［2］　マス・メディアとソーシャル・メディア

　テレビやラジオ，新聞といったマス・メディアは住民にとって，インターネットによる情報収集が当然のようになった現代においてもなお，最大かつ重要な情報源である。その報道内容は行政にも住民にも大きな影響を与える。

　ただ，マス・メディア側も視聴率のとれる話題に走ったり，あるいは人気のある政治家の出演回数を増やしたり，自

治体と協定を結んだりと，必ずしも常に批判的にあるわけではない。また，マス・メディア側も情報収集のために，常に行政職員や政治家との「ほどよい」関係を築いていなければならないという事情もある。

　行政への影響力という観点からは，ソーシャル・メディアをもはや無視することはできない。**シティプロモーション**[*]のためにこれらのツールを積極的に活用する自治体もある。

　住民運動のあり方も，現地に集まって行う方式だけでなく，**#Me Too**[*]のようにハッシュタグをつけ拡散してツイート数を競ったり，Change.org のようなオンライン方式の署名活動もかなりみられるようになった。大きな反響をもたらす一個人のソーシャル・メディア上の発言や，現地での運動につながる争点もある。こうしたことから，ソーシャル・メディアにおける発言を注視する行政職員・政治家も少なくない。また，「保育園落ちた日本死ね！！」(2016年2月15日の匿名ブログ記事)のようにソーシャル・メディアにおける運動が，マス・メディアの話題になったり，議会質問につながるといった社会的注目を大きく集めるケースもある。

### ［3］　職員の行政責任

　行政責任の重要なものの1つは，行政職員の内面的な職業倫理としての責任である。個別政策分野や現場に関する知識や，政策立案，組織管理といった能力に関する専門性を確保すること，自治の主人公である住民の要求を絶えず把握することのほか，職員個人の倫理感の問題でもある。職員の行政責任が必要とされるのは主に次の2点からである。

　1つは行政統制の限界である。行政統制のために仕組みを充実させれば当然複雑化する。行政統制の仕組み同士の衝突や齟齬も発生するし，仕組み自体が自己目的化して，それを運用する者が何を目的にしているのか理解できなくなることもある。だから行政統制だけに頼らず，行政職員が自らを規律する行政責任が重要になる。

　もう1つは，各仕組みの形骸化の防止である。行政統制の充実を図ったとしても，仕組み自体が自己目的化するほか，度重なる人事異動で引継ぎに失敗したり，いつの間にか担当者が不在になった結果，形だけで済まされてしまうことも少なくない。例えば先に言及した住民参加は，行政が設定しなければ開始さえされない。また制度化に成功したとしても，

**＊シティプロモーション**
一般的には「地域の魅力を発掘・発信し，観光客をはじめとした人を呼び込み，地域の活性化を目指す」活動といわれる。広報・広聴を担当する部署が担う場合が多い。

**＊#Me Too**
この言葉は2000年代頃から現れはじめ，2010年代後半に Twitter を中心とした活動へとつながっていった。目的はセクシャル・ハラスメントや性的暴行の被害体験の告白・共有，そして告発である。「見て見ぬふりは終わり」と被害の撲滅を訴える「Time's Up」運動にもつながる。

開催のタイミングや内容，参加者の募集の仕方など，現場の職員にゆだねられている。行政統制の仕組みをデザインし，それを目的に沿って運用するには，職員の行政責任に期待するところが大きいのである。

　もっとも，法令や内規に基づいた上司の指示や命令に従って業務を遂行する以上に，住民の意思やニーズを汲み取る心構えを個々の職員に要求するのは，行政責任への過大な期待といえよう。他方で行政職員と相対する住民からみれば，目の前にいる職員個人は自治体行政を代表しているわけである。であるならば，むしろサービス対象者である住民と組織（あるいは上司）との板挟みになり責任のジレンマに陥った職員を救うなんらかの制度的保障が欲しいところである。

　ところで，責任ある行政職員を検討する上では，①個人の特性，②組織構造，③組織文化，④社会の期待の４点を念頭に置かなければならないという（Cooper 2012）。そうであるならば，組織管理の方法を再検討することもまた重要である。組織の風通しを良くし，個々の職員がもつ問題意識を共有しやすくしたり，改善意識の高い職員の評価が高まるような人事評価の仕組みを整備する必要がある。

## ⑤　オンブズマン

　最後に個人の権利の救済という観点から，オンブズマンに触れておこう。

### ［1］　オンブズマンの機能

　オンブズマン（Ombudsman, Ombudsperson, Ombud）の起源は諸説あるとはいえ，スウェーデンで1809年に創設され，第２次世界大戦後に世界中に普及していったとみるのが定説である。[*6] オンブズマンが普及した最大の理由は，行政の肥大化によって議会の果たすことのできる領域が相対的に減少したためである。すなわち，オンブズマンは代表制民主主義の補完的な装置であると考えられている。

　オンブズマンは住民から苦情を受け付け，その苦情の原因となった課題を探るために行政機関を独立した立場で調査し，課題解決に向けた意見表明をしたり，勧告をしたりする。苦情だけでなく，オンブズマン自身の問題意識を発端に行政の調査を開始する場合もある。調査を適正に遂行するため，対象となる行政機関からの**独立性**[*]の保障が重要である。

＊6　19世紀のスウェーデン起源のほか，イスラム教起源や中国の監察制度に起源があるという説もある。実際アジアでは「監察」と名の付く機関がオンブズマン制度として扱われることが多い。

＊独立性
オンブズマンの設置を定める法令にその独立を明記するという形式的な点だけでなく，オンブズマンの実際の運営に携わる事務局の会計が独立していることや，事務局の設置場所，事務局スタッフの人事に関しても独立していることが重要であるといわれる。対象となる行政機関や職員との「なれあい」が，厳正たる調査の妨げになるという発想である。

個人の権利救済という観点からは，裁判に比して，簡易・迅速・低廉（ほとんどの場合無料）がその特長といえる。

　ただ，オンブズマンはすべての苦情に際して意見表明や勧告を行うわけではない。制度上定められたこれらの役割は最終手段であり，むしろ多くの場合は住民と行政の両方から事情を聞き取り，コミュニケーションの失敗を解明しつつ，両者が納得できる「落としどころ」を探っていく事案がほとんどである。したがって，住民の権利擁護のための装置ではあるが，行政職員からみても，自身の正当性を再検討してもらえる機会になりうる。

　なお，日常的な苦情対応の中で上記のような「コミュニケーションの失敗」が積み重なれば，もはやそれは行政の抱える病理といえる。個別の苦情に対しては個人の権利救済を図りつつ，苦情対応を積み重ねる中で顕在化した行政の課題を解決する。これは，その後起こりうる同様の権利侵害を予防することを意味する。これこそがオンブズマンの重要な役割である（山谷 2017）。

## 2　オンブズマンの設置

　日本で最初のオンブズマン制度は，1990年に設置された神奈川県川崎市の川崎市市民オンブズマン制度である。**リクルート事件**[*]をきっかけにして，市政への信頼回復のためにオンブズマンが設置された。その後1990年代の前半にかけて，川崎市の後を追うように，不正や汚職事件を契機としてオンブズマン制度設置の議論が開始された。いずれも損なわれた行政の信頼回復を目的としているものの，必ずしも不正や汚職そのものの防止にはつながらない。

　その後2000年前後になると，住民参加や広聴の機能を強化する目的でオンブズマンを設置するところや，あえて「行政評価」の名称を用いて広い意味での評価機能に期待を寄せるところも現れるようになった。また後述するように福祉や介護といった特定の分野のみを対象とするオンブズマンも多数みられるようになった。

　しかし日本の自治体におけるオンブズマン制度には，次の2つの課題がある。第1に，行政から独立して調査を行うことが求められる一方で，日本では地方自治法上の制約のため，首長の附属機関として設置される**行政型オンブズマン**[*]だけである。したがって，**議会型オンブズマン**[*]に少しでも近づ

**＊リクルート事件**
リクルートのグループ企業であるリクルートコスモスの未公開株が，政治家や官僚にばらまかれていたことが1988年に発覚した。発覚の契機は，川崎市助役（いまの副市長職）への株譲渡であった。

**＊行政型オンブズマンと議会型オンブズマン**
知事や市長といった行政の首長によって任命されるタイプのオンブズマンを行政型オンブズマン，議会によって任命されるタイプのオンブズマンを議会型オンブズマンという。行政からの独立性や，議会の行政統制機能の補完という観点からは，議会型オンブズマンが理想的といわれる。

けるため，オンブズマンを首長が任命するのに際して，議会の同意を必須とする自治体もある。[*7]　もちろん行政型オンブズマンでなく議会型オンブズマンでなければ十分な機能を期待できないわけではない。むしろ首長が任命する行政型オンブズマンだからこそ，首長による統制の補完的装置として機能することも期待できる。

　第2に，全自治体の中でオンブズマン制度を導入したところはわずかなものである。その理由は，既存の監査制度や相談窓口と比して特段意義を見出せず，苦しい財政の中から新たに予算を捻出することが困難だからであろう。特に財政状況を理由に，一度オンブズマン制度を導入したものの，廃止や縮小をする自治体は後を絶たない。いまオンブズマンを設置している自治体においても，事務局の職員数の削減やオンブズマンの報酬の削減の傾向が続いている。

　また，「オンブズマン」という言葉に対する行政職員や政治家のイメージもよろしくない。それは，住民運動の一種である「**市民オンブズマン**[*]活動」のためである。日本に「オンブズマン」概念が輸入された際，とりわけ行政や政治の不正や汚職を監視する装置として強調されたきらいがある。行政職員や政治家からしてみれば，痛くもない腹を探られたり，重箱の隅をつつかれたりといった，ネガティヴなイメージが先行してしまうようである。

### [3]　オンブズマンの対象

　さて，オンブズマンの調査の対象については，行政活動全般を対象とする総合オンブズマンがある一方で，特定の分野のみを対象とする特殊オンブズマンがある。例えば，福祉，介護，子ども，男女共同参画，人権が挙げられよう。日本でも，福祉や介護を対象とする福祉オンブズマンや介護オンブズマンは多い。これらのオンブズマンについては，なによりサービス利用者の個別性が高く，人権擁護やサービスの公平性の確保のためにオンブズマンの設置が効果的になる。こうした領域では民間事業者が担うサービスを対象にしなければ，苦情申立人の権利救済やサービスの改善の実効性を確保できない。例えば多摩市のオンブズマンのように，各民間事業者と苦情対応をめぐる協定を締結するところもある。

　また，子どもオンブズマンは日本での事例はあまり多くはないが，兵庫県川西市の子どもオンブズパーソンがある程度

知られている。特に児童虐待や学校におけるいじめ問題の解決のためには，単純に個人対行政の関係にとどまらず，保護者，家族，教師，学校と広い関係者を巻き込むことになる。だからこそ，オンブズマンが直接的に解決するというよりは，対話の場を設けたり，解決の糸口を提供する中で関係者が自律的に解決できるように**エンパワーメント**する役割が重要になってくる。

こうした住民の生活環境における多様な問題に対して住民自身が解決できるようエンパワーメントする役割は，子どもオンブズマンに限らず，空き家問題のような行政が直接的に解決できない民事事案の増加する社会状況の中で，他のオンブズマンにも期待されるところである（今川 2011）。

## ⑥　自治体行政統制の展望

本章では，自治体行政の統制論を，①政策の効率的な執行，②住民の意思の反映，③個人の権利救済という３つの観点から説明した。いずれも行政にとって重要な価値ではある。しかし，実はこれらを同時に実現できるとは限らず，むしろ対立することさえある。政策の効率的な執行を重視すれば，サイレント・マジョリティから「多数者の専制」との発言が出てくるかもしれない。そこで多様な住民の意思を反映する機会を設ければ，効率的な執行は困難になる場合もある。また，ある住民の意思を反映させた結果，別の住民の権利が侵害される場合もある。すべての価値を同時に満たすのは非常に困難であるが，どの価値を優先するべきかを判断するのも主人公である住民の役割である。

まとめにかえて，行政統制の意義と課題として次の３点を指摘しよう。第１に，住民がサービスの質や量を問う場合，基本的に議会や首長を通じて要求を実現しつつ，不足をほかの制度や住民自らの活動によって補うことになる。多様な手段を充実させるのと同時に，代表制民主主義の中心制度である議会や首長が統制機能を十分に果たせるよう改めて制度設計を考えてもいいだろう。

第２に，住民への応答性を行政の最も重要な価値の１つと認めても，こんにちの複雑かつ拡大した社会問題をはじめとして，行政がすべての住民の意見を聞きつつ最適解を示しつづけるのは不可能である。「行政に言えば何でも解決してくれる」という住民の依頼心が増すばかりである。そこで当事

*8　国レベルでは，2021年の10月から2022年の２月にかけて，こども家庭庁の設置やこども基本法案の提出にあわせて，与党内で「子どもコミッショナー」の設置が議論されていたが，これも子どもオンブズマンの一種と考えてよいだろう。

**＊エンパワーメント**
本来的に当事者がもつべき能力が制度的に，あるいは構造的に損なわれている状況において，当事者がその能力を獲得できるよう，支援することである。住民参加や参加・協働型評価の効果としても期待される。➡第14章「政策の評価」④③参照。

## ▶▶ *Column* 12 「市民」と「住民」 ◀◀

　本書で最も頻繁に登場する言葉の1つに「市民」がある。みなさんはこの言葉からどのような印象を受けるだろうか。実は，行政学・地方自治分野の大学教員はこの言葉で時に頭を悩ませている。というのも，こだわりをもって使う一方で，話し相手を選んで使い分けることがしばしば求められる言葉であるためだ。大学の講義や地域の講話では毎年度必ず，「私は○○町に住んでいるので市民ではありません」というコメントが出てくる。ここにはすれ違いがある。

　その原因は，「市民」には2つの意味があるためだ。1つは，「○○市」に住んでいる人という意味である。この場合自治体の区分である「市」に限定されているので，区や町，村に住んでいる人を対象とする場合は使えない。もちろん都道府県レベルの話をするときも，「県民」や「都民」というべきで，使えない。

　もう1つは，政治学的な意味における「市民」である。わかりやすくいえば，これは社会問題を自分事として捉え，解決に向けて取り組むことのできる人々のことを指す。したがって「市民」はある種の理想像と捉えることもできる。なので，町や村に住んでいようが，都道府県や国，超国家レベルの話をしていようが，「市民」は「市民」である。

　ただ，やはりどうしても町や村に住む人，県レベルの人を対象に話をする場合は，「市民」は使いづらい。この悩みはいまに始まったことではなく，すでに50年以上いわれている。

　「住民」はわかりやすいかもしれない。「そこに住んでいる人」という事実上の範囲か，あるいは「住民票をもっている人」であろう。また，本章で触れたように，「エゴ」をもつ側面を肯定的に強調して，あえて「住民」を使用する者もいる。それから住民票はない通勤・通学者や，福島の原発事故からの避難者を考えると，「住民」の範囲も複雑になりそうである。

　このほかにも，単純に「人」の複数形としての「人々」や，日本国籍をもつ人を対象とする「国民」，近年はあまり使用されなくなったが ‘the public’ の訳語である「公衆」もある。

　教科書や学術書においてこれらはこだわりをもって使い分けられている。このコラムをみたあなたには，本書での使い分け，そして他の本での使い分け，さらに各自治体での使い分けを是非確認してみてほしい。おもしろいものが見えてくるはずである。

（山谷清秀）

者間の議論と利害調整が重要になる。逆に，広聴機能の強化や住民参加の充実を通じて，住民が自ら課題解決できるような場を用意する等，住民へのエンパワーメントがこんにち行政の担うべき役割領域の1つとなる。それこそが住民自治の涵養にもつながるのである。

　第3に，以上の仕組みの実効性を確保する上で鍵となるのは，やはり行政職員の責任である。ただ，その責任は職員に対する教育や意識改革を通じた職員個人の責任感や倫理感だけで実現できるものではない。人事異動や職場環境，働き方といった組織管理の側面に大きく影響される。行政統制には，単に住民と行政との間をつなぐ制度設計だけでなく，行政の組織内部のあり方そのものを再検討できる制度設計も必要であるといえよう。

（山谷清秀）

# IV

自治体の活動

# 第12章

# 自治の政策

自治体は，地域における公共的問題を解決するために様々な政策を作成し，実施してきた。革新自治体が打ち出した公害問題や福祉分野での新機軸の政策，無秩序な開発に対して打ち出されたまちづくり政策や景観政策，高齢者への様々な福祉政策など，先進的な自治体の取組みが全国に政策波及し，国の制度変更をもたらした例も多い。本格的な人口減少時代を前に，現在，自治体は様々な政策手法を駆使して困難な時代を乗り切っていくことが求められている。

## 1 自治体政策とは何か

### 1 自治体政策とは何か

　本章で焦点を当てる「政策」は，公共政策，わけても**政府政策**[*]としての「自治体政策」である。「公共政策」は，一言でいえば，公共的問題を解決するための指針・行動案である。公共政策は様々に定義されるが，それが「公共的問題」に対処するものであるという点では一致している。個人にとってどのように重大な問題であったとしても，それが純然たる「私的問題」であれば，公共政策の対象とはならない。

　それでは「公共的問題」とは何か。「公共的問題」は，広い意味では，純然たる私的領域（個人と家族の自助で問題の解決をはかる領域）以外で生じうる問題のすべてである。これらの「公共的問題」の多くは，あまり意識されることなく，市場のメカニズムや，市民社会・地域コミュニティ等における連帯・協働システムを通じて解決されている[*1]。そのような中で，未だ解決されずに「社会で解決すべき問題と認識された問題」，より詳しくは，「個々人や個々の団体を超えたより包括的な社会単位における集合的検討と，その社会単位を構成するすべての個人や団体を等しく拘束するルールによって対処すべき問題」（足立 2009：3）が，本章で焦点を当てる狭い意味での「公共的問題」ということができる。何が「公共的問題」に当たるのかは自明ではなく，その範囲や内容は国や時代，社会状況によって異なってくる[*2]。

**＊政府政策**
「政府政策」の頻繁に参照される定義としては，「政府がその環境諸条件またはその行政サービスの対象集団の行動になんらかの変更を加えようとする意図のもとに，これに向けて働きかける活動の案」（西尾 2001：245）がある。

**＊1** 広い意味の公共的問題を解決する仕組みには，自発的結社の行動原理を典型とする共感・連帯・協働システム，市場メカニズムの行動原理を典型とする交換・競争・取引システム，統治システムの作動原理を典型とする強制・制裁・支配システムの3つがある（西尾 2004：136）。

**＊2** 例えば，老親の扶養・介護は，かつては家族で対応すべき事柄だとされてきたし，DV（ドメスティック・バイオレンス）

も夫婦間の問題と捉えられてきた時代があった。自殺や不妊治療，空き家などが公共的な問題だと考えられるようになってきたのも最近のことである。例えば，介護保険法は1997年，DV防止法は2001年，自殺対策基本法は2006年の制定。

ところで，公共政策と似た言葉として「政府政策」という言葉があり，しばしば同じ意味で用いられている。しかし，「公共的問題」を発見し，その解決に取り組んでいる主体は政府だけではないし，「公共的問題」を解決するための方策を構想するのも市民，NPO，地域コミュニティ，企業など様々である。このように考えれば，公共政策は政府政策と区別した方がよいだろう。本章では，様々に構想される「公共政策」のうち，政府により公式に決定され，制度化された「公共政策」を「政府政策」と呼ぶことにする。政府政策には，国の政策，国際機構の政策，自治体の政策がある。このうち，自治体政策は，自治体政府が公式に決定した政府政策である。

政府政策は，法律，条例，予算，計画など様々な形で私たちの前に姿を現す。また，政策を構成する諸々の要素は，一部は条例に，一部は計画にというように，異なる公示形式に分散して定められていることが多い。

### ［2］ 自治体政策の要素

自治体政策は，大きく分ければ目的と手段からなる。ここでいう目的は，問題が解決された状態，実現をめざす望ましい状態のことであり，一方，手段は，それを実現するために，誰が（主体），どのような資源を用いて（金銭，人員，組織等），何に対して（対象），どのように働きかけるのか（実施手段・手法）といった要素からなる。

#### （1）目的・目標

上述のように，目的は問題が解決された状態のことであり，実現をめざす望ましい状態のことである。目的と似た言葉に目標という言葉があるが，目標は目的を具体的に数値などで表したものであり，両者は区別される。

#### （2）対象

自治体政策の対象は，自治体がその目的を実現するために働きかける相手である。ここには，サービスの受給者（または受益者），規制の対象者（すなわち規制対象者），情報提供を受け行動を変えることが期待される者（すなわちPR対象者）などが含まれる。

#### （3）主体

自治体政策を決定し実施するのは自治体政府である。具体的な行政活動を担うのは主に所管部局であり，その活動は，

予算によって裏づけられる。近年では，実施過程において，NPOや企業などが委託を受け，公共サービスの供給を幅広く担っている。

### (4)　様々な手法

具体的に対象に対して「どのように」働きかけるのかという手法は，大きくは2つに分けられる。1つは，政府が対象に対して働きかけることが，直接，目的を実現することにつながるものであり（直接供給・直接規制），もう1つは，政府が対象に対して働きかけた結果，対象集団の行動に変化が生じるなどし，それが間接的に目的を実現することにつながるものである（経済的誘導的手法・情報提供）。これらの手法には，より直接的な手法から誘導的な手法まで様々なものがあり，自治体政府はこれら多種多様な手法を組み合わせて政策目的を実現できるよう，政策を設計し，実施している。

#### ①直接供給

このうち，**直接供給**<sup></sup>は，自治体政府が財やサービスを供給し，政策問題を直接解決する手法である。金銭，サービス，公共財など供給されるものは様々であり，受給者から対価を得るものもあれば，対価を得ないものもある。また供給の責任は自治体政府が負いながらも，実施業務については委託するなどして民間事業者等がサービスを供給する場合もある。

#### ②直接規制

**直接規制**<sup></sup>は，法的権限に基づいて，対象者に一定の義務を課し，それに違反した場合には，強制手段を発動したり，制裁を課したりすることによって義務の履行を確保し，それによって政策目的の実現をはかろうというものである。

#### ③経済的誘導的手法

誘導的手法というのは，間接的な手法により，望ましいと考える方向に対象集団を誘導する手法である。このうち，経済的な誘導的手法は，政策目的を実現する上で望ましい行為に対して**経済的便益**<sup></sup>を与え，逆に望ましくない行為に対して経済的な負担を課すことによって，望ましい行為を促し，望ましくない行為を抑制するというものである。

#### ④情報提供

情報を提供することによって，政策目的にとって望ましい行動を人々が選択するように誘導するという手法もある。例えば，講演会や啓発パンフレットなどで喫煙の健康への悪影響を情報提供することによって喫煙者を減らそうとする取組

---

**\*直接供給**

金銭を給付する例としては生活保護制度における生活扶助費，サービスの供給例としては義務教育サービス，公共財の供給事例としては堤防や街灯の設置などを挙げることができる。また，受給者から対価を得るものとしては上下水道，対価を得ないものとしては前述の生活扶助費，義務教育，堤防などをあげることができる。また民間事業者等が受託しサービスを供給する例としては学校給食サービスや，指定管理事業者による図書館事業の運営などを挙げることができる。

**\*直接規制**

近年，危険な空き家は大きな社会問題となっているが，市町村長が空き家対策特別措置法に基づいて，危険な空き家の所有者に対し，除却や修繕など必要な措置を命じたにもかかわらず，それがなされなかった場合に，行政代執行を行いその費用を請求する例などを挙げることができる。

**\*経済的便益**

経済的便益としては，補助金，公的融資，債務保証，租税優遇措置，報償金などがあり，経済的負担としては，税負担，課徴金，手数料・使用料（例：ゴミ有料化など）などがある。

＊ナッジ
ナッジとは「軽く肘でつつ
く」ことであり，選択の自
由を確保しながら，金銭的
なインセンティブを用いな
いで行動変容を引き起こす
こと。ゴミのポイ捨てが問
題になっているときに，道
路にゴミ箱までの足跡の絵
を描いて，人々がゴミ箱に
ゴミを捨てるといった例が
挙げられる。
＊政府の失敗
市場の失敗に対して政府は
介入するが，政府が介入し
た領域について政府自身が
失敗したり非効率になった
りする場合を「政府の失
敗」という。例えば，近
年，人々の生活を様々な形
で脅かす「新たなリス
ク」，複雑化・複合化する
地域における公共的問題な
ど，必ずしも政府による一
律的な対応が適していると
は限らないケースが多く
なっている。

などがこれに当たる。近年では，行動経済学的手法を用い
て，人間の心理や行動特性を踏まえた仕掛けによって，人々
の行動を望ましい方向に誘導する「**ナッジ**＊」が注目されてい
る。

　⑤新たな解決枠組みの創設

　以上のような手段の他に，市場のメカニズムや連帯・協働
システムによる解決の枠組みを新たに作り出すという手法が
ある。一般には，政府政策が求められる場面は，市場のメカ
ニズムや連帯・協働システムが機能せず，これらによる「公
共的問題」の解決が期待できない場合であるといえる。しか
し，市場のメカニズムや連帯・協働システムが機能していな
い一方で，政府も有効に対応できず「**政府の失敗**＊」が生じる
ような問題も存在する。

　このような場合に，政府は市場が成立してこなかった分野
で市場に類似した仕組みを創り出し，市場的メカニズムを利
用して問題解決をはかるという手段を選択することができ
る。また，NPOや地域コミュニティの活動を支援すること
により，連帯・協働システムによる問題解決を促すこともで
きる。例えば，バウチャーの仕組みを用いた子育て支援政策
では，バウチャーを利用者に交付することにより，利用者は
市場でサービスを購入するのと同じように，必要な子育て支
援サービスを購入できるようになる。この方法では，利用者
の選択可能性を高めると同時に参入のインセンティブを高め
て供給側のサービス量を拡大したり質を向上させたりするこ
とが期待できる。また，多くの自治体では自治基本条例や協
働に関する条例を制定して，市民・NPO活動を促進し，連
帯・協働システムによる「公共的問題」の解決が進むよう手
段を講じている。また，従来型の自治会や各種団体への助成
にとどまらず，条例で地域運営組織など，「新しい地域コ
ミュニティ」組織を位置づけ，このような組織による地域の
「公共的問題」の解決を進めようとする自治体も多くなって
いる。

### ［3］　自治体政策体系

　自治体政策は大きく分けると目的と手段から成ると述べた
が，一口に政策といっても，政策には非常に包括的で抽象的
な内容のものから，個別具体的なものまで様々なレベルのも
のがある。また，ある目的に対する手段が，それより下位の

図12-1　政策・施策・事業

政策＝基本的な方針とそれを実現するための手段

施策＝基本的な方針を実現するための具体的な方針・対策

事業＝具体的な方針を具現化するための個々の行政手段としての事業

(出所)　筆者作成。

手段にとっては目的となるというように，目的と手段の連鎖の重層構造を為している。そこで，この重層構造に着目し，政策（広義）は，政策（狭義）（policy），施策（program），事業（project）に区分される[*3]（**図12-1**）。

## 2　政策形成過程

### 1　政策過程

　これまで，成案としての自治体政策についてみてきたが，政策は，問題の発見に始まり，政策案が立案・決定・実施され，その評価の結果が次の政策サイクルに反映されるという動態的な過程でもある。実際の政策過程は極めて複雑なものであるが，その過程をあえて単純化して示せば，①政策課題の設定，②立案，③決定，④実施，⑤評価という5つの段階として示すことができる。5つの段階のうち，政策課題の設定から政策決定に至る過程が，政策形成過程である。

### 2　政策課題（アジェンダ）の設定

　**アジェンダ**[*]は，一般には予定表や会議の議題などのことを指すが，本章でいう政策課題の設定（アジェンダ・セッティング）は，ある問題を自治体政府内のアクターが，真剣に検討すべき課題として取り上げることである。実は，私たちからみれば，解決しなければならない「公共的問題」は無数といってよいほど至る所にある。しかし，そのすべてに政府が取り組むことはできない。政府が使える金銭には限りがある

*3　「政策」（狭義）は，一般に，基本的な方針とそれを実現するための手段，「施策」はそれを実現するためのより具体的な方針・対策，そして，「事業」は，さらにこれを実現するための個々の行政手段としての事業を指す。政策・施策・事業は，目的と手段の連鎖の階層構造を為している。

*アジェンダ
アジェンダ・セッティングの研究で有名なキングダンによれば，アジェンダは，「政府の公職者や政府の外側でこれらの公職者と密接に連携する人々が，特定の時に，かなり真剣な注意を払う主題や問題のリスト」のことである（キングダン2017）。

し，職員の数も限られているからである。そこでそれらのうちのあるものだけが，政府として真剣に取り組むべき課題として取り上げられることになる。政策課題として設定されなければ，解決案が検討されることはない。また，どのような形で課題設定されるのかによって解決の方向性は大きく異なってくる。したがって，政策課題の設定というこの段階は非常に重要である。それでは，どのようなときに，政策課題は設定されるのだろうか。

### (1)　公共性・緊急性・必要性

まず，ある問題が「政策課題」として取り上げられるためには，その問題が「公共的問題」であると認識されなければならない。「公共的問題」でなければ，たとえどんなに深刻であっても，それは，個人が解決すべき問題であって，政府が取り組むべき課題ではないからである。先に述べたように，「公共的問題」と「私的問題」の境界は明確なものではないが，政府がある問題を政策課題として設定したということは，政府がその問題を「公共的問題である」と認識したということを意味しているといえる[*4]。

また，「公共的問題」だと認識されていても，政府資源は有限であるためすべての問題が政府に取り上げられるわけではない。そのため緊急性や必要性が高いと認識されたごく一部のものが，政府としても真剣に取り組むべき課題として取り上げられることになる。

### (2)　政策課題設定の契機

具体的な課題設定のきっかけは様々である。代表的なものをいくつか挙げてみると，まず，自治体行政内部（所管部局等）で日々の業務から把握される問題状況や社会指標の変化をきっかけとして課題が設定されることがある。自治体は日々の行政活動の中で，人口動態，企業の動向，児童の学力，交通事故の発生情報など，様々な情報を収集しており，また，様々な地域課題に直面している。そのような中で，行政内部で検討が始まる場合がある。

次に首長の判断によりトップダウンで課題が設定されることもある。このようなものとして，庁舎の建て替え，自治体立病院改革，大型公共事業の中止や推進などを争点として当選した首長がこれらを重要課題として設定する例や，議会質問や住民運動などを受けた首長が，新たに検討開始の指示をするといった例をあげることができるだろう。

*4　どのように政策課題が設定されるかを示した有名なモデルが，1984年にJ・W・キングダンが提唱した「政策の窓モデル」である。キングダンによれば，政策過程においては，「問題の流れ」，「解決案の流れ」，「政治の流れ」が，それぞれ独立して存在しており，それらがあるタイミングで合流したときに，「政策の窓」が開き，政策課題が設定される。

　他の自治体の動向，例えば条例制定なども政策課題設定の重要なきっかけとなる。自治体は，日常的に他の自治体，特に近隣・同規模の自治体の施策や動向に関する情報を収集しており，これらの情報が政策課題の設定につながることはよくある。ある自治体で採用された政策が複数の自治体で採用され全国に広がっていく現象は「**政策波及**」と呼ばれる*。

　そして，国の政策（動向）である。国の政策に倣い，自治体が先を争うように政策課題を設定する現象は「横並び競争」とも呼ばれ，頻繁にみられる。このようなことが起こるのは，国の政策に倣うことによって，自治体が政策採用に伴う不確実性を低下させることができるからである。また，近年では自治体に計画の策定を要請する法律が急増しており，このような形で，いわば他律的に課題が設定されることもある。

　最後に，社会的に重大な事件や事故，災害，地域にとっての危機が政策課題設定のきっかけとなることがある。児童虐待のシグナルを見落とした結果の虐待死，障害者施設における入所者への虐待，違法な盛り土による土砂災害の発生などの事故・事件がマス・メディアにより大きく取り上げられると，これまで見過ごされてきた問題が全国的にも注目され，一気に政策課題へと浮上する。このように事件や事故等をきっかけにそれまで見過ごされてきた問題が広く社会問題として認識され，そこから政策課題が設定されることは多い。

### (3)　政策課題設定経路と2回路制の民主主義

　以上のような政策課題の設定を経路という点から見てみると，所管部局の職員や首長など政府内のアクターの問題認識が先行して課題が設定されるものと，政府外のアクターからの問題提起により社会において広く問題意識が共有され，それに応える形で政策課題が設定されるものがあることがわかる。多くは前者のパターンだということができようが，市民社会における熟議や運動が，これまで「公共的問題」だと考えられていなかったものを「公共的問題」であると政府に認識させ，政策課題に押し上げる，いわばボトムアップ的な政策課題設定回路は重要である。

　「新しい公共」という言葉があるように，「公共」の担い手は，政府だけではないし，「公共性」の内容を決めるのも政府の専管事項ではない。DVやケアの問題が「家庭内」の私的な事柄であるとされてきたことに対し，「個人的なことは

**＊政策波及**
政策波及の理論的・実証的研究としては，伊藤修一郎による研究が有名である（伊藤 2006）。

政治的である（The Personal is Political）」をスローガンとして，これまで当たり前と考えられてきた公私二元論や性別役割分業論に異議申し立てを行ったフェミニズムの運動は，「公共性」を社会側から問い直す強烈なメッセージとなった。ハーバーマス（2003：113）は，核兵器の軍拡競争，エコロジーの危機，第三世界の窮乏化，ジェンダー問題などがいずれも市民社会から提起され，社会運動やマス・メディアの力により「公共的課題」となったと指摘し，公共圏・市民社会における意見形成機能，2回路制の民主主義の重要性を強調している。

### 3　政策の立案と決定

　政策課題が設定されると，それを解決するための具体的な案を作成する立案過程が開始する。政策の立案から決定にいたる過程は，問題状況をより詳細に調査し，合理的な政策案を模索しつつ，実現可能性を探り，調整を重ねながら，最終的には1つの案を決定する過程である。

　原案の作成に当たるのは，通常は所管課の職員である。条例案や計画案を作成する場合には審議会等で検討されることも多い。その後，決定権をもつ機関，具体的には首長や行政委員会，議会等により，公式に決定される。一般には原案が作成されるまでが立案過程，決定機関による審議・決定が決定過程であるとされるが，実際には，この2つの段階は連続的であり，両過程を区別することは難しい。

　この2つの過程は，大きく分けて，技術的観点から解決案の内容が検討される局面と，調整を通して合意形成がめざされる政治的局面から成るといえる。まず，技術的観点からは，目的に対して最大の効果が得られるよう，様々な手法を組み合わせた最善の解決策が追求されるのが理想だということになる。特に，近年は，**EBPM**[*]（Evidence-Based Policy Making），つまり，「証拠に基づく政策立案」が強調されており，信頼できるデータや科学的知見に基づいて立案が行われることが求められている。その最も理想的な形は「**合理的決定モデル**[*]」で示されるようなものであろう。しかし，実際には，十分なデータが得られないことも多い。また，大きな政策変更は技術的・政治的コストも高く，不確実性に由来するリスクを伴うことから，立案の際には，まずは既存の政策の微修正や転用といった手法が選ばれ，それが不可能な場合に

＊EBPM
➡第14章「政策の評価」
*Column* 15 参照。

＊**合理的決定モデル**
決定理論には様々なものがあるが，このうち，「合理的決定モデル」は，①政策が追求する目的や諸価値を明らかにし，②それらを実現する選択肢をすべて列挙し，③それらの選択肢を採用した時に生じる結果をそれぞれすべて予測し，④それらの中から目的や価値を最大化するものを選択すべきであるという完全合理性を追求するモデルである。

はじめて新たな政策を開発するという順序で解決案が検討されていくのが実際である。[*5]　また，議会や利害関係アクターの了承が得られるか（政治的実現性），定員や予算を確保できるか（行政資源の調達可能性），対象集団との関係で実際に政策を実施することが可能か（実施可能性）といった点も考慮され，実現性に欠けると考えられた案は選択肢から落ちていく。[*6]

　このようにして作成された原案は，様々な利害関係アクターや庁内の各部局との調整（交渉や説得，妥協など）を通して成案となっていく。前述のように，政府政策は何らかの形で現状に変更を加えようというものであり，それによって利益を得る者もいれば，不利益を被る者もでてくる。また，価値をめぐって主張が対立することもある。そのため，様々な要求や主張が行われる中で，原案は修正されていくのである。

　なお，この過程において審議会が設置される場合には，誰がメンバーになるかも重要である。商工会議所，医師会，農協，漁協，金融機関，自治連合会など，地域における有力団体の代表が，組織代表として任命される例が多いが，最近では，公募委員を設ける自治体も多くなってきた。また，高齢者，若者など属性ごとに意見を聴取したり，SNS を通じて広く意見を求めるなどの手法がとられることも多い。

## ③　自治体における政策の実際：自治体計画

　前述のように，政策の公示形式は様々であるが，自治体政策が最も体系的に示されているのは自治体計画といってよいだろう。そこで，次に自治体計画を通して「自治体における政策の実際」についてみることとする。

### １　自治体計画の重要性

　政府政策としての自治体計画は，自治体が，将来の状況を予測し，一定の計画期間内に達成すべき目標とその実現のための手段・行動案を体系的に明示したものである。実際には目標や計画期間が明示されていない「計画」も多いが，近年は，一定の行政資源を投入して行政活動を行い，それによって政策目的（目標）をどの程度達成できたかをチェックし改善を重ねていくという PDCA（Plan/Do/Check/Action）サイクルを意識することが実務上も一般的になり，計画文書や進

*5　合理的決定モデルに対し，ハーバート・サイモンは，人間の認識能力には限界があることから，人は最適な決定をめざすのではなく，可能性のある選択肢を順に探索し，満足できる水準を満たすような選択肢をみつけたときに探索を終了してこれを選択するという「充足モデル」を提唱した（Simon 1982）。

*6　西尾（2001：262-264）は，政策立案コストと政策転換コストの大小という軸を組み合わせ，政策対応には，微修正，転用，模倣，開発という４つの類型があると整理した。このうち，①「微修正」は既存業務のごく一部の手直しであり，転換コストも立案コストも小さい政策対応である。②「転用」は，現行業務の目的・対象を転用するものであり，転換コストは小さいが立案コストは大きい。③「模倣」は，他の自治体等の政策を模倣するもので，転換コストは大きいが立案コストは小さい。そして，④新規政策の「研究開発」は転換コストも立案コストも大きい政策対応となる。

表12-1　自治体計画の類型（例）

| 総合性／計画期間 | 総合的計画（例） | 政策分野別の計画（例） | 個別部門的計画（例） |
|---|---|---|---|
| 長　期 | ○○市統合計画基本構想（10年） | ○○市都市計画マスタープラン（15年）<br>○○市男女共同参画推進計画（10年）<br>○○市環境基本計画（12年）<br>健康○○21（健康増進計画）（10年） | ○○市森林整備計画（10年）<br>○○市農業農村振興ビジョン（10年）<br>○○市公営住宅等長寿命化計画（10年） |
| 中　期 | ○○市総合計画基本計画（5年） | ○○市地域福祉計画（5年） | ○○市DV防止・被害者保護計画（4年）<br>○○市食育推進計画<br>○○市子ども・子育て支援計画（5年） |
| 短　期 | ○○市総合計画実施計画（3年） | | ○○市高齢者福祉計画・介護保険事業計画（3年）<br>○○市鳥獣被害防止計画（3年） |

（出所）　筆者作成。

行管理・評価文書においてインプット（投入行政資源），アウトプット（産出行政活動），アウトカム（成果）を明示することも多くなっている。

　自治体計画は，①少子高齢化や人口減少が進行する中で，地域ごとに異なる事情（地理的特性や人口動態，経済社会状況等）をふまえた上でビジョンを描き，それを具体的に実現していくための政策を体系化していくことが重要になっていること，②厳しい財政状況や公務員の削減など，投入可能な行財政資源に限りがある中で，重要で必要性の高い課題に計画的に取り組んでいく必要性が増していること，③このような中で，住民に対するアカウンタビリティがより強く求められるようになっていることなどを背景に，ますます重要になってきているといえる。

### ［2］　様々な自治体計画

　自治体では様々な計画が策定されている。まず，計画の内容に着目してみると，自治体政策をほぼ網羅している総合計画のような総合的な計画もあれば，公営住宅の長寿命化計画のように非常に個別・具体的な計画もある。また，環境基本

計画や男女共同参画推進計画のように政策分野ごとに政策を体系化した「**政策分野別基本計画**[*]」と呼ばれる一群の計画もある。一方，計画期間（始期から終期までの期間）に着目すると，都市計画マスタープランのように10年を超えるような長期計画もあれば，介護保険事業計画のように比較的短期（3年）の計画もある。計画の総合性と計画期間から自治体の計画を9つに分類し，該当する計画例を「○○市××計画」という形で示したのが**表12-1**である。自治体によって計画名や計画期間，計画内容の幅は異なることから，表内の計画名・期間，グループ分けはあくまで一例であるが，これにより自治体計画の実際をある程度イメージすることができるだろう。

**＊政策分野別基本計画**
政策分野別基本計画については，打越綾子が詳しい（打越 2004）。

### 3　個別部門別計画における縦割り行政

　上述のように自治体では個別・具体的な数多くの計画が策定されている。これらの計画には自治体が地域の課題を読み取り，地域の実情に合わせて計画化しているものもあるが，実は多くが法定の計画[*7]であり，省庁の所管ごとに全国計画（基本方針）・都道府県計画・市町村計画というように各レベルの政府をまたぐ計画体系となっているものも多い。そしてこのような，縦割りの行政計画の存在は，従来より，地域のニーズに応じた自治体の自律的で総合的な政策展開を妨げていると指摘されてきた。

### 4　自治体総合計画

　このような中で，様々な施策を体系立て，総合的に自治体政策を推進する役割を期待されてきたのが総合計画である。総合計画は，「自治体が政策を総合的かつ計画的に実施するために，一定の期間を設定して達成すべき目標とそのための施策・事業を定める計画・方針」のことをいい（磯崎・金井・伊藤 2020：102），市町村，都道府県のいずれにおいてもその策定は数次を数えている。また，市町村総合計画の多くは，自治体の将来像や方向性を示した10年間の基本構想，それを具体化する5年間の（前期・後期）基本計画，それを実現するための3年の実施計画（毎年度見直すことが多い）という三層構造をもつものとなっている。

　このような総合計画の意義は，一言でいえば，それぞれの自治体にとって重要な課題を整理し，ビジョンと方向性を定

**＊7**　例えば，男女共同参画社会基本法では，国が男女共同参画基本計画を，都道府県が都道府県男女共同参画計画を定めなければならなく，市町村はこれら2つの計画を勘案して市町村男女共同参画計画を定めるよう努めなければならないこととされている。

め，自治体独自の政策体系をつくりあげることによって，主体的で自律的な自治体経営，地域づくりを可能にすることができるという点にある。すなわち，第1に，総合計画を策定することによって，将来のビジョンやめざす方向性を総合的に描き可視化する。第2に，このようなビジョンや方向性の下で，施策や事業を体系化し，施策と事業，施策間，事業間の関係を明らかにするとともに，個別の計画を総合計画と関連づける。第3に，その際事業や施策の担当課を明らかにすることにより，責任を明確にするとともに，関係部局の連携をとりやすくする。そして，第4に優先課題を明らかにし，事業に優先順位をつけ，第5に，それにより，財源や人材などの行財政資源の適切な配分を行う。このようにして，政策（狭義）レベルから事業レベルまでの様々な政策を，自治体独自の論理により体系化することにより，自治体は，ともすれば縦割りになりがちな行政にあって総合性を確保し，自主的な政策主体として政策を進めていくことが，理念的には期待できるのである。

## ［5］　自治体計画をめぐる様々な改革

### （1）　政策評価と総合計画

　これまで自治体計画をめぐっては，様々な改革が模索されてきたが，1990年代後半以降登場した「自治体発」の「政策評価」は，総合計画や計画行政のあり方を大きく変えたといえる。その口火を切った三重県の**事務事業評価システム**<sup>*</sup>（「さわやか運動」の一環として展開。1996年）は約3300本の全事務事業を対象として事後評価を行うものであった。これ以後，自治体においてはあらかじめ指標を設定し，その指標の達成度合いをみながら事中や事後に効率性や有効性等を評価する業績測定型政策評価が次々と広がっていった。また，多くの自治体で，政策評価は総合計画の評価にも取り込まれていくこととなった。

　本節の冒頭で，計画は，目標とその実現のための手段・行動案を体系的に明示するものと定義したが，実際の計画においては，目的が曖昧なままであったり，明らかに実現不可能な目標を掲げているものも多々みられた。特に総合計画においてはどの自治体にでもあてはまるような抽象的なビジョンが掲げられることが多く，また，「総花的だ」と批判されることもあった。しかし，業績測定型の政策評価が導入される

＊**事務事業評価システム**
➡第14章「政策の評価」❷
［2］参照。

中で，総合計画においても中長期的な目標を設定し，その進捗状況や成果を1年ごとに評価する自治体が増えていった。また，従来は，個々の事業がどの施策に寄与するのか，最終的に何をめざしているかが明確にされないことがままあったが，政策を体系化することにより，上位の目的からみた事業の意義なども可視化されるようになってきたといえる。これらはいずれも従来の計画行政のあり方を大きく変えるものであった。

### (2)　マニフェスト選挙と総合計画

また，2000年代に入ると自治体選挙において，**ローカル・マニフェスト**[*]が登場し，有権者に政策を問う選挙が一部でみられるようになった。このような選挙の第1の意義は，具体的に提示された「政策」の善し悪しを住民自身が判断し，その後の4年間，自治体の舵取りを託す政治的リーダー＝首長を住民が選択することにある。また，マニフェストは契約であるから，当選後の首長はマニフェストをどの程度実現したかをチェックされ，評価される。ローカル・マニフェスト選挙の第2の意義は，住民によるこのような政策コントロールを可能にすることである。

マニフェストを前面に打ち出した民主党政権の失速や，過度に数値目標にこだわった運用の弊害などにより，現在は一時のようにマニフェストが脚光を浴びることはなくなったが，政策本位の選挙，政治の重要性は変わらない。

ところで自治体の長が，政策本位の選挙に挑み当選した場合，次に問題になるのが，行政の継続性と政策の刷新の関係である。前述のように多くの自治体の総合計画は10年の基本構想と5年の基本計画から成り，4年ごとに行われる首長選挙とは計画期間が一致しない。そのため新首長は，前首長の下で策定された総合計画としばらくの間，「共存」を余儀なくされる。このようなことから，近年**総合計画の計画期間**[*]を首長の任期に合わせ，4年の倍数とする自治体もでてきている。

### 6　計画間関係と自治体計画の自律性

一方，特に2000年以降，自治体に対して計画の策定を求める法律が急増しており，これが新たな自治体統制の手法になっているという指摘がある（今井 2018：53）。市町村に対して計画の策定を求める条項は，2020年12月末時点で286

**＊ローカル・マニフェスト**
マニフェストはイギリスで生まれた「政権公約」のことである。わが国の選挙でよくみられる「福祉の充実を！」といったスローガンとは異なり，当選した暁にはその実現が厳しく問われる。日本では，2003年の統一地方選挙で11都道府県知事選で14人がマニフェストを掲げ，6人が当選した。また，現在，地方議員の他，自治体職員，市民も加入できるローカル・マニフェスト推進連盟が，政治・選挙改革としてローカル・マニフェストの普及に努めている。

**＊総合計画の計画期間**
例えば三鷹市は，第4次基本計画（2011年度〜）を前期・中期・後期の12年間で構成している。また，滋賀県草津市では第6次草津市総合計画（2021年度〜）の計画期間を12年，東近江市では第2次総合計画以降（2017年度〜）の計画期間を基本的に8年（第2次は9年）とするとしている。

（内閣府調査）あり，ほぼすべての政策分野に及んでいる。

　またその多くで，市町村が計画を作成する際に，国や都道府県が策定する基本方針や指針，計画等を参照することが求められている。

　これまで述べてきたように自治体にとって重要なことは，地域の「公共的問題」を発見し，より緊急性・必要性の高い課題を政策課題として設定し，目的や目標を精査しつつ様々な関係アクターとの利害調整も経た上で，実現性の高い有効な手法を組み合わせた政策を立案し，解決に当たることである。また，その際，政策を自治体の政策体系の中に整合的に位置づけることも必要である。このような観点からは，計画を介した政府間関係のあり方には注意が必要である。

### ④　これからの自治体政策：人口減少時代の自治体政策

　最後に「これからの自治体政策」について述べよう。現在，わが国の自治体は，大きな変化の中にある。少子高齢化や家族の変化に加え，多くの自治体ですでに人口減少が本格化している。さらに，これまで人々の生活を支えてきた「家族」と「カイシャ」による日本型生活保障システムが解体しつつある中で，自治体はこれまで以上に高度化・複雑化する諸々の課題に対応していかなければならない（宮本 2009，2017）。人口増加と右肩上がりの経済を前提に形成されてきた政府政策の大胆な組み替えが必要となっている。このような中で重要だと考えられる点を指摘しておこう。

　第1に，「公共性」の意味を再度確認する必要性である。第1節で述べたように，何が「公共的問題」なのかを決めるのは政府だけではないし，「公共」の担い手も政府だけではない。このような中では，多様な主体が連携・協働し，様々な手段を組み合わせながら総合的に「公共的問題」の解決に当たるガバナンスの視点が重要となる。また，政府政策においては，公共性のあり方を社会側から問い直す二回路制の民主主義の重要性を認識し，このようなところから発信・提起される問題に常に目をむけ，政策課題として設定していくことが，時代に即応した政策刷新のために必要である。

\*住民参加
➡第1章「自治の歴史」④，第2章「住民の地位」及び第3章「地域と社会」参照。

　第2に，政府政策の形成過程における**住民参加**[*]の重要性である。住民参加は，多様な意見の反映に不可欠なだけでなく，行政に不足する専門知識や技術を政策に活かす手段にもなる。また，立案に関わる職員が行政とは異質の「市民的感

▶▶ *Column 13*　雲南市の協働の取組み ◀◀

　ここでは，自治体が，地域自主組織を対等なパートナーとして位置づけ，協働で地域づくりを進めている雲南市の事例を紹介しよう。

　島根県雲南市は，2004年に6町村が対等合併して誕生した市で，553㎢の市域（全域が過疎地域。大半が林野）に4万人弱の人々が暮らしている。

　雲南市は，発足当初の2004年に小学校区を単位とした地域づくりをスタートさせた。従来からあった自治会では地域課題解決を担うのは少し難しいと考え，各旧町にあった約500の自治会を基本的に小学校区ごとに30程度の地域自主組織へと再編成し，地域づくり担当支援員がこれらの地域自主組織を支援することとしたのである。

　その後，2008年には「協働のまちづくり」を掲げた「雲南市まちづくり基本条例」を制定し，2010年には公民館（小学校区単位）を地域交流センターへと組織替えし，生涯学習だけでなく，地域づくり・地域福祉・生涯学習という3つの柱をもつ幅広い市民活動の拠点として位置づけ直した。また，地域自主組織に交流センターを維持管理する費用として指定管理料と地域づくり活動等交付金を交付し，地域自主組織が，地域課題を解決するための，活動資金を得ることができるようにした（2013年からは人件費分も一括交付金として支給し，交流センターが職員を直接雇用できるようにしている）。

　さらに2015年には，地域自主組織と市が相互対等の立場にたった上で協働のまちづくりをすすめるという内容の「地域と行政の協働のまちづくりに関する基本協定」を締結した（2022年3月に内容の一部を見直し更新）。

　行政と地域との関係には，①「行政改革目的型」と②「公共領域拡大目的型」があるとされる。行政改革目的型は，一言でいえば，従来の行政の仕事を地域に肩代わりしてもらう，つまり仕事を地域に下請けに出すことによって，行政の効率性を高めようというものである。これに対して公共領域拡大目的型は，地域・住民が「公共」を担うことにより，行政の取組みも含めた公共領域全体が，拡大し，協働の中で，地域課題の解決が可能になるというものである。現実には①タイプが多い中で，雲南市の場合には，市が②を意識的に実現しようとしているものといえるだろう。

　一例までに，地域自主組織の1つ，波多コミュニティ協議会の事業を紹介する。山間地にある波多地区（人口約300人）では1軒も店がなくなってしまった。そのため波多コミュニティ協議会（地域自主組織）が，旧小学校（現地域交流センター）内に2014年から「はたマーケット」という店を開設・経営しており，住民は，ここで食料品や日用品を買うことができる。また，同協議会では，自動車で来店できない人のために「たすけ愛号」を使って住民の移動を支援している。地域が店舗を開設する場合に1番問題になるのが人件費であるが，ここではセンターの事務職員が店舗の販売員や助け愛号の運転手も兼ねることにより人件費問題をクリアしている。

（今里佳奈子）

覚」に接することは，行政の対応に変化を引き起こすことに
もつながる。

　第3に，新たな解決枠組の模索である。第1節では，政策
実施の手法として，政府による直接規制や直接供給の他に，
市場のメカニズムや連帯・協働システムを利用した問題解決
の枠組について述べた。行財政資源の増加が見込めない一方
で，地域における問題は複雑化・複合化し，行政による一律
的な対応が適さないケースも多くなっている。このような中
で，疑似的市場による解決や，NPOや地域コミュニティの
連帯・協働システムによる問題解決は有効な政策手段となり
得る。

　第4に，そのような中で，自治体内分権，わけてもコミュ
ニティへの分権が重要だという点を指摘したい。

　最後にこのような中での行政（職員）の重要な3つの役割
を挙げたい。行政（職員）は，①地域で活動する様々な主体
と連携・協働し，ともに汗をかき，具体的に課題解決に当た
るプレイヤーとしての役割，②ガバナンスを可能にするため
のプラットフォームを形成する，プラットフォームビルダー
としての役割，③自ら課題を発見し，それを政策化していく
政策アントレプレナーとしての役割，という3つの役割を果
たしていくことが求められている。

（今里佳奈子）

# 第13章

# 事業の実施

> 本章では，社会に広く存在する公共サービスの供給が様々な主体によって担われていることを認識した上で，行政改革に伴う「民間化」に着目し，供給手法の多様化について考察する。自治体の事業手法の転換として PFI と指定管理者制度を，事業実施を目的とする組織の設立として第三セクターと地方独立行政法人制度を中心に解説する。また，制度の並立と自治体における制度選択の重要性について考察したい。

## 1　公共サービスの民間化と制度の多様化

### 1　公共サービスの捉え方

　公共サービスを考えるに当たって，そこには多少の混乱が生じている。1つの要因は2006年における「競争の導入による公共サービスの改革に関する法律」の制定である。この法律における公共サービスはかなり限定的に使用されている（➡本章❹を参照）。日本の法律において初めて公共サービスという文言が使用されたと指摘されるが，それではこの法律の制定以前に公共サービスが存在しなかったのかというと，当然そのようなことはない。

　私立学校は公教育の一端を担い，**鉄道会社**\*の多くは民間企業として公共交通を運営している。電気，ガスといった日常生活に欠かせないインフラも会社組織による供給が一般的である。これらの諸分野も公共サービスであるということに異論はないであろう。

　公共サービスは行政だけでなく，民間企業，そして **NPO**\*（Non-Profit Organization，民間非営利組織）なども担っており，またそれらの主体間の協力によって供給されることもある。したがって，公共サービスとは「社会生活に必要とされる公共性の高いサービス」であると"仮に"定義をするしかない。本章の目的は「公共とは何か」，「公共性とは何か」，「サービスとは何か」を議論することではない。

　しかしながら，こうした"仮の"定義ではあまりにも対象

**＊鉄道会社**
現在のＪＲグループは1987年の分割・民営化以前は日本国有鉄道という公社であり，さらにそれ以前は国の行政組織による運営であった。主として鉄道を利用した移動サービスの運営という点では，主体が変更しても同種である。このほか，鉄道の運営主体は行政，企業，第三セクターなど多様である。

**＊ NPO**
社会貢献活動を行い，その構成員に対して収益を分配することを目的としない市民活動団体などの総称である。収益を目的とする事業を行うことは可能であるが，その収益は社会貢献活動に還元することになる。日本では，1998年に特定非

営利活動促進法（NPO法）が制定され，団体は法人格取得が可能となった。法人格を取得した法人を，特定非営利活動法人（NPO法人）という。法人格を取得しなくとも，NPOであることに変わりはない。➡第3章❹も参照。

**＊第二次臨時行政調査会**
1961年に設置された（第一次）臨時行政調査会と区別するためにこのように称される。1981年に設置され「増税なき財政再建」を掲げ，行財政改革について様々な審議を行った。経団連の会長である土光敏夫が会長に就任したため，「土光臨調」とも呼ばれている。日本国有鉄道，日本電信電話公社，日本専売公社の民営化などの提言を行った。

**＊サッチャー政権**
保守党のサッチャー政権（1979-1990）では，衰退傾向にあったイギリスの経済を復興させるため小さな政府をめざし，様々な公共サービスの民間への移行，組織改革を実施した。後のメージャー政権も同様の政策を推進したが，急速な改革に対する反対も小さくなかった。

**＊規制改革**
国や自治体が事業者等に課している規制を見直し，経済の活性化を図ろうとするものである。当初は規制緩和という表現が中心であったが，分野によっては規制の強化もありうるため，適正な規制の仕組みを構築するという意味で，この文言が使用される。

範囲が広すぎることとなる。そこで本章での対象は「社会生活に必要とされる公共性の高いサービスであり，主として自治体がその供給を担っているもの」とする。この前提に立って，公共サービスの供給方法及び供給主体の変化を説明することが本章の目的となる。

### 〔2〕　改革の背景としてのNPM

公共サービスの供給をめぐる変化が，行政改革の進捗によるものであることは論をまたない。行政改革は時代状況に応じて常に取り組まれている課題であるが，近年の行政改革は1980年代における「**第二次臨時行政調査会**」の設置以降，連続しているといえよう。この時期から現在に至る過程で，中央省庁の再編成，地方分権改革，規制改革，行政情報の公開，行政手続きの透明化などが推進された。こうした改革の背景となる考え方の1つがNPM（New Public Management, ニュー・パブリック・マネジメント）である。

NPMの母国は日本に先立って行政改革を推進したイギリスであるとされ，特に1979年に発足した**サッチャー政権**（保守党）の取組みが各国に影響を及ぼしたといえる。住民本位の高い質の公共サービスの供給を実現し，同時にそのサービスを効率化によって最少の費用で供給するという考え方が前提に置かれた。この傾向を一言でまとめると「公共サービスの民間化」ということができる。民間化とは多義的な内容を含み，組織転換としての民営化，民間の活動に対する行政介入の見直しとしての**規制改革**，行政の責任を変化させないまま供給主体を移行する民間委託などが主要論点である。

本章では，こうしたNPMの影響を前提として，自治体レベルにおける公共サービス供給の変化を民間化と捉え，その主要論点について説明を行う。網羅的に説明することは不可能なため，第2節では事業実施における主体の民間への移行としてPFIと指定管理者制度を，第3節では民間に近接した組織の設置として第三セクターと地方独立行政法人を考察する。第4節では補足的に市場化テストとPark-PFIに言及し，自治体としての制度選択の拡大について指摘する。

## 2　事業実施手法の転換：PFIと指定管理者制度

### 1　PFIの制度化

#### (1)　個別事務事業委託からPFIへ

　日本では従来，自治体レベルの**事務事業**の民間委託が積極*
的に行われてきたといえる。学校給食，家庭ごみ（一般廃棄
物）の収集など賛否が分かれる分野もあるが，拡大，定着し
ている。庁舎の清掃業務など，多くの自治体で委託を実施し
ている分野もある。こうした委託をめぐる課題として指摘さ
れてきたのが，個別の事務事業が単位であること，契約は**単
年度**であるという点などである。

　イギリスでは，PFI（Private Finance Initiative）という複数
の事業を組み合わせて，かつ複数年度の契約を可能とする仕
組みを導入した。1992年，サッチャー政権を引き継いだメー
ジャー政権時代のことである。具体的には，学校，医療機
関，有料道路，刑務所などの分野が対象とされた。その後，
1997年に発足した**ブレア政権**（労働党）以降の見直しを経
て，2018年10月以降は新規のPFIを実施していない。

　こうした「脱個別事務事業委託」，「脱単年度予算」という
方向性を日本でも制度化することとなった。1999年7月に制
定された「民間資金等の活用による公共施設等の整備等の促
進に関する法律」がそれである。この法律は通称「PFI法」
と称され，事業の単位や年度のみならず，民間の資金，経営
能力及び技術的能力を活用した公共施設などの建設，維持管
理及び運営を促進することが大きな目的である。なお，この
法律は自治体とともに国も対象となっている（以下の説明は
内閣府民間資金等活用事業推進室の資料によるところが大きい）。

　PFIの対象施設は，①公共施設（道路，鉄道，港湾，空港，
河川，公園，水道，下水道，工業用水道等），②公用施設（庁舎，
宿舎等），③公益的施設等（公営住宅，教育文化施設，廃棄物処理
施設，医療施設，社会福祉施設，更生保護施設，駐車場，地下街
等），④その他の施設（情報通信施設，熱供給施設，新エネルギー
施設，リサイクル施設，観光施設，研究施設）と多様である。こ
れは当然のことながら自治体に対して強制を行っているわけ
ではなく，PFIの導入は任意である。

#### (2)　PFIの仕組み

　PFI法制定の翌年（2000年）3月には，PFI事業の「基本
方針」が内閣総理大臣によって策定された。この方針に沿っ

**＊事務事業**

自治体がその目的を達成す
るために具体化する方法や
手段などのことで，文言は
異なっても政策—施策—事
務事業という体系をなして
いることが多い。事務事業
が予算構成などの基本的単
位になることが通常であ
る。

**＊単年度**

毎年度，同様の事務事業を
連続して実施する場合で
も，年度ごとに区切って予
算編成などを行うこと。

**＊ブレア政権（1997-2007）**

保守党からの"政権交代"
で誕生したこの政権では，
PFIに代わり，PPP（Pub-
lic Private Partnership）
という考え方を提示した。
民間のプロジェクトへの参
入を否定するものではない
が，行政と民間の連携とい
う側面を強調することと
なった。

表13-1　PFI事業の5原則と3主義

| 【5原則】 |
| --- |
| **公共性原則**：公共性のある事業であること。 |
| **民間経営資源活用原則**：民間の資金，経営能力及び技術的能力を活用すること。 |
| **効率性原則**：民間事業者の自主性と創意工夫を尊重することにより，効率的かつ効果的に実施すること。 |
| **公平性原則**：特定事業の選定，民間事業者の選定において公平性が担保されること。 |
| **透明性原則**：特定事業の発案から終結に至る全過程を通じて透明性が確保されること。 |
| 【3主義】 |
| **客観主義**：各段階での評価決定について客観性があること。 |
| **契約主義**：公共施設等の管理者等と選定事業者との間の合意について，明文により，当事者の役割及び責任分担等の契約内容を明確にすること。 |
| **独立主義**：事業を担う企業体の法人格上の独立性または事業部門の区分経理上の独立性が確保されること。 |

（出所）　内閣府民間資金等活用事業推進室（PPP/PFI推進室）HPより作成。

**＊事業者の選定における公平性や透明性**

日本においては事業者選定における談合（公共事業などの入札において，事業者同士があらかじめ話し合って落札する事業者を事前に調整すること）がたびたび問題視されていることへの反省の意味もある。

て，5つの原則と3つの主義が明記されている（表13-1）。ここでは，**事業者の選定における公平性や透明性**＊についても言及していることが特徴的である。

　こうした方針に沿い，自治体は対象となる公共サービスから選択し，検討を行うことになる。その際には，直接サービスを供給するよりも効率的かつ効果的であると考えられることがポイントとなる。

　具体的には以下の段階を踏まえて実施する。まず，公共サービスとしての必要性やPFIを適用するかどうかを検討する事業の選定から開始する。ここでは，民間事業者の発案に係る受付，評価等を行う体制の整備等も行う必要がある。それを受けて，実施方針の策定と公表，特定事業（PFI事業）の評価・選定と公表を行い，民間事業者の募集，評価・選定と公表を経て，決定した事業者と協定を締結する。そして事業を実施し，終了まで継続する。

　ここで前述した「脱個別事務事業委託」，「脱単年度予算」の点から，従来型の民間委託とPFIによる公共事業発注方式とを比較すると，その違いを理解することができる（図13-1）。

　例えば体育館を例にして考えると，従来型では施設の設計，建設，維持管理，運営の各業務を個別にかつ単年度で委

### 図13-1 従来の公共事業とPFIにおける発注方式の違い

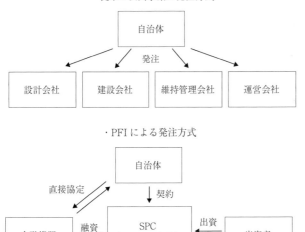

・従来の公共事業の発注方式

・PFIによる発注方式

（出所） 表13-1に同じ。

託することが一般的であった。一方PFIでは，すべての事業を担う**特別目的会社**（SPC：Special Purpose Company）と一括契約を締結することが可能となったのである。このことは，すべてを一括契約しなければならないということではない。また，従来の委託契約が金額中心による決定であったのに対し，PFIでは事業の質も厳しく審査されることになり，総合的な評価によって事業会社が決定される。さらに，自治体と事業者間で**リスク**の配分をあらかじめ決定しておくことも重要である。事業の破綻による影響を回避するために，自治体と金融機関との間で**直接協定（ダイレクトアグリーメント）**を締結することもある。

　PFIにおける資金調達方法は事業によって異なる。それを3つの主要事業形態から説明する。

　第1に**サービス購入型**で，事業者は施設の設計から運営までを担い，住民に対するサービスを提供し，自治体はその費用を支払う。

**＊特別目的会社**

PFIでは当初の設計から完成後の管理運営まで一括して事業者に委ねるため，その事業を目的とする複数企業による事業体を設立することになる。それを特別目的会社という。そのため，事業が終了すると特別目的会社は解散する。

**＊リスク**

PFI事業におけるリスクとは，災害や事故が発生した際の対応，施設の経年劣化などによる補修，予期せぬ物価の上昇など様々である。事業ごとにリスクを十分精査しておくことが肝要となる。

**＊直接協定（ダイレクトアグリーメント）**

選定された事業者による事業の実施が困難となった場合などに，自治体によるPFI事業契約の解除権行使を融資金融機関等が一定期間留保することを求め，資金を供給している融資金融機関等による当該事業に対する一定の介入を可能とするための必要事項を規定した自治体と融資金融機関等との間で直接結ばれる協定のことである。

**＊サービス購入型**

自治体が事業期間を通して事業者に対してサービス対価を支払う方式のため，施設建設を伴う場合，自治体は費用負担の平準化を図ることが可能となる。庁舎や学校の整備などがその例である。

＊ジョイント・ベンチャー型
基本的には独立採算型に近い方式であるが，一定の公的資金によって安定的な運営が実現できる。宿泊施設や温浴施設などがその例である。

＊独立採算型
原則として自治体の金銭的負担がないことが特徴である。事業収益によって事業者が運営できることが前提となる。駐車場やコンテナターミナルなどがその例である。安全確保については十分精査しなければならない。

＊2003年における地方自治法の一部改正
この年の地方自治法改正においては，指定管理者制度の導入とともに，都道府県の法定局部制（局部の数を法律で定めること）が廃止され，注目を集めた。

第2に**ジョイント・ベンチャー型**[*]で，事業者は自治体とともに資金調達，施設の設計から運営までを行い，自治体はサービスに対する費用の一部負担，補助金等の支出を行う。

第3に**独立採算型**[*]で，事業者は資金調達から，施設の整備，運営を全面的に担い，料金収入で事業のコストを回収する。原則としてリスクも全面的に負うことになる。自治体は事業の許認可，事業契約を行うが，基本的に負担はない。

PFIは自治体と事業者双方にメリットがあると考えられ，全国に拡大しているが，リスク分担を十分精査しておくことが必要である。また，大規模な事業になると大都市に本社がある大企業グループがSPCに参入することも少なくないため，地域経済活性化の観点から，対応を考えておくことも忘れてはならない。

### ［2］　指定管理者制度の導入

#### （1）　地方自治法の改正による指定管理者制度の発足

指定管理者制度は**2003年における地方自治法の一部改正**[*]によって発足した。PFIが新たな法制定によるものであったのに対し，これは法改正による制度化である。自治体による管理権限に基づき，次節で説明する第三セクターなどの出資法人や公共団体が管理受託者として公の施設の管理を行う従来型の「管理委託制度」を改め，自治体の指定を受けた民間事業者が「指定管理者」として管理を代行できるという制度である。

自治体における新しい施設管理の制度として注目され，多くの施設に拡大している。公の施設の範囲は，住民の福祉を増進する目的をもってその利用に供するための施設とされ，庁舎以外の道路，水道，文化施設，体育館（サッカー場等），保養所，保育所，老人養護施設等の諸施設が対象となっている。前述したPFIの対象施設と一部重複していることは，2つの制度を同じ施設に導入する余地を残している。

制度導入の目的としては，民間事業者の専門知識，技術を活用した住民サービスの向上，施設管理における効率的な運営，管理主体選定に当たっての透明性の向上などを挙げることができる。

ここでもう少し新旧制度の比較を行うことにする。管理委託制度の時代には，議会の承認（条例の制定）により管理受託者，施設の料金等を決定しており，委託先は自治体の出資

法人（いわゆる第三セクター，当該自治体出資比率50％以上），**公共組合**, **公共的団体**などに限定されていた。しかも，**随意契約**が通常であった。そのため，特に施設管理のための第三セクターが相次いで設立され，弾力的な運営ができていないなどの批判があった。純粋な民間事業者の参入が事実上閉ざされ，その創意工夫を活かせる仕組みがないことも指摘されていた。

一方，指定管理者制度においては，議会の承認（条例の制定）により指定管理者が施設管理を代行する。指定管理者の範囲に特段の制約がないことが特徴であり，民間企業，NPOなどを指定することも可能となり，趣旨からすると促進されている。また，複数の主体による代行も可能である。大規模な運動施設などでは，その例が増加している。

## (2) 指定管理者制度のポイントと現況

指定管理者の指定手続，指定基準，業務の具体的範囲，管理基準などについては条例により制定することとなっており，公募を原則としている。競争原理が導入されていることがわかる。

実際の指定手続については各自治体で定めているが，要約すると一般的には以下のようなプロセスである。まず，指定管理者による管理を行う施設を決定し，募集要項，仕様書などの書類を作成し，公表する。選定のための第三者を含めた委員会を設置し，応募した事業者に対して書類審査，プレゼンテーションなどを実施し，候補者を決定する。その決定を基に，首長が議会に提案し，最終的には条例によって指定が行われる。

指定の期間は3年，5年，10年など施設によって異なる。なお，公募は原則であって非公募ということもありうる。透明性を高めるため，その際の基準は各自治体であらかじめ決定しておくことが必要である。前述したPFIとの関連では，その事業により全部または一部を整備した施設について，当該事業者に管理を代行させる場合には非公募であることが多い。このことは，根拠が異なってもPFIと指定管理者制度が関連していることを意味する。

指定管理者は，施設の使用許可を行うことができ，利用料金をその収入とすることも可能となっている。施設の使用許可については，「**指定管理者による行政処分**」が制度化されたとも解釈され，これも従来の仕組みにない新しい試みとさ

**＊公共組合**
公共的な性格を有する事業の遂行を目的として設立された公法上の法人のことで，土地改良区，商工組合，健康保険組合などがその例である。

**＊公共的団体**
当該自治体の区域内にある公共的活動を行うすべての団体を含むとされ，法人であるかは問わない。農業協同組合，森林組合，商工会等の産業経済団体，社会福祉協議会などがその例である。

**＊随意契約**
自治体が事業者と契約を締結する場合，複数の事業者との競争を経ないで，任意に特定の主体を選択して契約を締結する方法である。地元で信頼性が高く，専門知識を有する事業者を選定することが担保されれば問題はないといえるが，不適正な価格での契約に陥る可能性もある。なお，随意契約可能な場合については，地方自治法施行令第167条の2に規定されている。この条文は長文のため，法令検索等で確認していただきたい。

**＊指定管理者による行政処分**
指定管理者が行う施設の使用許可は行政処分に該当するが，すべての行政処分の権限を有するわけではなく，使用料の強制徴収，不服申立てに対する決定，行政財産の目的外使用許可などを行うことはできない。

表13-2　事業主体別の

| 区分 ＼ 種別 | 1　株式会社 | 2　一般社団・財団法人，公益社団・財団法人等 | 3　地方公共団体 |
|---|---|---|---|
| 1　レクリエーション・スポーツ施設 | 4,904 (31.7%) | 4,695 (30.3%) | 59 (0.4%) |
| 2　産業振興施設 | 1,950 (30.5%) | 1,022 (16.0%) | 1 (0.0%) |
| 3　基盤施設 | 8,761 (31.9%) | 9,268 (33.7%) | 97 (0.4%) |
| 4　文教施設 | 1,720 (11.0%) | 2,448 (15.6%) | 25 (0.2%) |
| 5　社会福祉施設 | 1,036 (7.8%) | 1,278 (9.7%) | 5 (0.0%) |
| 合　計 | 18,371 (23.5%) | 18,711 (23.9%) | 187 (0.2%) |

（注）　種別については複数回答可。
（出所）　総務省「公の施設の指定管理者制度の導入状況等に関する調査結果」（2021年4月1日

**＊地縁による団体**
自治会，町会，町内会などのことである。1991年の地方自治法改正において認可地縁団体が制度化され，法人格を取得することが可能となった。これにより，集会施設などを法人として登記することができる。
➡第3章「地域と社会」 ③ ③ も参照。

**＊自治体が自治体を指定管理者とする**
都道府県が所有施設の管理運営について所在地の市町村を指定管理者として実施するなどの例がある。神奈川県では，大磯港は所有が県，町が指定管理者となっている。

れる。

　指定管理者制度の導入は，総務省が2003年の制度化以降3年以内の実施あるいは直営への選択を誘導したため，2006年前後から採用する自治体が増加している。都道府県，市町村をあわせた分野ごとの導入状況を確認すると，基盤施設，文教施設，レクリエーション・スポーツ施設の比率が高い。主体別では社団，財団など，株式会社が多くなっている。**地縁による団体**＊が一定の比率を占めているのは，地域コミュニティ施設の管理を担っている事例が多いからである。また，**「自治体が自治体を指定管理者とする**＊」例もある。（表13-2）。

　施設を利用する住民にとっては，名称に「○○市立」と掲げられていれば，特に指定管理者による運営を意識することはそれほど多くないともいえる。しかし，各地の図書館運営において若年層にも有名な企業が参入するなどの例により，制度の知名度は向上してきているかもしれない。重要なのは，より高い質のサービスを安定的に供給する仕組みを各地域で考案することに他ならない。

　そのためには，指定管理者による運営の評価を実施することが必要となる。指定期間の年数にかかわらず，各年度において事業に関する年度協定を締結する。その結果を確認することは所管課による基本的な評価となる。その他，外部評価を実施する例も少なくない。毎年度の評価とともに，期間の終期を念頭に置いての総括評価の実施も重要である。

指定管理者導入施設数

（単位：施設，％）

| 4　公共的団体 | 5　地縁による団体 | 6　特定非営利活動法人 | 7　1～6以外の団体 | 合　計 |
|---|---|---|---|---|
| 832　（5.4%） | 787　（5.1%） | 1,557（10.1%） | 2,645（17.1%） | 15,479　（19.8%） |
| 1,258（19.7%） | 989（15.5%） | 252　（3.9%） | 921（14.4%） | 6,393　（8.2%） |
| 1,113　（4.0%） | 2,262　（8.2%） | 552　（2.0%） | 5,438（19.8%） | 27,491　（35.1%） |
| 1,155　（7.4%） | 8,135（51.9%） | 657　（4.2%） | 1,540　（9.8%） | 15,680　（20.0%） |
| 7,286（55.2%） | 1,820（13.8%） | 939　（7.1%） | 836　（6.3%） | 13,200　（16.9%） |
| 11,644（14.9%） | 13,993（17.9%） | 3,957　（5.1%） | 11,380（14.5%） | 78,243（100.0%） |

現在），2022年3月公表より作成。

## ③　組織の設立：第三セクターと地方独立行政法人制度

### 1　第三セクター

#### (1)　第三セクターの意義と現況

　本章で考察対象としている事業主体の転換，組織の設立の中でもっとも古くから存在しているのが第三セクターである。これは近年の行政改革の文脈とは無関係に，全国で設立されている。

　まず日本における第三セクターについて確認すると，欧米における**サード・セクター***とは異なり，「行政と民間が共同出資によって設立した事業体」と捉えられる。国が出資するケースもあるが，本章では自治体が出資する組織として考えることとする。事業を展開する際に行政の目的である公共性と企業における組織運営の効率性を両立する事業体として設立する。自治体が出資する日本初の第三セクターは新潟県の**佐渡汽船株式会社***とされており，現在では社会福祉施設，文化・スポーツ施設等の管理，鉄道など多様な分野で設立されている。第三セクター等の数は2021（令和3）年3月31日現在で7149である（**表13-3**）。

　このデータを参照すると，第三セクター等は第三セクターと地方三公社に大別されている。地方三公社は地方住宅供給公社，地方道路公社，土地開発公社のことであり，法律上自治体のみが出資して設立する。そのため，共同出資ではない。この点，次の2で説明する地方独立行政法人と同様で

**＊サード・セクター**

欧米におけるサード・セクターとは，行政などの公的セクター及び企業などの私的セクターのいずれにも属さない「第三のセクター」を意味している。アメリカとヨーロッパでは若干使用法が異なっているが，広く捉えると NPO（Non-Profit Organization），協同組合，労働組合，慈善団体などが含まれる。

**＊佐渡汽船株式会社**

1913年に新潟県の本土と佐渡島を結ぶ船舶の運営会社である佐渡商船が設立された。航路の安定的な運航の継続をめぐって議論が行われた結果，複数の船舶会社が合併して1932年に佐渡汽船が設立された際，新潟県が50％を出資した。

表13-3　第三セクター等の数

| 区分 | | 都道府県 | 指定都市 | 市区町村 | 合計 |
|---|---|---|---|---|---|
| 第三セクター | | | | | |
| | 社団・財団法人 | 1,248 | 260 | 1,598 | 3,106 |
| | 会社法人 | 535 | 222 | 2,598 | 3,355 |
| | **第三セクター計** | 1,783 | 482 | 4,196 | 6,461 |
| 地方三公社 | | | | | |
| | 地方住宅供給公社 | 29 | 8 | 0 | 37 |
| | 地方道路公社 | 29 | 1 | 0 | 30 |
| | 土地開発公社 | 34 | 8 | 579 | 621 |
| | **地方三公社計** | 92 | 17 | 579 | 688 |
| 合計 | | 1,875 | 499 | 4,775 | 7,149 |

（出所）　総務省「第三セクター等の状況に関する調査結果（令和3年3月31日時点）」（https://www.soumu.go.jp/main_content/000784114.pdf），1頁を基に作成。

**＊社団法人・財団法人**
従来の公益法人（社団法人・財団法人）は1898年に施行された民法の規定によるもので，時代の変化に対応するため，2008年に抜本的な改革が実施された。一般社団法人及び一般財団法人に関する法律によって，一定の要件を満たすと一般法人を設立することが可能となり，さらに公益社団法人及び公益財団法人の認定等に関する法律に基づき公益性が認定されると公益法人を設立することが可能となる。

**＊出資引揚**
組織としては存続させながら，自治体による出資を行わなくすることである。すべて企業等による出資となるため，民営化として考えることもできる。

**＊地方行革**
国が自治体に対して「方針」や「指針」を発出し，行政改革への取り組みを誘導することである。その内容は多岐にわたり，事務事業の見直し，定員管理，職員の給与などのほか，第三セクターにも及んでいた。

ある。第三セクターは**社団法人・財団法人**[＊]と会社法人に大別され，数としては会社法人が多少上回っている。第三セクターには全額自治体が出資し，民間の出資がない組織もある。

### （2）　第三セクターの統廃合とその背景

近年第三セクターの組織数は減少している。20世紀後半には1万以上であったことと比較すると大幅な減少といえる。2019年度には廃止が89件，統合が13件，**出資引揚**[＊]が26件により140法人の減少，2020年度には廃止が84件，統合が13件，出資引揚が20件により118法人の減少となっている。この点は本章で説明している他の動向とは異なっており，第三セクターは転換期にあるといえる。

こうした統廃合について，廃止では「事業の目的を達成したため」，統合では「組織の効率化，経営の合理化等のため」，出資引揚では「経営上，公的関与の必要性がなくなったため」が主な理由となっている。

第三セクターの統廃合の傾向は，すでに総務省が旧自治省であった頃に自治体に対していわゆる「**地方行革**」[＊]を推進していた時代からその兆候がみられた。それと同時に，市町村合併により同種の組織を見直したこと，また，前節で説明したようにPFIや指定管理者制度が導入，普及したことによって，その役割を終えるケースが生まれたことも要因として考えることができる。

## ［2］　地方独立行政法人

### (1)　先行した国の独立行政法人

　地方独立行政法人の制度化以前に，先行して国に独立行政法人制度が導入された。これは中央省庁改革の一環であり，2001年に実施された大規模な組織再編と並行して創設された。この制度の起源はイギリスにおける**エージェンシー制度**<sup>*</sup>とされており，国家行政機関の執行部門を企画立案部門から分離し，効率的な運営を図ることなどをめざしたものである。

　日本では1999年に独立行政法人通則法が制定され，この法律及び個別の法律によって2001年以降各法人が設置されることとなった。行政の企画立案機能と執行機能を分離し，実施部門に本省とは別の法人格を付与し，組織の自主性，自発性，柔軟性を発揮できるよう部門の長に自由裁量を与える制度である。新たに設置される法人には，自己責任の原則，情報公開の徹底，企業会計原則の導入，業績給与制の導入などが期待される。

　2021年4月現在，87の法人が設置されている。法人には**3つの類型**<sup>*</sup>がある。国の行政事務と密接な関連を有する事務を行う行政執行法人，研究開発を行う国立研究開発法人，一定の自主性，自立性を発揮して公共的な事務を行う中期目標管理法人がそれである。一例を挙げると，現在行政執行法人である造幣局と国立印刷局は，以前は（旧）大蔵省の造幣局と印刷局であった。また，国の**特殊法人**<sup>*</sup>改革によって独立行政法人に移行した組織もある。行政執行法人のみ役職員は公務員であり，他の類型では非公務員となる。

### (2)　地方独立行政法人の発足

　国の独立行政法人制度発足の後，自治体レベルでも同様の制度が発足することになった。2003年に地方独立行政法人法が制定され，翌2004年の4月からスタートした。法制定の2003年は指定管理者制度が導入された年でもある。制度化の背景としては，何よりも自治体を取り巻く厳しい財政状況を指摘することができる。同時に，前述した国主導の地方行革の流れがあったことは論をまたない。

　この制度化により，自治体レベルで当該自治体とは別の独立した法人格をもつ主体を創設し，事務及び事業を行わせる仕組みが構築された。対象となる組織は試験研究機関，大学，公営企業（水道事業，地下鉄等の鉄道事業，自動車運送業，

---

**＊エージェンシー制度**

1980〜90年代を中心とするイギリス保守党政権によって推進された行政改革の一環としての制度化であり，政府の機能を分析し，執行機能を予算とともに本体から分離して独立させ，効率的な運営をめざすものである。

**＊3つの類型**

独立行政法人の制度発足当初から2015年までは，特定独立行政法人（公務員型）と一般独立行政法人（非公務員型）の2類型であった。なお，これと並行して国立大学の改革も実施され各大学は国立大学法人（非公務員型）となった。

**＊特殊法人**

政府が事業を行う場合，その業務の性質が企業的経営になじむものであるとき，特別の法律によって設置された独立の法人のことである。特殊法人という法律上の概念はない。独立行政法人は法律で枠組みを決めるが，特殊法人にはそうした法律がない。日本年金機構，日本電信電話株式会社，日本中央競馬会などがその例である。

表13- 4　地方独立行政法人の設立状況

| | 大学 | 公営企業型 | 試験研究 | 社会福祉 | 博物館 | 動物園 | 合計 |
|---|---|---|---|---|---|---|---|
| 都道府県 | 51 | 23 | 10 | 1 | 0 | 0 | 85 |
| 指定都市 | 8 | 9 | 1 | 0 | 1 | 1 | 20 |
| 市区町村 | 20 | 31 | 0 | 0 | 0 | 0 | 51 |
| 一部事務組合・広域連合 | 3 | 2 | 0 | 0 | 0 | 0 | 5 |
| 合計 | 82 | 65 | 11 | 1 | 1 | 1 | 161 |

（出所）　総務省「地方独立行政法人の設立状況（令和 4 年 4 月 1 日現在）」(https://www.soumu.go.jp/main_content/000812061.pdf) より抜粋。

＊一部事務組合
特別地方公共団体としての位置づけとなり，構成する自治体（都道府県，市町村及び特別区。ただし，複合的一部事務組合では市町村及び特別区）の事務の一部を共同処理するための仕組みである。➡第 4 章「広域と地域」④ 1 参照。

＊広域連合
一部事務組合同様，特別地方公共団体としての位置づけとなり，構成する自治体（都道府県，市町村及び特別区）は広域的な行政需要に適切かつ効率的に対応すると同時に，国からの権限移譲の受け入れ体制を整備することに特徴がある。国，都道府県は広域連合に対して直接，事務・権限の移譲を行うことができる。➡第 4 章「広域と地域」④ 3 参照。

軌道事業，電気事業，ガス事業，病院事業，その他政令で定める事業），社会福祉事業（保育所，介護施設），公共的な施設であり，法人化は一律に法律で規定されているものではなく，それぞれの自治体の判断である。これは地方分権の流れに合致しているといえよう。この対象施設についても，一部はPFI，指定管理者制度と重複している。

　制度導入の意義としては，事務事業の自律的，効率的な実施，厳格な評価システム等の整備による効率性・透明性の向上，地方行財政改革の推進，行政サービスの提供に際し，機動的・戦略的に対応することなどが念頭に置かれている。

　国の独立行政法人同様に類型がある。その業務の停滞が住民の生活，地域社会若しくは地域経済の安定に直接かつ著しい支障を及ぼす場合，またはその業務運営における中立性及び公正性を特に確保する必要がある場合には特定地方独立行政法人となり，役職員は公務員型である。それ以外は一般地方独立行政法人となり，非公務員型となる。また，国と同様に公立大学法人も制度化されたが，法人化は任意のため都道府県によって対応は異なっている。なお，公立大学法人の役職員は非公務員型である。

　法人を設置する際には条例を制定することになる。2022年 4 月 1 日現在161の法人が設置されており，大学と公営企業が大半を占めている。大学で「**一部事務組合・広域連合**」の区分になっているのは，複数の市町村によって設置されているケースである（**表13- 4**）。

　国の制度同様，役職員の身分が公務員から非公務員に転換する可能性があること，自治体から独立するため議会からのコントロール，情報公開，個人情報の保護の徹底などの課題もあり，住民の合意形成を念頭に制度を導入する必要がある

と考えられる。

## 4 公共サービス供給における公民連携の多様化と制度選択

### 1 日本型市場化テストの導入

すでに説明した民間化の動向に加え，本節ではまず補足的に日本における市場化テストについて説明する。国による制度化の際，前述したサッチャー改革時のイギリスにおける**強制競争入札**＊を参考にしたとされる。複雑多様化し，拡大する行政需要を最小のコストで供給するための諸方策を考案するという方向性は同一であるとはいえ，日本では強制を行っていない。

2006年に「**競争の導入による公共サービスの改革に関する法律**＊」が制定された。前年の2005年に規制改革・民間開放推進会議が「『小さくて効率的な政府』の実現に向けて」において提起したことを反映している。当初は国が率先することとし，モデル事業として当時の社会保険庁関連業務，ハローワーク関連業務などが対象となった。同時に国の責務として，自治体が取り組み可能な環境整備が掲げられた。自治体の責務としては，サービスの見直し，適切な選定，民間事業者の創意・工夫がサービスに反映するような措置が盛り込まれた。

自治体がこの市場化テストの仕組みを活用する際には，まずその時点で自治体が担っている公共サービスから対象を選定し，実施方針を策定する。その方針に基づいて公募を行い，質の維持・向上，経費節減の点で優れた主体を決定し，民間の場合には委託契約を締結することという流れである。ここで対象となる公共サービスについてみると，各自治体の判断で民間に委託可能である施設管理，研修や相談などの業務のほか，**法律により自治体が行う業務**＊も含まれている。

従来通り自治体（行政）に決定しても，競争を経るため経費節減などの効果があるとされる。また，当初から民間同士の入札を行うことも妨げておらず，その際には民間委託が前提となる。

しかしながら，この制度は前述したPFI，指定管理者制度と比較して浸透していないのが実情である。

### 2 Park-PFI

次に2017年の都市公園法改正以降に様々な活用事例がみら

**＊強制競争入札**
国の法律によって指定された自治体の事務事業について，民間事業者と同一基準で入札することを義務づけたものである。民間が落札した場合には，自治体の当該部門を廃止するという改革であったため反対論も根強く，1999年以降強制については廃止された。

**＊競争の導入による公共サービスの改革に関する法律**
国についてみると，この法律では公共サービスを以下のように定義している。「国の行政機関等の事務又は事業として行われる国民に対するサービスの提供その他の公共の利益の増進に資する業務」であり，「施設の設置，運営又は管理の業務」「研修の業務」「相談の業務」「調査又は研究の業務」「その内容及び性質に照らして，必ずしも国の行政機関等が自ら実施する必要がない業務」，及び「特定公共サービス」。

**＊法律により自治体が行う業務**
法制定当初は以下の「窓口6業務」が対象となっていた。①納税証明書の交付の請求の受付及び引渡し，②戸籍謄本等の交付の請求の受付及びその引渡し，③外国人登録原票の写し等の交付の請求の受付及び引渡し，④住民票の写し等の交付の請求の受付及び引渡し，⑤戸籍の附票の写しの交付の請求の受付及び引渡し，⑥印鑑登録証明書の交付の請求の受付及び引渡し。その後，2012年におけ

## ▶▶ *Column* 14　ネーミングライツ（命名権）：行政と民間との協力の一形態 ◀◀

　2002（平成14）年，「2002 FIFA ワールドカップ」が日韓共同で開催された。2国に
またがっての開催のため，決勝戦の会場が注目されたが「横浜国際総合競技場」に決定
され，この大会ではブラジルが優勝した。競技場の所有は横浜市であり，1994年に着
工，1997年に竣工した。実際に開場したのは1998年3月であった。

　この競技場は2005年3月以降，「日産スタジアム」の名称で親しまれている。競技場
の所有が横浜市から日産という企業に移行したのではなく，ネーミングライツ（命名
権）の使用によるものである。スタジアムのホームページを閲覧すると，「日産スタジ
アム」と「横浜国際総合競技場」の名称が併記されている。ネーミングライツとは，公
共施設などに名称を付与する権利と付帯する諸権利などのことで，企業が施設を所有す
る主体に"契約金"を支払うことになる。自治体としては収入を確保することができ，
企業側はそのイメージアップ，地域貢献のアピールにもなり，双方が「win win 関係」
になるとされる。そのため，行政と民間との協力の一形態と捉えることもできる。ネー
ミングライツは日本初とされる「味の素スタジアム」（2003年）のほか，スポーツ施
設，文化施設などを中心に全国に拡大している。

　ネーミングライツには契約期間があるため，更新されない場合には，新たなスポン
サーと契約すれば名称が変更される。また，当該企業に不祥事などが発生すると，その
自治体のイメージダウンにつながる可能性があるなど，問題点も指摘されている。

　「日産スタジアム」については命名権だけではなく，その管理にも指定管理者制度が
導入されている。現在は「新横浜公園（日産スタジアム）」の管理を「横浜市スポーツ
協会・F・マリノススポーツクラブ・管理 JV 共同事業体」が担っている。自治体が所
有する公共施設であっても，様々な形で民間が協力，連携していることがわかる。

（前田成東）

る外国人登録制度の廃止に
より，③は対象外となっ
た。

**＊Park-PFI**

2017年の法改正当初の事例
としては，東京都豊島区の
「造幣局地区防災公園（イ
ケ・サンパーク）」，名古屋
市の「久屋大通公園」など
がある。今後，都市部での
拡大が見込まれる。

れる Park-PFI[*] について簡潔に説明する。名称に PFI という
文言が含まれているが，前述した PFI の制度とは異なってい
る。これは，飲食店，売店等の公園利用者の利便の向上に
資する公募対象公園施設の設置と，当該施設から生ずる収益
を活用してその周辺の園路，広場等の一般の公園利用者が利
用できる特定公園施設の整備・改修等を一体的に行う者を，
公募により選定する制度である。都市公園に民間の優良な投
資を誘導し，公園管理者の財政負担を軽減しつつ，都市公園
の質の向上，公園利用者の利便の向上を図る新たな整備・管
理手法とされている。この制度は国土交通省の都市局が所管
している。

　この制度を活用した事業者の参入を促進するため，主とし

て３つの優遇措置を講じている。第１に通常は10年である設置管理許可の上限を20年とする。投資の回収には長期間を要するとの考えに基づいている。第２に建ぺい率の優遇措置であり，通常の２％を12％に拡大している。第３に占有物件として駐輪場や看板が設置可能となる。

　この制度の活用により都市公園の機能拡大とともに，その公園が地域における「にぎわい」の拠点となることが期待される。

### ３　自治体による制度の選択

　本章では主として公共サービスの供給における民間化の動向を考察してきた。各制度の対象には重複もあり，また基本的に国が自治体に対して強制するものでもない。そこで自治体による制度の選択が要となる。PFIは内閣府，指定管理者制度は総務省，Park-PFIは国土交通省など，所管が異なるという側面もあり，各制度の目的も類似している点はあるとはいえ，同一ではない。

　自治体に選択の余地があるということは，その反面，制度を活用するか否かにより，住民に対する公共サービスの質と経費に差が出る可能性があるということになる。各地域の詳細な分析に基づいて制度導入を検討することが必要であろう。

（前田成東）

# 第14章

# 政策の評価

　21世紀になると，公務員批判や財政逼迫への対応，分権型社会の創造などをめざし，自治体の内外で様々な評価が展開するようになった。本章では，自治体をとりまく評価の全体像を概観し，その課題に迫ろう。

## ① 評価とは何か

### 1　評価のブーム

　自治体で評価のブームが起きたのは世紀転換期のことであった。1990年代末から2000年代にかけて注目を集めたのは，各部局が所管する事務事業を対象とし，自らチェック活動を行う自治体の「内部評価」であった。その後，この「内部評価」は総合計画の進捗管理のツールとして活用されるようになっていった。

　このほかに評価を冠するものとして注目を集めたのは「**人事評価**\*」であった。これは，2001年の**中央省庁等改革**\*前後に登場した国の公務員制度改革に端を発し，これまで人事考課と呼ばれていたものを衣替えしたものであった。

　また，2000年代には **NPM**\* あるいは**公共サービス改革**\*と呼ばれる諸制度が登場した。それらの制度の中にも評価が組み込まれていた。なぜ，この時期に評価が注目されたのか。ここでは以下の3点を指摘しておきたい。

　第1に公務員批判への応答である。1990年代初頭のバブル経済の崩壊以降日本経済は低迷したり，第7章でみたように公務員の腐敗・汚職が耳目を集めたりした。そうした中で行政改革に期待が寄せられるようになり，その要であるところの評価に注目が集まった。ここで求められたのは，行政活動の客観的な「**説明責任**\*」であった。

　第2に財政状況の深刻化である。2000年代前半から後半にかけては地方交付税交付金の減額局面にあり，自治体の財政危機がいわれていた。その中で評価に期待されていたのは，不要不急の事業をあぶり出しや財政再建に資すること，すな

---

\***人事評価**
➡第6章「組織と人事」❹
　4 参照。

\***中央省庁等改革**
2001年1月6日に実施された改革のこと。省庁半減，内閣府の設置をはじめとする内閣機能の強化及び重要政策会議の設置，府省への政策評価の導入，独立行政法人制度の創設などを内容とする。

\* **NPM**（New Public Management）
➡第13章「政策の実施」❶
　2 参照。

\***公共サービス改革**
指定管理者制度，独立行政法人制度，市場化テスト，PFIなどのこと。武藤編（2014）を参照。

\***説明責任**
「アカウンタビリティ」の訳語。行政責任として捉えた場合にはレスポンシビリティ（内面的・専門的な責任）と対比される。参照，山谷編（2021）。

わち「効率性」の追求であった。

　第3に，2000年に**地方分権一括法**が施行され，分権型社会における自治体の自治力の充実や職員の政策形成能力の涵養に注目が集まった。この中で自治体には，あらためて住民のニーズへ的確に対応していくことが求められた。ここで評価に求められていたのは，行政活動の「有効性」であった。

　ここで述べた「説明責任」「効率性」「有効性」は，今日の評価を語る上で欠くことができないキーワードとなっている。

**＊地方分権一括法**
➡第4章「広域と地域」❶
１及び第8章「政策と法務」❸１参照。

### 2　評価のイメージ

　自治体評価の議論に入る前に評価という言葉について触れておきたい。この言葉はどのようにイメージしたらよいのだろうか。

　例えば，身近な評価の例として，大学の成績がある。大学の成績の付け方には大きく分けて，「絶対評価」による方式と「相対評価」による方式とがある。「絶対評価」による方式は，あらかじめ定められた到達点に照らして成績をつけるというものである。これに対し，「相対評価」による方式は，優秀な成績を付与する割合をあらかじめ定めておき，相対比較を念頭に置きながら成績を付与するというものである。

　「相対評価」が意味をもつのは，例えば予算配分の際である。自治体の予算配分は前年度の枠組みを踏襲しつつ微調整を繰り返しながら編成される。このような予算編成のあり方は**インクリメンタリズム**とも呼ばれる。なお，「相対評価」の課題は評価規準や価値尺度が曖昧となりがちであることである。

　これに対し，自治体の予算編成において，「**選択と集中**」が必要であるとして大胆な見直しがめざされることがある。このような予算編成においてはインクリメンタリズムを越えた工夫が求められる。「選択と集中」を実質化させるためには，「絶対評価」を原則とし，効果の高い取組みにより多くの予算配分を行い，効果の低い取組みについてはより厳しい査定を行わなければならない。ただし，「絶対評価」は容易ではない。「絶対評価」を具現化するためには，あらゆる外部要因や政策効果についての徹底した解明が必要だからである。また，客観的かつ明確な形で合理的な目標が組み立てられていることも「絶対評価」の重要な前提となる。

　しばしば評価は「絶対評価」のイメージで語られる。ここ

**＊インクリメンタリズム**
「漸増主義」と訳される。行政組織の予算の配分枠はドラスティックに変わることはない。現実の予算枠は前年度を踏襲しながら少しずつ変化していく。インクリメンタリズムとはこうした現実の予算編成のあり方を説明する（Braybrook and Lindblom 1963）。

**＊選択と集中**
'Selection and Concentration' の訳語。アメリカのゼネラル・エレクトリック（GE）のCEOであったジャック・ウェルチが提唱した企業戦略として知られる。得意分野のコア事業に経営資源を集中させ，それ以外のノンコア事業は廃止等をするという企業戦略の考え方。

から，目標の定量的な表現，すなわち数値目標・指標が求められたり，目標・指標の適切さが求められたりする。

　他方，自治体政策には，弱者救済や人権保障といった定量的表現になじまない取組みも多く存在する。また「絶対評価」を行えたとしても，異なる政策間の比較は困難であることが多い。さらに，国の府省や都道府県の補助金・負担金などが介在する場合には，「絶対評価」を行ったとしても見直しそのものが難しい。

### ② 　評価の取組み

　次に，自治体の評価の具体的な取組みを概観しよう。自治体には様々な評価がある。最初に注目しておきたいのは自治体の組織から切り離され，外部化された事業の評価である。具体的には，「指定管理者の評価」「独立行政法人評価」「PFI事業の評価」を取り上げよう。その上で，自治体の「内部評価」や「人事評価」についてみていくことにしよう。

#### 〔1〕 　外部化された事業の評価
##### （1） 　指定管理者の評価

　外部化にかかる第1の評価は「指定管理者の評価」である。2003（平成15）年9月に施行された改正地方自治法では**指定管理者制度**が創設された。

**＊指定管理者制度**
➡第6章「組織と人事」❸
〔3〕及び第13章「政策の実施」❷〔2〕参照。

　指定管理者の評価規準には，「有効性」と「効率性」が用いられる。例えば「有効性」では施設の利用率の向上，満足度などが指標となる。また，「効率性」では運営経費の縮減やこれによる財政効果が注目される。

　一般に指定管理者制度の評価は，施設の運営管理のモニタリングのことであるとされている。しかしこのような観点だけでは，指定管理者制度のあり方そのものを問うような領域には踏み込めない。そこで，より広い観点からの評価が可能となるような枠組みづくりが求められている。

##### （2） 　独立行政評価

**＊独立行政法人制度**
➡第6章「組織と人事」❸
〔2〕，第13章「政策の実施」❸〔2〕参照。

　外部化にかかる第2の評価は独立行政法人評価である。**独立行政法人制度**の理念は，「企画立案」と「執行」の分離である。これらのうちの「執行」を担うのが独立行政法人という法人格をもつ団体である。自治体における地方独立行政法人の大半は公立大学法人や病院機構等であるが，試験研究機関も含まれる。

地方独立行政法人制度では，まず自治体側から法人側に対し「中期目標」が示される。これに対して法人側は中期目標期間の目標を達成するための「中期計画」を策定する。最終的に中期目標期間終了時には，自治体側に置かれた独立行政法人評価委員会により評価を受けることとなる。

もっとも独立行政法人への評価はこれだけでは足りない。例えば公立大学の場合，このほかにいくつもの評価が錯綜している。大学は「認証評価」を受けることとされている。この認証評価に先立って学内では「自己点検・自己評価」が行われている。さらに，教職員に対して「人事評価」に類する取組みも行われている。

いずれの評価においてもその基礎となるのは職員がつくる資料である。そこで問題となるのが作業負荷である。しばしば評価作業は特定の職員に強い負荷をかけるものとなる。その上，評価作業には複数の評価の識別が必須となる。こうした課題を前に，しばしば評価に振り回される事態も生じる。このような事態は，「評価疲れ」と表現される。

### (3) PFI事業の評価

外部化にかかる第3の評価は「PFI事業の評価」である。PFI事業は**VFM**[*]が最大となること，すなわち従来の事業と比較して財政支出とサービスの質及び量を勘案し，その費用対効果が最大になることが求められる。ただし，通常はコストの比較が主役であり，もっぱら従来の事業よりも安価であるかどうかが問われる。重要な点はVFMが「効率性」のみの議論ではないという点である。VFMは住民へのサービスの質，すなわち「有効性」をあわせて議論する。この点は，PFI事業が「**性能発注**[*]」になじむ，あるいは「性能発注」でこそPFI事業の本来の意味が発揮できるとされている点にも関連している。

もっとも，有効性の評価規準の設定は容易ではない。PFI事業では，サービスの質についてどのような評価を行っていくのかが課題である。

### ② 自治体内の評価

### (1) 内部評価

次に，自治体内の評価についてみていくことにしよう。まず，「内部評価」である。ここでいう「内部評価」は，「政策評価」の一部である。

**＊ VFM（Value for Money）**
「支出に見合った価値」と訳される。「お値打ち」という意味。

**＊性能発注**
施設やサービスの調達に当たって詳細な仕様等を提示せず，機能を定義し得る性能等を示し，これに基づいて事業者との協議で詰めた上で，仕様については事業者に委ねる方式のこと。なお，対して，仕様発注は，施設やサービスの調達に当たって詳細にわたってあらかじめ仕様が定められている発注方式。一般的な発注方式であり，算定の際の積算根拠も明確である。

**＊政策分析**

'policy analysis' の訳語。複数の選択肢の中から最適解を得ようとするというものである。分析手法の代表格は費用便益分析である。難しいのは将来発生するであろう便益の計算方法である。公共事業評価で用いられる。

**＊業績測定**

'performance measurement' の訳語。計画等であらかじめ定められた「目標」に対する現実の「達成度」を測定し、目標と対比する手法。目標管理型評価とも呼ばれる。民間企業の経営手法を公的部門に援用しようとするもの。

**＊プログラム評価**

'program evaluation' の訳語。行政活動をプログラムと見立てて分析する手法。プログラムの効果（アウトカム）が十分でない場合には、プログラムのプロセスやプログラムのデザインを検証してどこに欠陥があるのかを多面的に分析しようとする手法。

自治体内では、従来より、議会による監視、監査、予算編成時の査定など、事務事業担当部局に対する多彩な政策のチェック手段が存在してきた。「内部評価」はここに新たに追加されたものである。それでは、「内部評価」は従来の政策のチェック手段と何がどのように違うのであろうか。

「政策評価」には様々なタイプがある。典型的には、「**政策分析**」「**業績測定**」「**プログラム評価**」の3つのタイプがある。「政策分析」は主に土木・都市計画関連、あるいは農林漁業分野における費用便益分析である。「業績測定」は総合計画の進捗管理や事務事業の棚卸しなどで広く行われている目標管理型の評価である。民間企業の経営手法である目標管理を公的部門に移植したものといった方がわかりやすいだろう。「プログラム評価」は、政策の深堀りを行うための多面的な分析を試みる調査研究型の評価である。

これらのうち自治体内で広く活用されているのは、「業績測定」である。「業績測定」は、事務事業の担当部局自身が行う「内部評価」であり、「行政評価」「事務事業評価」などとも呼ばれている。

「業績測定」の嚆矢は1990年代の後半に登場した三重県の事務事業評価システムであった。「業績測定」の特徴は以下の5点である。

第1の特徴は、簡略化された様式への記入である。すなわち、評価に際しては簡略化された1～2枚程度の様式が用意される。この様式には目的・目標や指標、予算額、事業概要、評価の観点（必要性、有効性、効率性）、担当部署の課題認識や事業の今後の方向性などの項目が盛り込まれる。

第2の特徴は、この様式の記載者（＝評価主体）が事務事業担当部局自身であることである（自己評価）。この自己評価の結論部分では、担当部局自身による事業の「拡充」「継続」「中休止」「廃止」などの判定や、担当部局が考える今後の方向性などの記載が求められる。

第3の特徴は、目標管理が主軸となっている点である。このタイプの評価では事務事業等の「目的」「目標」「指標」が掲げられ、これに対する達成度の判定が行われる。この目標管理の要素は、内部評価の看板でもある。

第4の特徴は、評価結果の政策への反映に関係する。評価を行うからには何らかの具体的な改善が求められる。これに対する答えの1つが「予算縮減」である。評価結果はしばし

ば予算査定資料となる。特に新規の予算要求や特段の見直しが求められている場合には，事務事業担当部局には，より確実な証拠に基づく提案が求められる。

第5の特徴は，内部評価が職員の意識改革のためであると説明されることである。内部評価は導入当初はともかく，しだいに顕著な予算縮減効果を発揮しなくなる。そこで強調されるのが「意識改革」である。すなわち，継続的な改善の取組として内部評価が位置づけられるのである。

内部評価は自治体によっては**条例化**\*されている。条例化のメリットは，概念についての整理が緻密になることや制度としての安定性が高まることである。

なお，「政策評価＝業績測定」ではない点には重ねて注意喚起をしておきたい。内部評価は政策評価の一部である。その上で，自治体の内部評価は主に「業績測定」として取り組まれているということである。

### (2)　人事評価

最後に，「**人事評価**\*」についてもみておきたい。これまでの自治体では，**任用**\*に際し，年功序列的な人事慣行が定着してきた。年功序列的な人事慣行では，個々の職員は職務遂行能力にかかわらず，年齢に応じて昇格する，もしくは同水準の報酬を得ることとされてきた。この中で評価的な取組みが行われていたが，それは「人事考課」と呼ばれるものであり，管理職の主観に基づいて，責任感，主体性，リーダーシップなどを評定するという方式のものであった。

2000年代になると，「成績主義」を深化させるという観点から新たな人事評価のあり方が議論されるようになった。だが，客観的な評価規準については課題が残されていた。この課題に直面していたのが，戦後にアメリカから輸入された「**職階制**\*」である。「職階制」は十分な実績を上げないまま，2016（平成28）年に廃止された。この事態を受けて，自治体に人事評価が義務づけられた。

原理的にいえば，「**成績主義**\*」は職員への主観的な見込みや能力への期待といった潜在能力を推し量ろうというものではない。むしろ，顕在化した成果や実績を確認しようとするものであると捉えるべきものである。「成績主義」の理念は，この実証された能力を基礎として行うべきであるとされている。

それでは「実証された能力」とはいったいどのようにして

**\*条例化**
当初，東日本において条例化する自治体が目立つ状況であったため，気圧配置になぞらえて「東高西低」ともいわれていた。

**\*人事評価**
➡第6章「組織と人事」④
④参照。
**\*任用**
採用，昇任，降任及び転任のこと。退任は含まれない。

**\*職階制**
➡第6章「組織と人事」③
②参照。
**\*成績主義**
地方公務員法第15条では，「職員の任用は，この法律の定めるところにより，受験成績，人事評価その他の能力の実証に基づいて行わなければならない。」とされている。➡第6章「組織と人事」④④参照。

確認することができるのであろうか。その代表的な方法は以下の2つである。

第1に「目標達成度」に基づく方式である。例えば管理職に年度当初に目標を立ててもらい，これを組織の目標として年度終了時にその達成度を評価していくことが考えられる。

第2に「職員の行動」に注目する方式である。一般職員は管理職の示す目標や命令に従うことが原則であり，往々にして目標を達成するという結果責任が問われることはない。このような一般職員のための方式として提案されているのが「コンピタンシー評価[*]」である。

前者の目標達成度に基づく方式は「業績評価[*]」，後者の職員の行動に注目する方式は「能力評価[*]」と呼ばれている。いずれも「実証された能力」を評価対象としようとしている。

## ③ 対象・主体・規準

これまでいくつかの評価の制度を概観してきた。続いてこれらの評価について整理する。まず「評価対象」（何に対する評価か）について，次に「評価主体」（誰が評価するのか）について，最後に「評価規準」（いかなる規準に基づいて評価するのか）について見ていこう。

### 1 評価対象

第1に「評価対象」である。評価対象の議論として触れなければならないのが，これらの取組みがいずれも何らかの「機能」を前提としているという点である。

評価とは，要するに「機能」を確認する手段である。ここでいう「機能」は「プログラム[*]」とも表現される。

「機能」を確認するためには，量的方法と質的方法とがある。量的方法とはすなわち数値での表現である。数値での表現は客観的で誰にでもわかりやすい。ただし，「数字の1人歩き」といわれるように，誤解やミスリードを生みやすい。質的方法は抽象度が高い目標など，数値表現になじまない場合に用いられる。自治体では多くの事業の目標が量的方法ではなく質的方法で表現されている。そこで，量的方法で目標を表現することが推奨されているという状況にある。

なお，必ずしもすべての目標を量的に表現しなければならないわけではない。保育所の整備や保育士の数の充実は数字を用いることができるが，個々の児童のアレルギー対応や利

---

**＊コンピタンシー評価**
職務遂行上望ましい行動の例を評価規準として示し，成果を生み出すハイ・パフォーマーの行動様式を判定可能な質問へと置き換え，これを規準に判定を行おうとするもの。

**＊業績評価，能力評価**
➡第6章「組織と人事」④ ④参照。

**＊プログラム**
行政活動を機能的にみた場合の表現。近年は「ロジック・モデル」（行政活動を，「インプット」「アクティビティ」「アウトプット」「アウトカム」の4要素で表現した汎用的説明枠組み）を用いて表現される。行政活動とプログラムとしてみる視角については南島（2017）および南島（2020）を参照。

用者たる両親のメンタルケアについては数値での表現になじまない。それどころか，量的な表現にこだわりすぎると，むしろサービスの本質を見誤りかねないこともある。

　別の例として学校給食について考えてみよう。年間180食の調理サービスや摂取カロリーの計算，食中毒の発生回数などは量的に表現することが可能である。しかし，その質的な面，すなわち給食のおいしさであるとか，食事のマナーや学級での役割分担，食育などの子どもへの教育効果は量的な表現にはなじまない。どちらがより重要であるのかと問われるならばどうだろうか。サービスの本質に照らせば，適切な表現方法を選ぶことが重要なのである。

　機能論は「何を評価するのか」という問いとともにある。「いま何が重要なのか」「何のために評価をするのか」という評価目的が重要であるといわれるのはこのためである。

### 〔2〕　評価主体

　第2に「評価主体」である。評価にかかわる主体としては，①住民，②議会，③首長及び補助機関，④事務事業を所管する担当自身，⑤外部有識者などが考えられる。ここでは究極の主人公たる①住民について注目してみよう。

　住民の視点は多元的かつ多様である。住民は自治体のサービスの「受益者」であると同時に，自治体財政の健全性に敏感な「納税者」でもある。さらには，選挙で自治体の代表を選ぶ「有権者」という顔ももっている。それぞれについてみていこう。

　第1の面は「受益者」である。この視点からは自治体サービスに対する満足度の向上が重視される。例えば図書館サービスについて考えてみよう。図書館サービスを「受益者」の視点で考えると，「貸出冊数」「利用者数」「来館者数」「登録者数」といった指標が登場する。これらは図書館の「使いやすさ」を表現するものであり，その水準向上は図書館の魅力とも直結している。さらに最近では，図書館の窓口サービスの向上方策として処理や手続きの迅速化・接遇態度の改善に関心が寄せられている。

　第2の面は「納税者」である。この視点では，無駄な税金の支出の抑制が期待される。そもそも図書館を利用しない住民や，昼間は他の行政区域にある職場等に通う夜間人口にとっては，図書館サービスの充実に十分な関心を払う動機は

ない。あるいはより積極的に，図書館サービスの充実は課税負担感を強化しかねないものと受け止められる可能性すらある。

このような場合には，しばしば「受益と負担」の関係が議論となる。「受益と負担」の関係においては，「**フリーライダー**」論にみられるように，負担に見合った受益が求められる。受益がなければ負担は負いたくないということになりかねないからである。

このような住民に対して，自治体は行政活動のあり方について，適切な説明を行っていく責任（アカウンタビリティ）を負っている。その際には「サービスの充実」の説明をいくら重ねても「納税者」の納得は得られることはない。この場合には，当該支出が適切な支出であるか，他の自治体との比較においてわがまちの図書館サービスはどのような水準にあるのか，または図書館サービスに関して適切な「効率性」を確保する努力が十分に払われているかなどの説明が求められる。

第3の面は「有権者」である。かつては自治体のサービスの充実こそが住民の最大関心事であった。これを踏まえ，政治家は利益誘導こそが本来の任務であるとして，これがれいれいしく公約やマニフェスト等に掲げられていたりもした。

だが，近年では財政健全化を標榜し，自治体の経営能力向上をうたいながら選挙戦を戦う政治家も現れている。長引く不況や社会保障関係費の上昇を前に，あるいは右肩上がりの時代の終焉とともに，住民は「受益者」から「納税者」へと徐々にシフトするようになっている。これとともに政治家に対しても経営者としての役割が期待されるようになっている。

「有権者」の視点からは責任ある政治のあり方が求められる。また，その責任は選挙公約やマニフェストの形で明確に表現することが求められる。何を代表しているのかわからないようであれば選挙は成立しないのである。

ここでは評価主体のうち，①住民についてのみ取り上げた。一口に住民といっても，ここでみたように多面性がある。このことを踏まえれば，自治体で行われる評価は，単に「受益者」の視点からのみでは不十分であるといえよう。

＊フリーライダー
➡第3章「地域と社会」③
③参照。

### 3　評価規準

　第3に「評価規準」である。評価規準は評価の拠り所となる重要な議論である。

　指定管理者制度では「有効性」や「効率性」が主な評価項目であった。独立行政法人でもこれは同じであった。PFI[*]事業ではVFMが登場したが，これは「効果」と「費用」の議論であり，これもやはり「有効性」と「効率性」の組み合わせであった。内部評価でも「有効性」や「効率性」が重要であった。人事評価では目標管理に関係する部分が「有効性」に絡んでいた。

　なお，その他の規準として事業が必要かどうかを問う「必要性」の規準もある。「必要性」はしばしば政治判断や予算査定の際に登場する。以上を踏まえつつ，あらためて評価規準についてまとめよう。

　第1に「**必要性**[*]」である。「必要性」の規準は，事務事業の要不要を問い，行政はどこまで地域社会に関与するべきか，不必要な行政関与はないかという点から行政活動のあり方を見直そうとするものである。もっとも，粗雑な削減主義は不要な萎縮効果となる危険性もある。他方，一部の支持者がいるというだけでは政策の必要性を主張する根拠としては乏しい。究極的には「必要性」の判断は政治責任を伴う。その意味において「有効性」と「効率性」とは議論の次元を異にする。

　第2に「**有効性**[*]」である。広義の有効性概念は，「何らかの効果が見受けられる」という意味で用いられる。他方，狭義の有効性概念は，「目標達成度」を意味するものとして用いられる。事前に明確な目標が掲げられ，この目標に対して実績を測定するという場合には後者の狭義の有効性概念を用いることとなる。目的が曖昧になればなるほど，広義の有効性概念となるのである。

　例えばコミュニティバスの事例で考えてみよう。コミュニティバスはしばしばその目的として，福祉や環境への配慮などが掲げられている。しかし，地域内の高齢者や障がい者等がどの程度こうしたバスを利用しているのかを把握するのは難しい。また，温室効果ガスの具体的な削減量や自家用車から公共交通機関への乗り換えがどの程度進んだのかという実態が十分に捕捉されていることはほとんどない。他方で年間の乗車客数や年間売上高，あるいは委託料の推移などは把握

＊PFI
➡第13章「政策の実施」❷［１］参照。

＊必要性
'need'の訳語だが，'relevance'（関与の適切性）が主に問題となる。

＊有効性
'effectiveness'の訳語。科学的な厳密性を帯びる場合には'efficacy'の語が用いられる。日本語ではこれらは区別されず，両方とも「有効性」と訳される。

しやすい。すなわち，数値として容易に捕捉できるものと捕捉すべきとされるものとの間には乖離があるかもしれないということである。

　第3に「**効率性**[*]」である。効率性にもいくつかの概念の種類がある。日常用語としての効率性概念は歳出抑制を念頭に置いて論じられる節約の議論に近いだろう。他方，学術的な意味での効率性概念は，「インプットとアウトプットの比」である。自動車にたとえるならば，①できるだけ少ない燃料を使って，②できるだけ長い距離を，③できるだけ速いスピードで快適に走行することをあわせ論じるのがここでの効率性概念である。評価で登場する効率性概念は，後者の意味で論じられるものであり，費用対効果や費用便益分析はこの代表例である。なお，効率性を向上させようとする場合には，しばしば政策手段の変更が行われる。指定管理者制度の導入や独立行政法人への移行，PFI事業の推進はこの代表的なものである。そうであるがゆえにこれらの制度では効率性が重視されている。

　ところで，これらの評価規準のうち，いずれを用いるべきなのだろうか。政策がスタートする際にはまず「必要性」が確認される。また，政策の成熟過程では，事務事業の効果の発現に関心が寄せられ「有効性」に注目が集まる。さらに，政策が完熟し，おおむね飽和状態となった段階では「効率性」が求められる。要するに必要な評価規準は，評価対象の「熟度」に対応する。だが，しばしばこうした評価基準の使い分けについては十分に意識されていない。

## 4　評価の課題

　最後に評価の課題をまとめよう。冒頭に評価の背景として，公務員への批判への対応，財政逼迫，分権型社会における自治体の自治力の充実や職員の政策形成能力の涵養を掲げていた。評価はこれらの課題に向き合えているのだろうか。ここでは，「成果主義」「行政責任」「民主主義」の3つの課題を掲げておきたい。

### 1　政策の成果

　第1に成果主義についてである。評価は「機能」を前提とすると述べた。評価を論ずるためには具体的な「成果・実績」が必要である点も繰り返し強調した。この意味で評価は

＊効率性
'efficiency' の訳語。しばしば有効性との間でトレードオフの関係にあるとして対立構図で議論される。

成果主義を重要な要素として含んでいる。だが，明確な成果がなければ自治体政策はすべて無意味なのかといえば，必ずしもそうではない。

　自治体政策には，「必要性」「有効性」「効率性」の規準のほかに，「安全性」「快適性」「確実性」「公平性」「責任性」等の，公的領域における独特な成果がある。よくいわれることだが，小学校教育の「成果」として，中学受験の合格率や全国学力テストの成績のみを挙げることは適当でない。まして「勉強する児童が増えた」ことを成果とするのは問題である。小学校教育の「成果」には，「生きる力」や「主体的に考える力」も必要である。こうした力は必ずしも成績で表現されえない。

　また，住民登録事務は，「効率性」よりも，登録内容や運用の正確性，あるいは個人情報保護等のコンプライアンス面での取扱いの適切性が重視される。ここでいたずらに「効率性」を強調すると，本末転倒にもなりかねない。こうしたミスリードを避けるためには，政策の本質は何なのか，そこで求められるべき価値はどのようなものであるべきなのかという，一段高い視点からの議論が求められる。これは**シビル・ミニマム**をあずかる自治体の重要論点である。

＊シビル・ミニマム
自治体の政策公準として1970年代の総合計画の草創期に多くの自治体で採用されたキーワード。ナショナル・ミニマムの自治体版として松下圭一が造語した和製英語である。参照，松下（1971），松下（2003）。
➡ 第7章「職員の責務」*Column* 8 参照。

### ［2］ 政策の責任

　第2に行政責任についてである。評価は客観的な情報整理のツールであるといわれる。しかしながら，評価が客観的なのかと問うならば，対象，視点，規準の設定のあり方としてみてきたように，その切り取り方如何によって，いかようにも説明を組み立てることが可能である。さらにいえば，政策への反映の段階や政治的な決定の段階において，評価結果はいかようにも操作可能である。評価では，こうしたよりレベルの高い評価結果の活用や政治決断に資するための確度の高い情報が求められているに過ぎない。

　さらに問題なのが，自治体のトップが事務事業の削減のために，自治体の事務事業を所管する現場の部局や外部の有識者，あるいは住民による評価を，ある種の方便として利用する場合である。もしも自治体のトップが責任逃れの方便として評価を利用する場合には住民は大いに警戒した方がよい。

　評価において求められているのは，権限と責任を有する者がプロフェッションとして自らより高い水準へと到達しようとす

## ▶▶ *Column* 15　データと自治体 ◀◀

　自治体評価を議論するとき，エビデンスやデータといった言葉が飛び交うようになった。近年，国の府省や都道府県では EBPM（Evidence-Based Policy Making: 証拠に基づく政策立案）という言葉が注目を集めている。コンピュータやスマートフォンが発達し，多くのデータの収集・解析が可能となる中で，これらを政府政策にうまく活用できないかという機運が盛り上がっている。そうした中で自治体デジタル・トランスフォーメーション（DX）とともに EBPM が時代のキーワードとなっている。

　EBPM とは何か。端的にいえば，従来型の「勘」や「経験」や「思い込み」（略して「KKO」）に基づくエピソードベースの政策づくりを脱却し，エビデンスやデータに基づいて，より合理的な政策をつくろうとするものであるということができる。これは要するに行政改善運動の一種なのである。

　国の場合には全国から集めた規模の大規模なデータを扱うことができる。都道府県も基礎自治体から集めた一定規模のデータが利用可能である。だが，基礎自治体もそうなのだろうか。基礎自治体の収集するデータは規模も小さい。さらに，人口規模が 1 万人を切るような自治体においては，収集されたデータは往々にして個人と紐付いてしまう。国の府省が EBPM の旗を振っている中で都道府県もこれに追従するが，基礎自治体にも同じことを求めうるのかといえば，それはどうなのだろうか。

　なお，EBPM は「評価」の局面で強く求められるが，果たしてそれでよいのかという疑問もある。多くのデータが必要となるのは「評価」よりも「計画」の局面のはずである。「計画」が合理的であれば「評価」は単なるチェック機能で済むはずだからである。「評価」の負荷が高くなってしまうのは，そもそも「計画」づくりが不十分であることに原因があることが多い。

　また，市民生活との距離も EBPM を語る際には重要論点となる。国や都道府県は市民生活から距離がある。これに対し基礎自治体は具体的な現場に密着する。それらの立場は決して同じではない。

　EBPM が求めるのは「合理的な政策」である。現場を踏まえる立場にある基礎自治体にとっての「合理的な政策」とはそもそもどのようなものなのだろうか。それは現場のニーズに的確に対応するための自治力と不可分の関係にあるものであるはずである。結局，自治力をどう高めたらよいのか，という自治の基本は何も変わるところはないように思われる。

（南島和久）

る姿勢である。その責任の範囲において住民や外部有識者の助言は補完的に確認されるにとどまる。自治体自身がこのような責任を十分に引き受けていないのであれば大いに問題である。

### ③ 能率と民主主義

第3に「民主主義」についてである。自治体には「**能率と民主主義**」の2つの価値の追求が求められる。この中において評価は「能率」にコミットメントする位置にある。だが，自治体はもう一方の「民主主義」も忘れてはならない。

評価における民主主義のあり方については様々な工夫が論じられる。**参加・協働型評価**，あるいは市民による事業仕分けといったものがここに登場する。このほか，計画策定の際の指標づくりを住民と議論しようとするもの，住民が自ら積極的に評価を行おうとするもの，アンケートや調査において住民の意向や意識等を把握しようとするものなどもある。評価を掲示する自治体のホームページの閲覧回数や質問件数は評価推進部局の重要な関心事項である。このように様々な形で評価と住民を結びつける取組みが提起されたり，試みられたりしている。

しかし，様々な工夫があるということは，それが評価の課題であると認識されているということでもある。ここで提起したいのは，「それは本当に評価の課題なのか」という点である。

もしも，十分な民主的な蓄積が自治体にあれば，評価に民主主義を期待しなくともよいのかもしれない。逆にいえば，それが評価に期待されるのは，自治体のこれまでの民主的運営のあり方が十分ではなかったからなのかもしれない。

自治体政策には様々な課題がある。評価だけにそのすべてを期待することは適当とはいえない。例えば評価の民主主義よりもむしろ，総合計画等の計画づくり，まちづくりでの住民参加こそが取り組まれるべきかもしれない。これをさておいて評価についての民主的なあり方ばかりがクローズアップされるのは健全なことのようには思われない。

もう一度，より大きな視座であるところの，分権型社会がめざしていたはずの，住民自治を基本とする自治のあり方へと回帰すべきかもしれないという点を，ここでは掲げておきたい。

（南島和久）

**＊能率と民主主義**
もともとはアメリカの二大行政価値。地方自治法第1条では，「地方公共団体における民主的にして能率的な行政の確保」と表現されており，地方公務員法第1条では「地方公共団体の行政の民主的かつ能率的な運営」と表現されている。行政学のキーワードでもある。参照，西尾（2001），今村ほか（2015）。
**＊参加・協働型評価**
以下のものがより詳しい。西尾編（2000），山谷・岩渕編（2022）。

## 第15章

# 危機と管理

　災害は住民生活を直撃する。災害時の住民生活はしばしば単一の災害への対応にとどまらず、地震と火災、津波と原子力災害、水害と感染症の蔓延など複合的な事象への対応を余儀なくされる。災害時には、住民生活を支える自治体活動が普段の機能をしなくなる。本章では、自治体をとりまく危機管理のあり方を議論する。危機管理の最前線に立つ住民、コミュニティ、自治体は、その時への備えとしてどのようなことを考えておくべきなのだろうか。最初に危機管理のイメージをつかむために阪神淡路大震災と東日本大震災の2つの事例を参照しておこう。

**＊直下型地震**
人が多く住む都市部の真下で断層がずれて発生する地震。地震自体の規模は小さく、被害範囲も20〜30km程度のことが多い。しかしながら、浅い場所で発生するため大きな災害になる可能性がある。阪神淡路大震災も、浅いところで発生した活断層による地震が原因である。このタイプの地震は、予知することがほとんどできないとされている。

**＊災害派遣**
自然災害やその他災害に対して人命または財産の保護のため必要があると認められる場合、都道府県知事等の要請に基づき、防衛大臣またはその指定する者の命令により派遣される。捜索・救助、水防、医療、防疫、給水、人員や物資の輸送など、様々な災害派遣活動を担う。市町村長は、都道府県知事に対し、災害派遣の要請をするよう求める

## ① 日本の災害

### 1 阪神淡路大震災

　戦後の地震災害対応において、大きな転換点となったのは1995年1月17日に発生した阪神淡路大震災であった。この地震は**都市直下型**であり、人口が集中する地域において震度7の揺れが発生し、多くの人が被害にあった。早朝、午前5時46分に発生したこともあり、怪我をしたり亡くなったりした人の多くは、家の倒壊や倒れた家具の下敷きになったことに起因する。6437人が死亡し、10万4906軒の住宅が全壊した。

　当時、西日本の都市部で大規模な震災が発生することはほとんど予知されておらず、政府や自治体の対応は混乱を極めた。例えば、当時の法制度では県知事から自衛隊に要請がなければ被災地への部隊派遣（**災害派遣**）はできなかった。そのため、自衛隊の救助作業の開始は遅れた。兵庫県が陸上自衛隊へ災害派遣を行ったのは午前10時、海上自衛隊への災害派遣要請は当日夜、航空自衛隊には翌日夜であった。大規模災害における行政組織間の連携もうまく図られていなかった。他にも、被災地域外から派遣された消防車のホース径が異なり連結ができなかったり、消防無線の周波数が1チャンネルしか割り当てられておらず、混信が発生したりもした。

　このように、行政による支援「公助」に限界が生じた中で、自らが対応を行う「自助」や知人や近隣住民と助け合う

「共助」の役割が重要視された。阪神淡路大震災で瓦礫の下敷きになった被災者の多くは，自ら脱出するか，家族や友人，隣人に救助された。

　阪神淡路震災では，**災害時要援護者**[*]の存在もクローズアップされた。仮設住宅に要援護者を優先的に転居させることにより脆弱なコミュニティを作り出してしまい，高齢者が転居先で亡くなる事例が多発することとなった。阪神淡路大震災発生から2年間で120名が仮設住宅で**孤独死**[*]したとされている。

　阪神淡路大震災では，ボランティア組織の存在が注目され，「ボランティア元年」とも呼ばれた。多くの団体が，被災者支援に携わり，ボランティア活動が活発化した。一方で，それらの組織の多くが法人格をもたない任意団体で，各種契約や継続的な運営のための資金や人材調達に困難を抱えていた。そこで，1998年に特定非営利活動促進法（NPO法）が制定された。

## ② 東日本大震災

　2011年3月11日に発生した東日本大震災は，戦後の自然災害では最大の被害をもたらした。宮城県牡鹿半島の東南東130km付近，深さ約24kmを震源とし，マグニチュード9.0であった。震源域は，岩手県沖から茨城県沖までの南北約500km，東西約200kmの広範囲に及んだ。この地震のマグニチュードは，日本国内観測史上最大規模のものであった。東日本大震災では1万5900人が死亡し，2523人が行方不明となった。死因の約92％が溺死となっており，災害の名称は大震災と名づけられているが，実態は津波災害であった。

　この災害では，「想定外」という単語が関係者から幾度も発せられた。

　歴史的にみると，明治時代以降，三陸地方では1896年の明治三陸地震津波（死者約2万2000人），1933年の昭和三陸地震津波（死者・行方不明者3064人），1960年のチリ地震津波（日本の死者は139人）という経験があった。これらについては**災害の伝承**[*]が行われていたにもかかわらず，過去の経験は必ずしも活かされなかった。

　また，庁舎自体や職員自身も被災してしまい，行政組織が完全に機能を停止してしまった自治体も発生した。例えば，岩手県の大槌町では，地震発生後に庁舎の耐震性を懸念した

ことができる。都道府県知事への要求ができない場合には，その旨及び災害の状況を防衛大臣またはその指定する者に通知することができる。市町村長から通知を受けた防衛大臣またはその指定する者は，災害の状況に照らし特に緊急を要し，要請を待つ余裕がないと認められるときには，部隊などを派遣することができる。

**＊災害時要援護者**
高齢者や障害者，乳幼児，傷病者，外国人など，被災時に一番被害を受けやすい人々のこと。

**＊孤独死**
誰にも看取られることなく死亡し，その後かなりの時間，死体が放置されること。コミュニティの希薄化やプライバシー意識の高まりなどに起因する社会的孤立により，平時においても多く発生している。2019年に東京23区内で自宅死亡した65歳以上の人は6089人であった。大規模な災害時には，災害時用援護者などへのコミュニティによる支援がさらに行き届きづらくなり，仮設住宅などで多く発生してきた。

**＊災害の伝承**
自然災害などによる被害や教訓について，資料や石碑などによって後世へ伝えること。過去の自然災害の様子を記録した自然災害伝承碑により，被災地域の人

的，物的被害が比較的少なかった事例などが注目されている。例えば，岩手県宮古市の姉吉集落では，1896年の明治三陸大津波と1993年の昭和三陸大津波により壊滅的な被害を受けた。その被害を記録した大津波記念碑により，住民は高台に居住し，2011年の東日本大震災では人的被害は発生しなかった。

**＊自治体間相互応援協定**
1995年に発生した阪神淡路大震災で，被災自治体は物資や人的資源の不足に直面した。そこで，同災害後に，全国の自治体が，災害発生時における人的・物的支援協力を他の地域の自治体と結ぶようになった。東日本大震災では，全国の自治体が協定に基づいて，支援を行った。人的支援としては，岩手県，宮城県，福島県の市町村を中心に，全国の自治体から2000名以上が派遣された。発災時の支援を効果的にするためには，平時において共同での対応訓練やシミュレーションを行ったり，職員間の交流を進めたりすることが求められる。

職員らが，庁舎前の駐車場に災害対策本部を設置している中で津波に巻き込まれ，町長を含む40名（職員の3分の1）が死亡した。同様に，宮城県南三陸町の防災対策庁舎では，43名（内町職員33名）が犠牲となった。

　さらに，東日本大震災では原子力発電所の全電源が喪失し（ステーション・ブラックアウト），大事故にいたるという事態も発生した。こうした複合災害の対策も十分に講じられていなかった。自然災害と原子力災害という深刻な事態が同時に発生したことで，特に福島県の沿岸部の自治体では，津波の被災者の人命救助と原子力事故からの住民避難という選択を迫られ，大きな混乱が発生した。また，原子力災害から避難する際に高齢者が多く犠牲となったことも注目された。

　被災地域への支援においては，災害時の**自治体間相互応援協定**[＊]が機能した事例が多くあった。東日本大震災では，発災直後における人的・物的支援に始まり，復旧段階における自治体職員の長期派遣など，過去の災害における経験と教訓が活用された。また，被災自治体における，官民協力も様々な場面で進められた。例えば，災害発生後に大きな問題となるのは道路に散乱する瓦礫であるが，道路が再開されなければ支援の人員も物資も届かない。道路を復旧するため，自衛隊のみならず，重機を所有する民間の土木業者なども瓦礫処理などの作業に当たった。災害時における官官・官民それぞれの協力・協働関係の構築は意味のあることであった。

## ② 危機の定義と危機管理

### １ 危機の定義

　以上の2つの事例を踏まえつつ，危機管理について考えてみよう。最初の問いは「危機」とは何か，である。

　「危機」の定義は多様である。政府政策に限っていえば，政府の信頼性が根底から失われる事態や行政機能の麻痺，社会的にはこれまで通りの生活が送れなくなる事態であるといえるだろう。

　長年，政府や自治体の災害対応に関わる取組みについては「防災」という言葉が用いられてきた。これは「災害を防ぐ」という意味である。しかし，1995年に発生した阪神淡路大震災以降，「防災」とともに「危機管理」という用語も登場するようになった。これは災害時のリスクの予知や回避，その後の復興を念頭に置く概念であり，どちらかといえばアカデ

ミックな用語法である。さらにいえば，その後被害の極小化を意味する「減災」や復興に至る力を示す「**レジリエンス**<sup>*</sup>」という言葉も登場するようになった。ただし，これらのうち自治体組織の名称にも使われたのは「防災」「危機管理」であった。

　災害のリスクは必ずしも避けたり防げたりすることはできない。住民生活は時としてリスクと共存しなければならない。こうしたことから，可能な限り被害を抑制・管理できないかという「減災」という考え方が提起されている。今日の自治体では，この「減災」という考え方に基づき，対策が講じられることが多い。

**\*レジリエンス**

英語で「回復力」や「復元力」「弾力」を表す言葉である。イメージでいうと，暴風雨の中でも折れない柳の木のしなやかさのようなものである。近年ではこの言葉は災害に関連した場面でも使用されることが多くなってきている。また，国土整備の観点からは，「強靭性」や「強靭化」という訳語で，被害を最小限に抑え，迅速に回復させるための様々な取組みを表すこともある。

### ［2］　危機管理

　「危機」はどのようにコントロールすることができるのだろうか。この問題と向き合うのが「危機管理」のテーマである。以下では災害時の危機管理を念頭に議論を深めてみよう。

　危機管理においては，災害現場における住民，コミュニティ，自治体が最初の対応主体（ファーストレスポンダー）だとされている。被害が甚大になればなるほど，基礎自治体だけでなく都道府県や国による救援活動に注目が集まる。確かに，人員や機材，予算の規模が大きなこれら上級政府による対応は重要である。しかしながら，いかなる危機においても被害が生じた地域を熟知しているのは，現場の住民，コミュニティ，自治体にほかならない。すなわち，危機管理は，「自治」要素を抜きにして語ることはできない。

　危機管理の究極の命題は，人の命をいかに救いうるかということになる。1人でも多くの命を救うことが，危機管理の最優先事項となる。とはいえ，ありとあらゆる災害に備えること（**オールハザードアプローチ**<sup>*</sup>）はできない。ありとあらゆる災害に備えたとしても，想定を上回る規模の災害は必ず発生するものである。このことは過去の経験が如実に物語っている。

　科学者であり随想家でもあった寺田寅彦の言葉に「天災は忘れた頃にやってくる」というものがあったといわれている。平時に災害に備えることを怠れば，災害時の犠牲や損害は大きくなる。また，危機発生時には次々に頻発する課題へ対処が求められる。このような事態への対応は，自治体行政

**\*オールハザードアプローチ**

多様な災害（自然災害，技術災害，社会災害）に対し，統合的な枠組みを用いて解決していくという考え方。様々な災害への事前，事中，事後の対策を，災害の原因に関係なく同じモデルを用いて行う。例えば，多くの災害に共通する人的・物的資源への備えや，能力開発をこのモデルを用いて行う。このモデルにより，効率的な災害対応が期待される。しかしながら，災害はそれぞれ被害の程度や内容がことなることから，このモデルがすべてを対応できるわけではない。

**図15- 1　危機管理の４段階モデル**

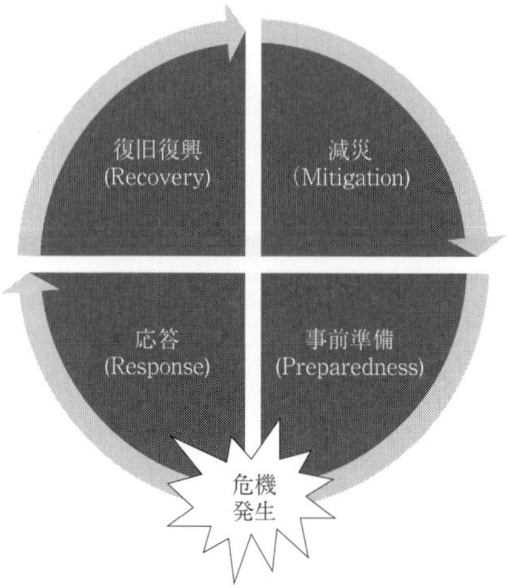

（出所）　アメリカ連邦緊急事態管理庁 HP。

が最も「苦手」とするものでもある。

　どのようにすれば，住民や自治体が危機管理への意識を高め，災害に備えることができるのだろうか。そのあり方は，災害の対応を左右する。

## ③　危機管理の４段階モデル

### ［１］　危機管理のモデル化

　危機管理をわかりやすく整理したものとして，「危機管理の４段階モデル（The four phases of emergency management）」が知られている。このモデルは危機管理を時系列で整理し，「減災（Mitigation）」「事前準備（Preparedness）」「応答（Response）」「復旧復興（Recovery）」という４つの対策を示すものである（**図15- 1**）。

　このモデルは，アメリカの全米知事会によって1970年代に作成されたものである。アメリカの戦後の危機管理は，冷戦時代の核戦争を想定したものばかりであり，自然災害等への体系的な制度設計は十分になされていなかった。また，従来の危機管理は行政組織間の縦割りにより，混乱をきたすことが多かった。さらにいえば，政府や州レベルの危機管理担当者には軍出身者が多く，上意下達のみで災害対応を行おうとすることが少なくなかった。他の組織の反発を買い，迅速かつ効果的な対応が行えないという事例が発生した。そこで，

アメリカでは同モデルを用いながら，包括・調整型の危機管理制度の構築が進められてきた。

　「危機管理の４段階モデル」では，「減災」と「事前準備」が，災害が発生する以前に行うべき業務であると位置づけられている。また，「応答」は災害時中に，「復旧復興」は被災者の救助等がなされた後の業務として位置づけられている。

### 2 　減災の段階

　「危機管理の４段階モデル」のうち，最初の「減災」の段階は，災害発生前に，社会の財産，安全，健康に対するリスク認知することから始められる。例えば自治体は災害時のリスクを評価する取組みを行っている。具体的には，自治体では水害や地震の**ハザードマップ**の作成が行われている。これはどのエリアに災害時のリスクがあると見込まれるのかを地図上に示すものである。

　災害のリスクを認知し，これを地域社会で共有することができれば，被害の抑制を目的とした具体的な取組みを行うことができる。例えば，ダムや堤防の建設を行うことで洪水を防ぐことができる。あるいは，津波の被害を避けるために避難タワーが建設される。また，浄水場を設置することで水質汚染による健康被害を防ぐこともできる。ダムや堤防などの公共事業による減災は，着実な成果を上げてきた。ただし，このような対策は，莫大な資金が必要となる。

### 3 　事前準備の段階

　次の「事前準備」は，実際に災害が発生した際の対応プランを策定する段階である。この段階では，「減災」の段階で検証された災害時のリスク評価に基づき，災害対策本部等の組織編成や，地域防災計画，危機管理マニュアル，業務継続計画などの対応プランの作成が進められる。あわせて，職員の集合方法や庁舎内外との情報伝達といった連絡調整の体制整備，避難場所の指定や災害時情報システムの構築なども行われる。

　ただし，それらの作業だけでは実際の災害には対応できない。これらの対応プランが機能するかを検証することが必要である。具体的には，**シミュレーション**を行ったり，対応訓練を行ったりすることが重要である。

　また，災害時の非常食や救命器具などの備蓄や整備，災害

*ハザードマップ
地震や風水害などの災害による被害の軽減や対策に使用する目的で作成された地図。被災想定区域や避難場所・避難経路などの防災関係施設の位置などを表している。ハザードマップは，各種災害に関するリスク評価に基づいて，それら災害毎に作成されるのが一般的である。近年では，自治体のウェブサイトから閲覧できるようになっており，市民の防災意識啓発のためにも用いられている。

*（災害）シミュレーション
自治体の幹部職員や災害担当職員を対象として，現実の災害に近い設定のもとで行う訓練。自治体では，図上シミュレーションが多く行われている。ロールプレイング型図上訓練とも呼ばれ，役割分担をされた参加者が，災害への具体的な対応や決定を訓練中に行う。従来の，いわゆる紋切型の防災訓練とは異なり，訓練時に設定される仮想の災害についての詳細を事前に参加者へは伝えずに実施することが多い。

時要援護者の救出方法を組み立てておくこともこの段階で行うべきことだろう。なお，非常食には消費期限もある。また全住民の非常食を，長期間分備蓄することはできない。限られた行政資源で，どこまでの準備を行うのかは自治体にとって悩ましい課題である。

[ 4 ] 応答の段階

「応答」は，災害が実際に発生しているさなかの対応の段階である。この段階では，被災住民の救出や支援が行われる。初期段階での対応主体は住民，コミュニティ，基礎自治体である。事態の規模が甚大・深刻化した場合には，広域自治体，国へと対応主体が拡大する。ただし，被害が発生した地域の住民，コミュニティ，自治体が対応の中心であることには変わりはない。

地域で解決できない場合には上級政府にはどのような支援が求められるのだろうか。このとき，災害現場の情報を上級政府に的確に伝達できるかが効果的な対応の鍵となる。例えば，東日本大震災では，被災地の自治体が地震と津波による壊滅的な被害を受け，被災自治体自身による対応が不可能になった事例が多数発生した。その中で被災地において何が必要であるのかが十分に共有されず，せっかくの支援物資が十分に生かされないという状況が生じていた。だからといって，被災地からの支援要請を待っていては地域に必要な支援は後手に回るばかりである。

このような反省の上に立ちその後の災害対応では，支援を受ける側の「**受援計画**\*」の策定や自治体の要請を待たずに支援物資を送る「**プッシュ型支援**\*」が行われるようになってきた。

[ 5 ] 復旧復興の段階

「復旧復興」は，被災住民や被災した地域社会が災害以前の状況へ戻るための対応の段階である。この段階では，被災者が通常の社会生活に復帰するまでの継続的な支援が必要となる。具体的には，復興に向けた物的支援のほかに，被災者や作業要員に対する健康面・精神面へのカウンセリング，被災者の経済面の相談などが行われる。

地域社会は「モノ」だけで構成されているわけではない。災害時には，「ヒト」のつながりである地域社会のネット

---

\*（災害時）受援計画
災害時に外部からの支援を必要と人的・物的資源について，その受け入れ態勢等を具体的に定めておくこと。これにより，寄せられた支援を円滑に受け入れ，効果的，効率的に活用することが期待されている。発災時には，他の自治体や民間企業，ボランティア団体から多くの支援が寄せられる。しかしながら，それら支援組織が被災地についての十分な情報やデータを持ち合わせているとは限らない。そのため，支援を受け入れる側が，必要となる情報や施設の整備を事前から準備し，災害に備えることが期待されている。

\*プッシュ型支援
国などの行政組織が，被災地からの具体的な支援要請を待たずに避難所避難者などへの支援を行うこと。2011年に発生した東日本大震災では，多くの自治体組織自体も被災し，対外的な支援要請に時間を要した。結果として，避難所が物資等の十分な支援を受けられない状況が発生した。この経験を踏まえ，被災地からの情報提供や要請を待たずに，物資を緊急輸送する取り組みが進められるようになった。

ワークも被害を受けている。人々の結びつきを復活させ，お互いに支えあうことができるようにするためにはコミュニティの復旧も重要な課題となる。さらには，被災地における伝統や地域の祭りなど，地域社会の文化の継承も重要である。それらの中には過去の災害の記憶も埋め込まれているものがある。

　近年では，「**より良い復興**\*」という概念が広まっている。これは，被災地を災害以前の状態に復旧するだけではなく，災害前よりも災害に強い状態にもっていく（レジリエンスを高める）という考え方である。

　ここまでみてきたように，危機管理は緊急事態への「対応」のみで完結するものではない。減災・事前準備段階において効果的な対策が行われること，復旧復興に向けた応答性段階での対応にも目を向ける必要があるのである。

## ④ 危機管理の制度

### 1 災害対策基本法と防災計画

　次に自治体の危機管理の骨格となる基本的な枠組みについてみていこう。

　最初に取り上げるのは**災害対策基本法**\*（以下「災対法」という）である。災対法は，1959年の**伊勢湾台風**\*を契機とし，1961年に制定された法律である。同法が制定される以前は，災害の都度，場当たり的な対応がなされ，関係組織間での混乱が発生し，救援活動や被災者支援が十分な成果を上げることができなかったとされている。そのため，「総合的かつ計画的」な対策を行うための新たな法整備が求められた。同法は，国土並びに国民の生命，身体及び財産を災害から保護し，もって，社会の秩序の維持と公共の福祉の確保に資することを目的とするものであり（災対法第1条），国と自治体それぞれの責務の明確化や組織整備，計画策定などを規定している。また，災対法では災害対策に関し，市町村長よる一義的な災害応急対策の実施を定めている。その上で大規模災害の際に市町村が機能麻痺に陥った場合は広域自治体である都道府県等による応急措置の代行が行われることが規定されている。

　災対法で重要な点は，自治体が「地域防災計画」を策定することとされている点である（災対法第14条，第16条）。この「地域防災計画」は，住民の生命，財産を災害から守るため

**＊より良い復興（build back better）**
被災地を災害以前の状態に復旧するだけではなく，災害前よりも災害に強い状態に再建するという考え方。2015年に宮城県仙台市で開催された国連防災世界会議において提言された。災害以前から脆弱な地域やコミュニティは，災害後に以前の状態へ戻しても，脆弱な状況は改善されない。そこで，災害で明らかになった課題への対応を定め，インフラや法制度整備などを進めて行く。それにより，将来に災害が発生したとしても，それへの備えを行っていることが期待される。

**＊災害対策基本法**
1961年に制定された，わが国の災害対策関係法律の一般法。この法律は，災害対策全体を体系化し，総合的かつ計画的な防災行政の整備及び推進を図ることを目的としている。東日本大震災を踏まえ法改正がなされ，①大規模広域な災害に対する即応力の強化，②住民の円滑かつ安全な避難の確保，③被災者保護対策の改善，④平時からの防災への取組の強化，が打ち出された。

**＊伊勢湾台風**
1959年に発生した台風15号により高知県，三重県を中心として発生した災害。台風災害としては，明治以降最多の5098名の死者・行方不明者が発生した。この台風以前の災害への対応は場当たり的に行われ，組織間の役割分担や調整方法が明確ではなかった。行政組織

による対応はバラバラで一貫性と計画性を欠いていた。この災害がきっかけとなって，体系的な防災体制の構築が進められた。

**＊原子力災害対策**

日本の原子力災害への対応は，原子力施設立地地域への政治的配慮もあり，必ずしも十分な対策が行われてこなかった。住民の事故への不安を解消するため，事故は発生しないとの神話のもとで計画が策定されてきたのである。しかし，1999年に発生した茨城県東海村に所在する株式会社ジェー・シー・オー（JCO）のウラン加工施設において発生した臨界事故により，緊急時対応体制の整備等が進められた。だが，2011年の東日本大震災では，地震と津波による原子力発電所における電源喪失という複合災害が発生し，あらためて対策の機能不全が露わになった。

**＊地区防災計画**

2013年の災対法の改正により創設された，新たな制度。自治体の一定の地区内の居住者及び事業者が主体的に行う防災活動に関する計画。地区居住者等が市町村防災会議に対し，地域防災計画に地区防災計画を定めることを提案することができる仕組み（計画提案）が設けられている。「地区の自助・共助の計画」と例えられることもある。地域の住民や事業者が，自ら災害対応に関するルールを決めて共有することで，防災意識の向上や，災害被害の軽減，被災時の対応能力強

**表15-1　地域防災計画の記載事項**

| | |
|---|---|
| 記載すべき事項 | ・地震防災応急対策に係る措置<br>・南海トラフ地震に関し地震防災上緊急に整備すべき施設の整備等<br>・日本海溝・千島海溝周辺海溝型地震に関し地震防災上緊急に整備すべき施設の整備等<br>・洪水予報等の伝達方法等に関する事項<br>・火山現象の発生及び推移に関する情報の収集等<br>・土砂災害に関する情報の収集等に関する事項<br>・津波に関する情報の収集等に関する事項 |
| 留意すべき事項 | ・原子力規制委員会が定める原子力災害対策指針による<br>・都道府県地域防災計画等において，想定される地震災害を明らかにして，当該地震災害の軽減を図るための地震防災対策の実施に関する目標を定めるよう努める |

（出所）　内閣府「防災基本計画」を基に作成。

の対策の実施を目的とするものである。「地域防災計画」の内容として国の防災基本計画において「記載すべき事項」と「留意すべき事項」が列挙されている（**表15-1**）。

また，国の防災基本計画では，「地域防災計画」において特に重点を置くべき事項として，「大規模広域災害への即応力の強化に関する事項」「被災地への物資の円滑な供給に関する事項」「住民等の円滑かつ安全な避難等に関する事項」「被災者の避難生活や生活再建に対するきめ細やかな支援に関する事項」「事業者や住民等との連携に関する事項」「大規模災害からの円滑かつ迅速な復興に関する事項」「津波災害対策の充実に関する事項」「**原子力災害対策**[*]の充実に関する事項」の8点が掲げられている。

自治体では，地域防災計画を作成するため，都道府県知事あるいは市町村長を会長とする地方防災会議が設置される。地域防災計画では，一般災害への計画の他に，地域の特性に応じて地震や津波，風水害，火山などの自然災害への対応計画を作成するほか，原子力，鉄道，危険物，感染症など人的災害への災害予防計画を作成している自治体もある。

また，東日本大震災において地域コミュニティによる災害対応の重要性が再認識されたことを踏まえ，基礎自治体の一定の地区の居住者及び事業者が行う自発的な防災活動に関する「**地区防災計画制度**[*]」が，2014年に創設された。さらに，これら計画とは別に，様々な事象に対応するための自治体独自の「**危機管理マニュアル**[*]」が作成されている。

## ②　計画作成の過程と課題

　ところで，いくら計画やマニュアルが作成できたとしても，実際にそれを運用する人員や資機材の整備や訓練が行われていなければ，「仏作って魂入れず」となる。地域防災計画や災害時のリスク評価の熟成は長期間にわたるものとなり，専門知識・技術も求められる。また，住民や関係事業者等からの意見集約も必要である。このような蓄積を踏まえた見直しには大きな労力がかかるだけに，見直しが不十分なものも少なくない。そもそも，計画やマニュアルは災害時のリスクの軽減策を構築しようとするものである。しかし，それと同時に作業過程を通じて防災関係者間のソーシャルキャピタル（後述）の醸成や地域の災害対応力の向上をめざすものであることも忘れられてはならない。

## ③　危機管理組織と人材

　多くの自治体では危機管理専門担当部局として「防災課」等が設置されている。近年ではこれを「危機管理課」に変更する自治体や「防災課」と「危機管理課」を併設する自治体もある。自治体によって，それら組織が所管する事務は異なる。

　首長部局に置かれるそれら組織は消防組織と連携しながら災害対策に当たる。自治体の危機管理組織はその守備範囲を拡大させたり，警察や自衛隊との連携を深めたりしている。さらには，「危機管理監」というポストを新設（または名称変更し），そのポストに自衛隊幹部や警察官幹部やOBを迎えているところもある。このような取組みによって組織間の有機的な調整を図ろうとしているが，それで危機管理が必ずしもうまくいくわけではない。

　危機管理人材の育成という視点からみると，行政組織では数年ごとの人事異動がある点が課題となる。自治体の人事異動は，職員の適材適所への配置や**モラール（士気）**の維持を目的とするものである。しかしながら，この人事異動が危機管理や防災の専門家を育成することを難しくしている側面もある。自治体職員が非常事態対応に当たる際には，それまでの知識や経験，人的ネットワークが対応の鍵となる。一方で，災害対応業務は重責であり，担当職員への心理的・肉体的プレッシャーも大きい。それらのバランスをどのように図ることができるのかは自治体にとって重要な課題である。

化が期待されている。

**＊危機管理マニュアル**

各自治体では地域防災計画が策定され，様々な災害への備えがなされている。しかしながら，計画が想定している以外の非常事態が発生したり，所管がはっきりしない事象が発生したりする可能性がある。そのため，総合的かつ全庁的に危機管理への備えを整えることを目的として，危機管理マニュアルを作成する自治体もある。マニュアルでは各種制度の制定や説明を行うのと同時に，職員が備えるべき危機管理に関連する知識や姿勢なども示していることが多い。

**＊モラール（士気）**

「士気」「やる気」を意味する英語（morale）。「道徳」を意味する単語，モラル（moral）とは異なる。職員のモラールは，業務の量や質に大きく影響を及ぼす。

### ④　事業継続計画

　災害時にどのようにして自治体の機能を維持するのか。この課題に対応しようとするのが業務継続計画（BCP：Business Continuity Plan）である。BCP は民間企業で取り組まれているものであり，非常事態発生時に，限られた人や機材，情報のもとで，優先して行わなくてはならない業務を特定し，どのようにそれら業務を継続して実施するのかを定めるためのものである。

　行政組織は最優先課題として人命救助や被災者支援に当たる。またその後の復旧活動においても中心的な存在となる。時にそのような業務は，電気や電話がほとんど使えない状況下で行わなくてはならない。また，庁舎自体が被災してしまい，代替スペースを確保することが必要な事態も起こる。

　だが，すべての行政資源を危機管理に投じることはできない。必ず継続しなければならない基幹業務があるからである。例えば，自治体で行う**戸籍**[*]，**住民基本台帳**[*]，国民健康保険，後期高齢者医療などに関連する事務は被災時の本人確認とも連動する。被災時に選挙が行われることもあるが，選挙事務も基幹業務の1つである。なお，児童手当，障がい者福祉，高齢者福祉，年金などの給付業務も災害時に停止すべきではないだろう。災害時には自治体が行う健康管理事務も重要なものとなる。**ライフライン**[*]である水道，道路管理などの社会資本はその復旧が早ければ早いほど，その後も復興も早めることができる。

　事業継続計画の作成においては，それぞれの地域の特性に応じて，地震やそれ以外の災害時のリスクを評価することが前提となる。その上で，特に代替庁舎の確保，電気・水・食料等の確保，通信手段の確保，行政データのバックアップ，非常時優先業務の整理が行われる。非常事態においても，自治体の機能が喪失しないような仕組みを平時に構築しておくことが業務継続計画のテーマである。

## 5　危機管理のこれから

### ①　ソーシャルキャピタルと自助・共助

　現在日本は，急速な少子高齢化社会を迎えている。さらに，大都市部への人口集中と地方の過疎化も進行している。このほかこれまでの危機管理では想定されなかったような事象も発生している。例えば単独世帯の増加である。未婚率の

---

**＊戸籍**
日本人の出生から死亡に至るまでの親族関係を登録公証するもので，国籍をも公証する唯一の制度。市区町村において処理されるが，全国統一的に適正かつ円滑に処理されるよう国が助言・勧告・指示等を行っている。➡第1章「自治の歴史」❷④参照。

**＊住民基本台帳**
➡第2章「住民の地位」❶❷及び第10章「情報の管理」❸❷参照。

**＊ライフライン**
英語で「生命線」を表す言葉。社会生活を維持するために必要不可欠な施設やサービス（上・下水道，電気,ガス及び通信施設など）を指すこともある。

増加や核家族化の進行の中で，2040年には単独世帯の割合が40％に達するとも予測されている。単独世帯の増加により，コミュニティが十分に機能しなくなることも危惧される。災害が起こると過去の経験から，共助の重要性が叫ばれてきた。

　その中で「**ソーシャルキャピタル**[*]」という概念も注目されてきた。「ソーシャルキャピタル」とは，「人間関係資本」とも訳されるが，地域社会における信頼関係やネットワークの重要性を説く概念である。この背景には，近い将来において，より社会における人のつながりが希薄化するという危惧がある。災害時においては「自助」とともに「共助」が重要となる。しかし，人のつながりが希薄化すれば，「共助」は十分に機能しなくなるおそれがある。地域社会ではどのように新たな危機管理を構築していけばよいのか。自治体の取り組む「公助」は「自助」や「共助」を前提としている。「自助」と「共助」のあり方に注目が集まるのはこのためである。

　近い将来，首都直下地震や東海・東南海・南海トラフ地震が発生する危険性が指摘されている。例えば首都直下地震に関する最悪のシナリオ想定では，2万3000人の人的被害，95兆円の経済被害が発生するとされている。こうした災害では，想像を絶するような規模の被害の発生が懸念されている。自治体の危機管理を進めることによりこうした被害を減じることが求められている。住民の防災意識を高めるとともに，このような災害への備えを継続的かつ着実に進めて行くことが重要である。

**＊ソーシャルキャピタル**
人同士の交流や信頼，お互いのためを思い合う気持ち（互酬性の規範）などが，ある組織や地域，社会で共有されていることを表す概念。いわゆる「地域のきずな」のようなものだと捉えると理解しやすい。社会関係資本，人間関係資本などとも訳される。統計学的手法を使って数値で把握することにより，様々な政策課題との関連を分析することができるのも特徴である。アメリカの政治学者ロバート・パットナムの研究では，ソーシャルキャピタルの高低が，地方政府の政策パフォーマンスの要因であることが示された（Putnum et. al. 1994）。

### 2　感染症対策

　2019年末に発生し世界中に拡散した新型コロナウイルス感染症は，日本の自治体にも多大な影響を及ぼした。本章の最後にこのことについて触れておきたい。

　新型コロナウイルス感染症への国及び自治体の対応は，新型インフルエンザ等対策特別措置法（以下「特措法」）に基づいて実施されてきた。特措法は，2009年に発生した新型インフルエンザ（A/H1N1）対応で明らかとなった課題を踏まえて制定されたものである。

　特措法の下では，新型インフルエンザ等が実際に発生した際には，都道府県に対策本部を設置することが規定されており，市町村には任意に対策本部を設置することが可能とされ

## ▶▶ *Column 16*　「想定外」はなぜ発生するのか ◀◀

　東日本大震災では，津波災害，火災災害，原子力発電所事故という複合災害が発生し，対応においては大きな混乱が発生した。その際，国や自治体の関係者は「想定外」という言葉を頻用し，釈明を行った。行政組織は，ノンルーチンの作業を苦手とする。その中で，過去に経験したことのない危機を想定することは不可能であったのだろうか。

　オランダの行政学者ボインらは，行政組織が危機の認知を行うことの難しさについて，その原因を指摘している（Boin et. al., 2017）。まずは，「評価基準による制約」である。組織や職員の評価は，「何を回避したか」ではなく，「何を達成したか」によって計られる。そうすると，平時の活動範囲を超えたリスクの洗い出しを行う誘因は働きにくい。次に，「業務のルーチン化による制約」である。行政組織は，縦割りの分業により効率性を高めている。その結果，所管が不明な課題は，組織間の「押し付け合い」や「お見合い」となってしまう。最後に，「冗長性の排除」である（冗長性は，「余分」とか「重複」「繰り返し」を意味する）。行政組織を取り巻く環境の変化により，組織のスリム化や効率化が図られている。国と地方自治体の階層性の中で，例えば広域自治体が発見できなかったリスクに，基礎自治体が対応するということが難しくなってきている。

　では，どのように，上記課題を克服すればよいのであろうか。ボインらは，3点の解決策を示している。まずは，首長や幹部職員などのリーダーが，「行政組織のクセ」を理解することである。行政組織には，民間組織とは異なる行動基準や規範がある。それらを理解した上で，リスク認知を行うための制度設計を行う必要がある。次に，危機につながるリスクや問題を発見するための「場」や「環境」を意識的に創り出すことである。潜在的な課題やリスクが，自ら表出することはまれである。積極的，意識的に検証を行う枠組みが必要となる。最後に，政策課題として設定するタイミングを見極めることである。危機は発生するまで，注目を浴びづらい。他の地域で発生した危機やリスクを参照しながら，リーダーや職員，市民の意識を向上させていく必要がある。

　想定外の事態の発生を抑制することは非常に困難な作業ではある。組織的課題をいかにして克服していくのかかが，複合災害など，甚大な被害をもたらす危機を減じていく鍵となる。

（佐々木一如）

　　　　　ている。都道府県は，各種措置をとることが可能とされていた一方で，市町村に想定されていた役割は限定的であった。

　　他方，濃厚接触者の追跡は保健所の所管とされており，保健所を中心とした医療機関との連携が進められている。保健所は都道府県，政令指定都市，中核市に設置されているが，

二次**医療圏**<sup></sup>単位となっている。保健所は1989年には848か所であったが，2022年には468か所にまで半減している。こうした中で新型コロナウイルス感染症が蔓延し，多くの被害者が生じることとなった。二次医療圏の設定は市町村の行政区域とは別の枠組みである。保健所と自治体は重層的に協働し，地域保健を担うこととされている。

　自治体の新型コロナウイルス感染症対策ではワクチン接種をはじめとする対応が求められる業務が多く発生した。その中でいくつもの好事例が登場した反面，反省すべきものや批判を受けたものもあった。なお，地域防災計画・災害予防計画に感染症対策を盛り込んでおり，これを基礎として対策を進めた自治体もあった。

　何を自治体の責務として捉えるべきか。あらためて新型コロナウイルス感染症対策における自治体の役割が問われている。

（佐々木一如）

**＊医療圏**
都道府県が医療サービスに関して設定している地域的単位。医療サービスの内容や役割に応じて，一次医療圏から三次医療圏まである。一次医療圏は，一般的な診療や治療などの日常的な医療を中心に対応する圏域で，原則として基礎自治体を単位とする。二次医療圏は，入院医療を中心とする一般の医療需要に対応する圏域で，市区町村域を越えて設定される。三次医療圏は，特殊な診断や治療を必要とする医療需要に対応するために設定される区域であり，原則として広域自治体を単位とする。

| 年 | 府県の動き | | 郡の動き | |
|---|---|---|---|---|
| | 法令等 | 備　考 | 法令等 | 備　考 |
| 1868 | 政体書布告 | 府藩県三治の制　知府事，諸侯，知県事 | | |
| 1869 | 職員令布告 | 版籍奉還に対応　藩知事 | | |
| 1871 | 廃藩置県 | 3府72県（第1次太政官職制改正） | | |
| 1872 | | | | |
| 1873 | 地方官会議 | （旧） | | |
| 1875 | 地方官会議 | 第1回（第2回1878年，　第3回1880年） | | |
| 1878 | 府県会規則布告 | 府県会への統一的規制，府県会相互の連携禁止 | 郡区町村編制法布告 | 郡長設置 |
| 1880 | | | | |
| 1889 | | | | |
| 1889 | | | | |
| 1890 | 府県制制定 | 府県会（間接選挙），参事会，知事，委員 | 郡制制定 | 郡会（間接選挙），参事会，郡長，委員 |
| 1895 | | | | |
| 1898 | | | | |
| 1899 | 府県制改正 | 府県法人化，府県会直接公選，知事の統括代表権明確化 | 郡制改正 | 郡法人化，郡会直接公選，郡長の統括代表権明確化 |
| 1900 | | | | |
| 1911 | | | | |
| 1914 | 府県制改正 | 名誉職参事会員増員，国の財政監督権緩和，参事会副議決機関化 | | |
| 1921 | | | | |
| 1922 | 府県制改正 | 選挙権・被選挙権拡大，財政行為に対する許可権緩和 | | |
| 1923 | | | 郡制廃止 | |
| 1926 | 府県制改正 | 普選，被選挙権制限撤廃，選挙関係条文の整備，自治権拡充 | 郡長廃止 | |
| 1929 | 府県制改正 | 執行機関の権限縮小，参事会の事前審査制廃止，議会権限の強化 | | |
| 1935 | 府県制改正 | 租税滞納処分者の被選挙権停止，軽易な府県会議決権の参事会委任 | | |
| 1940 | 府県制改正 | 地方税制度の抜本的改革に伴う改正 | | |
| 1943 | 府県制改正 | 重要事件以外の府県会権限の参事会への委任 | | |
| 1943 | 東京都制制定 | 東京府・市合体による東京都新設 | | |
| 1946 | 府県制改正 | 知事直接公選，直接請求制度，知事不信任・議会解散，参事会権限縮小 | | |
| 1946 | 東京都制改正 | 知事直接公選，直接請求制度，知事不信任・議会解散，参事会権限縮小 | | |

**日本国憲法施行まで（1868〜1947年）**

| 市の動き | | 町村の動き | |
|---|---|---|---|
| 法令等 | 備　考 | 法令等 | 備　考 |
| | | 戸籍法制定 | 全国を区に分かち戸長副戸長を置き戸籍調査, 荘屋・名主等廃止 |
| | | 大区小区制 | 大区＝区長, 小区＝副区長 |
| 郡区町村編制法布告 | 大区小区制廃止, 区＝3府5港等・区長 | 郡区町村編制法布告 | 大区小区制廃止, 町村＝戸長 |
| 区町村会法布告 | 区町村の公共に関する事件, その経費の支出徴収方法議定 | 区町村会法布告 | 区町村の公共に関する事件, その経費の支出徴収方法議定 |
| 市制施行 | 市会（任期6年・半数改選・3級選挙制）, 参事会, 市長（任期6年）, 委員 | 町村制施行 | 町村会（任期6年・半数改選・2級選挙制）, 町村長（町村会選挙・任期6年） |
| 3市特例 | 東京・京都・大阪3市の市長＝府知事等 | | |
| 市制改正 | 公民権の内容の明確化, 市会開催要件の緩和 | 町村制改正 | 公民権の内容の明確化, 町村会開催要件の緩和 |
| 3市特例廃止 | 特例廃止に伴う市制改正（区・区長設置） | | |
| 市制改正 | 3市以外に人口20万人以上の市に区・区長設置 | | |
| 市制改正 | 参事会副議決機関化, 市議・市長任期4年, 市議全員同時改選, 市参与, 市町村組合 | 町村制改正 | 町村議・町村長任期4年, 町村議全員同時改選, 町村組合 |
| 市制改正 | 公民権拡大, 公民以外の選挙権廃止, 市会2級選挙制 | 町村制改正 | 公民権拡大, 公民以外の選挙権廃止, 町村会等級選挙制廃止 |
| 市制改正 | 被選挙権制限撤廃, 等級選挙制廃止, 市会による市長選挙, 参事会の事前審査制廃止 | 町村制改正 | 被選挙権制限撤廃 |
| 市制改正 | 執行機関の権限縮小, 国の監督権緩和, 議会権限の強化（議員への発案権付与） | 町村制改正 | 執行機関の権限縮小, 国の監督権緩和, 議会権限の強化 |
| 市制改正 | 租税滞納処分者の被選挙権停止, 軽易な市会議決権の参事会委任 | 町村制改正 | 租税滞納処分者の被選挙権停止 |
| 市制改正 | 地方税制度の抜本的改革に伴う改正 | 町村制改正 | 地方税制度の抜本的改革に伴う改正 |
| 市制改正 | 市長は市会推薦者を内務大臣が選任, 重要事件以外の市会権限の参事会への委任 | 町村制改正 | 参与 |
| 市制改正 | 市長直接公選, 直接請求制度, 市長不信任・議会解散, 参事会権限縮小 | 町村制改正 | 町村長直接公選, 直接請求制度, 町村長不信任・議会解散 |

## 地方自治年表②：日本国憲法施行（1947年）以降

| | | 新制度下での地方自治体の動き |
|---|---|---|
| 1947 | 日本国憲法施行 | 第8章地方自治に4か条，公選の議会と長，行政執行権，条例制定権 |
| 1947 | 地方自治法施行 | 都道府県の完全自治体化，国と自治体対等同格，公選の議会と長，直接請求制度 |
| 1947 | 内務省廃止 | 地方局・警保局・国土局解体 |
| 1948 | 自治体警察設置 | 人口1万人以上の市町村に自治体警察設置，公安委員会設置 |
| 1948 | 消防市町村移管 | 常設（常備）消防と義勇（非常備）消防 |
| 1948 | 地方財政法制定 | 地方財政の運営・国の財政と地方財政との関係等の基本原則 |
| 1948 | 教育委員会法制定 | 都道府県と市町村に公選の教育委員会設置 |
| 1949 | シャウプ勧告 | 地方独立税と地方財政平衡交付金 |
| 1950 | 地方交付税法施行 | 地方配付税に代わる地方交付税のために制定，当初3年間は地方財政平衡交付金 |
| 1950 | 国土総合開発法施行 | 特定地域開発指定，後に全国総合開発計画策定（〜第5次） |
| 1950 | 地方税法施行 | 地方税賦課徴収の基本原則 |
| 1950 | 地方公務員法制定 | 段階的に逐次施行，自治体各種条例整備，人事委員会・公平委員会設置 |
| 1952 | 自治庁設置 | 地方財政委員会と地方自治庁統合 |
| 1952 | 地方自治法改正 | 「民主化行き過ぎ」を正，町村合併への準備，議会定例会開催制限，国の監督強化 |
| 1952 | 地方公営企業法施行 | 自治体の経営する水道等の企業の組織・財政・人事等に関する基本原則 |
| 1953 | 町村合併促進法施行 | 3年の時限立法，市町村数を3分の1に削減，新市町村建設促進法に引き継ぐ |
| 1954 | 自治体警察廃止 | 都道府県警察に一本化 |
| 1956 | 地方自治法改正 | 議会権限縮小，国の監督権強化，都道府県の機能明確化，政令指定都市制度新設 |
| 1956 | 教育委員公選廃止 | 教育委員の任命制 |
| 1957 | 地方制答申 | 第4次地方制度調査会 |
| 1960 | 自治省設置 | 自治庁昇格，消防庁外局化 |
| 1963 | 地方自治法改正 | 議決事件の制限等議会権限の縮小，財務会計制度導入，公の施設追加 |
| 1969 | 地方自治法改正 | 市町村に基本構想策定義務付け |
| 1974 | 地方自治法改正 | 特別区長公選制復活 |
| 1991 | 地方自治法改正 | 機関委任事務への議会・監査委員関与権 |
| 1994 | 地方自治法改正 | 中核市制度新設，広域連合制度新設 |
| 1997 | 地方自治法改正 | 外部監査制度新設 |
| 1999 | 地方自治法改正 | 地方分権推進一括法施行（2000年），特例市制度新設 |

<h1>参考文献一覧</h1>

**■基本書**

今井照（2017）『地方自治講義』筑摩書房

石橋章市朗・佐野亘・土山希美枝・南島和久（2018）『公共政策学』ミネルヴァ書房

今川晃・牛山久仁彦編著（2021）『自治・分権と地域行政』芦書房

今村都南雄・武藤博己・沼田良・佐藤克廣・南島和久（2015）『ホーンブック基礎行政学・第3版』北樹出版

礒崎初仁・金井利之・伊藤正次（2020）『ホーンブック地方自治・新版』北樹出版

入江容子・京俊介編（2020）『地方自治入門』ミネルヴァ書房

大森彌・大杉覚（2021）『これからの地方自治の教科書・改訂版』第一法規

岡田彰・池田泰久（2009）『資料から読む地方自治』法政大学出版局

北村亘・青木栄一・平野淳一（2017）『地方自治論：2つの自律性のはざまで』有斐閣

北山俊哉・稲継裕昭編著（2021）『テキストブック地方自治・第3版』東洋経済新報社

佐藤竺監修，今川晃・馬場健編著（2009）『市民のための地方自治入門：行政主導型から住民参加型へ・新訂版』実務教育出版

柴田直子・松井望編著（2012）『地方自治論入門』ミネルヴァ書房

曽我謙悟（2019）『日本の地方政府：1700自治体の実態と課題』中央公論新社

西尾勝（2001）『行政学・新版』有斐閣

西尾勝（2012）『自治・分権再考：地方自治を志す人たちへ』ぎょうせい

村松岐夫編（2010）『テキストブック地方自治・第2版』東洋経済新報社

**■講座・叢書・シリーズ等**

小早川光郎・天川晃・磯部力・森田朗・斎藤誠編（1999）『史料　日本の地方自治・全3巻』学陽書房

地方自治総合研究所監修（2000-2005）『逐条研究地方自治・法Ⅰ〜Ⅴ』敬文堂

西尾勝編（2001）『シリーズ分権型社会を創る・全12巻』ぎょうせい

西尾勝・神野直彦編（2004）『自治体改革・全10巻』ぎょうせい

松下圭一・西尾勝・新藤宗幸編著（2002）『岩波講座　自治体の構想・全5巻』岩波書店

森田朗・大西隆・上田和弘・森田朗・大沢真理・神野直彦編（2003-2004）『講座　新しい自治体の設計・全6巻』有斐閣

**■その他参考文献**

青木栄一（2013）『地方分権と教育行政』勁草書房

秋月謙吾（2001）『行政・地方自治』東京大学出版会

秋吉貴雄・伊藤修一郎・北山俊哉（2020）『公共政策学の基礎・第3版』有斐閣

芦部信喜（2019）『憲法・第7版』岩波書店

足立幸男（2009）『公共政策学とは何か』ミネルヴァ書房

天川晃（2017）『戦後自治制度の形成』左右社

荒木昭次郎（1990）『参加と協働：新しい市民＝行政関係の創造』ぎょうせい

アリキヴィ，R.・前田陽二（2017）『未来型国家エストニアの挑戦』インプレスR&D

石黒磐（1889）『市町村制実解』集成社書店

出石稔（2022）「自治体法務とは」自治体法務検定委員会編『自治体法務検定公式テキスト　政策法務編　2022年度検定対応版』第一法規

礒崎初仁（2018）『自治体政策法務講義・改訂版』第一法規

磯部力・小幡純子・斎藤誠編（2013）『地方自治判例百選・第4版』有斐閣

市川喜崇（2012）『日本の中央地方関係：現代型集権体制の起源と福祉国家』法律文化社

井出嘉憲（1967）『行政広報論』勁草書房

伊東弘文（1992）『入門地方財政』ぎょうせい

伊東弘文・佐藤進（1995）『入門租税論』三嶺書房

伊藤修一郎（2002）『自治体政策過程の動態：政策イノベーションと波及』慶應義塾大学出版会

伊藤修一郎（2006）『自治体発の政策革新：景観条例から景観法へ』木鐸社

伊藤正次（2003）『日本型教育委員会制度の形成：組織と変革の行政史』東京大学出版会

稲継裕昭（2000）『人事・給与と地方自治』東洋経済新報社

稲継裕昭（2006）『自治体の人事システム改革』ぎょうせい

稲継裕昭編（2018）『シビックテック』勁草書房

稲沢克祐（2006）『自治体の市場化テスト』学陽書房

今井照（2001）『自治体の政策形成』学陽書房

今井照（2006）『自治体のアウトソーシング』学陽書房

今井照（2008）『「平成大合併」の政治学』公人社

今井照（2014）『自治体再建』ちくま書房

今井照（2018）「「計画」による国－自治体間関係の変化」『自治総研』（477），7月号

今井照編（2008）『市民自治のこれまで・これから』公職研

今井一（2000）『住民投票：顧客民主主義を超えて』岩波書店

今川晃（1993）『自治体行政統制論への序曲：住民は何を統制できるか』近代文芸社

今川晃（2002）「あとがき」（佐藤竺監修，今川晃編著『市民のための地方自治入門：行政主導型から住民参加型へ』実務教育出版）

今川晃（2011）『個人の人格の尊重と行政苦情救済』敬文堂

今川晃編（2005）『行政苦情救済制度』全国行政相談委員連合協議会

今川晃編（2014）『地方自治を問いなおす：住民自治の実践がひらく新地平』法律文化社

今川晃編（2016）『自治体政策への提言』北樹出版

今川晃・牛山久仁彦・村上順編（2007）『分権時代の地方自治』三省堂

今川晃・高橋秀行・田島平伸（1999）『地域政策と自治』公人社

今川晃・山口道昭・新川達郎（2005）『地域力を高めるこれからの協働』第一法規

今村都南雄（1997）『公共サービスと民間委託』敬文堂

今村都南雄（1998）『行政の理法』三嶺書房

今村都南雄編（2006）『現代日本の地方自治』敬文堂

魚住弘久（2020）「文書管理における廃棄の論点」『月刊ガバナンス』2020年2月号

宇賀克也・水町雅子・梅田健史（2014）『施行令完全対応　自治体職員のための番号法改正：制度編』第一法規

宇賀克也（2015）『逐条解説公文書等の管理に関する法律・第 3 版』第一法規

宇賀克也（2018）『新・情報公開法の逐条解説・第 8 版』有斐閣

宇賀克也（2019）『情報公開・オープンデータ・公文書管理』有斐閣

宇賀克也（2021）『地方自治法概説・第 9 版』有斐閣

宇賀克也編（2021）『自治体職員のための2021年改正個人情報保護法解説』第一法規

打越綾子（2004）『自治体における企画と調整：事業部局と政策分野別基本計画』日本評論社

宇野二朗・長野基・山崎幹根（2022）『テキストブック地方自治の論点』ミネルヴァ書房

江藤俊昭（2011）『自治体議会改革』学陽書房

江藤俊昭（2016）『議会改革の第 2 ステージ』ぎょうせい

NHK スペシャル編（2020）『地方議会議員は必要か：3 万 2 千人の大アンケート』文藝春秋（文春新書）

大川村議会維持対策検討会議（2017）『大川村議会の維持に向けた方策について（中間とりまとめ）』

大杉覚（2021）『コミュニティ自治の未来図』ぎょうせい

大住荘四郎（1999）『ニュー・パブリック・マネジメント』日本評論社

大谷基道（2019）『東京事務所の政治学』勁草書房

大森彌（1987）『自治体行政学入門』良書普及会

大森彌（1990）『自治行政と住民の「元気」：続・自治体行政学入門』良書普及会

大森彌（2002）『分権改革と地方議会・新版』ぎょうせい

大森彌（2006）『官のシステム』東京大学出版会

大森彌（2008）『変化に挑戦する自治体：希望の自治体行政学』第一法規

大森彌（2017）『人口減少時代を生き抜く自治体』第一法規

大森彌・佐藤誠三郎（1986）『日本の地方政府』東京大学出版会

鹿児島重治（1996）『逐条地方公務員法・第 6 次改訂版』学陽書房

金井利之（2007）『自治制度』東京大学出版会

金井利之（2010）『実践自治体行政学』第一法規

金井利之（2012）『原発と自治体』岩波書店

金井利之（2019）『自治体議会の取扱説明書』第一法規

金井利之（2021）『コロナ対策禍の国と自治体：災害行政の迷走と閉塞』ちくま新書

金井利之編（2019）『縮減社会の合意形成』第一法規

兼子仁他編（1986）『広報広聴と情報政策』労働旬報社

兼子仁・室井力（1992）『地方自治法：新版（別冊法学セミナー）』日本評論社

兼子仁・室井敬司編（2007）『情報公開実務指針：自治体審査会答申辞令を踏まえて』ぎょうせい

川崎市議会（1991）『川崎市議会史・記述編 I 』

木佐茂男・逢坂誠二編（2003）『わたしたちのまちの憲法：ニセコ町の挑戦』日本経済評論社

北村喜宣（2004）『分権条例を創ろう！』ぎょうせい

北村亘（2013）『政令指定都市：百万都市から都構想へ』中央公論新社

北山俊哉（2011）『福祉国家の制度発展と地方政府：国民健康保険の政治学』有斐閣

木寺元（2012）『地方分権改革の政治学』有斐閣

キングダン，J.（笠京子訳）（2017）『アジェンダ・選択枝・公共政策：政策はどのように決まるのか』勁草書房

栗原利美（2012）『東京都区制度の歴史と課題』公人の友社

小磯修二・村上裕一・山崎幹根（2018）『地方創生を超えて』岩波書店

幸徳秋水（1903）『社会主義神髄』朝報社

幸田雅治編（2018）『地方自治論：変化と未来』法律文化社

小西砂千夫（2007）『地方財政改革の政治経済学』有斐閣

小林明夫（2022）「立法法務の基礎」自治体法務検定委員会編『自治体法務検定公式テキスト政策法務編　2022年度検定対応版』第一法規

財務省（2018）『森友学園案件に係る決裁文書の改ざん等に関する調査報告書』

相模原市議会（1994）『相模原市議会史・記述編Ⅰ』

佐藤竺（1965）『日本の地域開発』未来社

佐藤竺（1976）『転換期の地方自治』学陽書房

佐藤竺（1990）『地方自治と民主主義』大蔵省印刷局

佐藤竺（2007）『日本の自治と行政・上下』敬文堂

佐藤竺（2009）「昭和の大合併：町村合併促進法と合併推進がもたらしたもの」（東京市政調査会編『地方自治史を掘る』財団法人東京市政調査会）

佐藤竺編（1974）『地域開発・公害への対応』学陽書房

佐藤竺編（2002）『逐条研究　地方自治法１総則－直接請求』敬文堂

佐藤竺監修，今川晃編著（2002）『市民のための地方自治入門：行政主導型から住民参加型へ』実務教育出版

佐藤竺監修，今川晃・馬場健編著（2005）『市民のための地方自治入門：行政主導型から住民参加型へ・改訂版』実務教育出版

佐藤竺・八木欣之介編（1998）『地方議会活性化ハンドブック』ぎょうせい

佐藤竺・渡辺保男編著（1975）『住民参加の実践』学陽書房

佐藤俊一（2002）『地方自治要論』成文堂

市場化テスト推進協議会編（2007）『市場化テスト』学陽書房

自治振興中央会編（1941）『府県制度資料・上下』歴史図書社

自治体国際化協会（1995）『ノルウェーのフリー・コミューン・プログラム』（Clair Report No.099）

自治体法務検定委員会編（2022）『自治体法務検定公式テキスト政策法務編　2022年度検定対応版』第一法規

篠原一（2004）『市民の政治学：討議デモクラシーとは何か』岩波書店

篠原一・林屋礼二編（1999）『公的オンブズマン』信山社

篠原一編集代表（2001）『警察オンブズマン』信山社

篠原一編著（2012）『討議デモクラシーの挑戦：ミニ・パブリックスが拓く新しい政治』岩波書店

嶋田暁文・阿部昌樹・木佐茂男編（2015）『地方自治の基礎概念』公人の友社

島田恵司（2007）『分権改革の地平』コモンズ

清水唯一朗（2013）『近代日本の官僚：維新官僚から学歴エリートへ』中央公論新社

白藤博行・榊原秀訓・徳田博人・本田滝夫編（2020）『地方自治法と住民：判例と政策』法律文化社

新藤宗幸（2002）『地方分権改革・第2版』岩波書店

新藤宗幸編（1999）『住民投票』ぎょうせい

神野直彦（2007）『財政学』有斐閣

神野直彦編（2006）『三位一体改革と地方税財政』学陽書房

神野直彦・金子勝編（1999）『福祉政府への提言』岩波書店

鈴木潔（2009）『強制する法務・争う法務：行政上の義務履行確保と訴訟法務』第一法規

砂原庸介（2012）『大阪：大都市は国家を超えるか』中公論新社

砂原庸介（2022）『領域を超えない民主主義：地方政治における競争と民意』東京大学出版会

砂原庸介・手塚洋輔（2022）『公共政策：新訂』放送大学教育振興会

曽我謙悟（2022）『行政学：新版』有斐閣

曽我謙悟・待鳥聡史（2007）『日本の地方自治』名古屋大学出版会

第2次地方（町村）議会活性化研究会（2005）『分権時代に対応した新たな町村議会の活性化方策・中間報告』全国町村議会議長会

田尾雅夫（2011）『市民参加の行政学』法律文化社

高木鉦作（1989）「大都市制度の再検討」『年報行政研究』（第23号）

高木鉦作（2005）『町内会廃止と「新生活協同体の結成」』東京大学出版会

竹下譲監修（2008）『よく分かる世界の地方自治制度』イマジン出版

武智秀之（2008）『政府の理性，自治の精神』中央大学出版部

田中良弘編（2022）『原子力政策と住民参加：日本の経験と東アジアからの示唆』第一法規

田村明（2001）『自治体学入門』岩波書店

田村秀（2003）『市長の履歴書』ぎょうせい

田村秀（2012）『暴走する地方自治』筑摩書房

田村秀（2013）『道州制で日本はこう変わる』扶桑社

田村秀（2017）『新潟の逆襲』言視社

田村秀（2018）『地方都市の持続可能性』筑摩書房

地方自治制度研究会編（2015）『地方分権　20年のあゆみ』ぎょうせい

町村議会のあり方に関する研究会（2018）『町村議会のあり方に関する研究会報告書』

辻清明（1952）『日本官僚制の研究』弘文堂

辻清明（1976）『日本の地方自治』岩波書店

辻清明・林茂編（1981）『日本内閣史録 I』第一法規

辻陽（2019）『日本の地方議会：都市のジレンマ，消滅危機の町村』中央公論新社

辻山幸宣編（1998）『住民・行政の協働』ぎょうせい

辻山幸宣（2002）「自治基本条例の構想」（松下圭一・新藤宗幸・西尾勝編『自治体の構想4　機構』岩波書店）

土山希美枝（2007）『高度成長期「都市政策」の政治過程』日本評論社

土山希美枝（2019）『質問力で高める議員力・議会力』中央文化社

東京市政調査会（1940）『自治制度五十年史』

土岐寛（2003）『東京問題の政治学・第2版』日本評論社

トクヴィル，A.（松本礼二訳）（2005-2008）『アメリカのデモクラシー（第1巻上・第1巻下・第2巻上・第2巻下）』岩波書店

土橋幸男（2006）『分権時代の広聴入門』ぎょうせい

中川義朗編（2003）『21世紀の地方自治を考える：法と政策の視点から』法律文化社

中村健蔵・宮内国太郎・阿部壽準・立花俊吉（1911）『改正市制町村制釈義』帝国地方行政学会

中邨章（2003）『自治体主権のシナリオ：ガバナンス・NPM・市民社会』芦書房

中邨章（2020）『自治体の危機管理：公助から自助への導き方』ぎょうせい

南島和久（2010）「NPMをめぐる2つの教義―評価をめぐる『学』と『実務』」（山谷清志編『公共部門の評価と管理』晃洋書房）

南島和久（2017）「行政管理と政策評価の交錯：プログラムの観念とその意義」（『公共政策研究』（17））

南島和久（2020）『政策評価の行政学：制度運用の理論と分析』晃洋書房

鳴海正泰（1982）『戦後自治体改革史』日本評論社

名和田是彦（1998）『コミュニティの法理論』創文社

名和田是彦（2021）『自治会・町内会と都市内分権を考える』東信堂

新川達郎編（2011）『公的ガバナンスの動態研究：政府の作動様式の変容』ミネルヴァ書房

西尾隆編（2004）『住民・コミュニティとの協働』ぎょうせい

西尾勝（1999）『未完の分権改革』岩波書店

西尾勝（2000）『行政の活動』有斐閣

西尾勝（2004）「分権改革による自治世界形成」（西尾勝・小林正弥・金泰昌編『公共哲学11・自治から考える公共性』東京大学出版会）

西尾勝（2006）『分権改革と政治改革』公人の友社

西尾勝（2007）『地方分権改革』東京大学出版会

西尾勝（2007）『地方分権改革の道筋』公人の友社

西尾勝編（2000）『行政評価の潮流』行政管理研究センター

西尾勝・岩崎忠夫（1993）『地方政治と議会』ぎょうせい

西尾勝・新藤宗幸（2007）『いま，なぜ地方分権なのか』実務教育出版

西尾勝（2018）『国会の立法権と地方自治』公人の友社

日本都市センター（2004）『近隣政府の自治の仕組みと近隣政府：多様で主体的なコミュニティ形成を目指して』

西村美香（1999）『日本の公務員給与政策』東京大学出版会

日本都市センター編（2002）『自治体と総合計画：現状と課題』日本都市センター

野田遊（2021）『自治のどこに問題があるのか：実学の地方自治論』日本経済評論社

野田由美子編（2004）『民営化の戦略と手法：PFIからPPPへ』日本経済新聞社

秦郁彦編（2001）『日本官僚制総合辞典1868-2000』東京大学出版会

ハーバーマス，J.（河上倫逸・耳野健二訳）『事実性と妥当性：法と民主的法治国家の討議理論にかんする研究・上下』未来社，2003年

林健久（2004）『グローバル化と福祉国家財政の再編』東京大学出版会

ヒジノ，K. V. L.（岩見豊訳）（2015）『日本のローカルデモクラシー』芦書房

日端康雄編（2001）『市民参加の国土デザイン：豊かさは多様な価値観から』日本評論社

平岡祥孝・宮地晃輔・南島和久編（2022）『英国の諸相』創成社

廣瀬克哉（2010）『「議員力」のススメ』ぎょうせい

藤井浩司・縣公一郎編（2007）『コレーク行政学』成文堂

ブライス，J.（松山武訳）（1950）『近代民主政治（第１‐４巻）』岩波書店

牧田義輝（2007）『住民参加の再生』勁草書房

増田寛也編（2014）『地方消滅：東京一極集中が招く人口急減』中央公論新社

松下圭一（1971）『シビル・ミニマムの思想』東京大学出版会

松下圭一（1991）『政策型思考と政治』東京大学出版会

松下圭一（1996）『日本の自治・分権』岩波書店

松下圭一（1999）『自治体は変わるか』岩波書店

松下圭一（2003）『シビル・ミニマム再考』公人の友社

松下圭一（2004）『自治体再構築の市民戦略』公人の友社

松下圭一（2005a）『転型期日本の政治と文化』岩波書店

松下圭一（2005b）『自治体再構築』公人の友社

松本英昭（2009）『要説地方自治法・第６次改訂版』ぎょうせい

真山達志（2001）『政策形成の本質：現代自治体の政策形成能力』成文堂

真山達志（2012）『ローカル・ガバメント論』ミネルヴァ書房

真山達志編（2016）『政策実施の理論と実像』ミネルヴァ書房

真山達志・牛山久仁彦編（2022）『大都市制度の構想と課題：地方自治と大都市制度改革』
　　晃洋書房

三木由希子（2002）「情報公開と市民活動」（松下圭一・西尾勝・新藤宗幸編著『岩波講座自
　　治体の構想5　自治』岩波書店

ミル，J.S.（関口正司訳）（2019）『代議制統治論』岩波書店

宮本太郎（2017）『共生保障：〈支え合い〉の戦略』岩波新書

三浦哲司（2021）『自治体内分権と協議会』東信堂

武藤博己編（2001）『分権社会と協働』ぎょうせい

武藤博己編（2004）『自治体経営改革』ぎょうせい

武藤博己編（2007）『自治体職員制度の設計』公人社

武藤博己編（2014）『公共サービス改革の本質：比較の視点から』敬文堂

村松岐夫（1988）『地方自治』東京大学出版会

村松岐夫・恒川惠市監修，小原隆治・稲継裕昭編（2015）『震災後の自治体ガバナンス』東
　　洋経済新報社

持田信樹編（2006）『地方分権と財政調整制度』東京大学出版会

森田朗編（1998）『行政学の基礎』岩波書店

山下祐介・金井利之（2015）『地方創生の正体』ちくま書房

山梨学院大学行政研究センター編（1999）『市民活動の展開と行政』中央法規出版

山本啓編（2002）『NPOと法・行政』ミネルヴァ書房

山本啓編（2008）『ローカルガバメントとローカルガバナンス』法政大学出版局

山本圭（2021）『現代民主主義』中公新書

山谷清志（1997）『政策評価の理論とその展開』晃洋書房

山谷清志編（2010）『公共部門の評価と管理』晃洋書房

山谷清志編（2021）『政策と行政』ミネルヴァ書房

山谷清志・岩渕公二編（2022）『協働型評価とNPO』晃洋書房

山谷清志・藤井誠一郎編（2021）『地域を支えるエッセンシャル・ワーク』ぎょうせい

山谷清秀（2017）『公共部門のガバナンスとオンブズマン』晃洋書房

湯浅孝康（2021）『政策と行政の管理：評価と責任』晃洋書房

横田清編（1997）『住民投票Ⅰ』公人社

吉田徹（2021）『くじ引き民主主義：政治にイノヴェーションを起こす』光文社新書

寄本勝美編（2001）『公共を支える民』コモンズ

羅芝賢（2019）『番号を創る権力』東京大学出版会

ルソー，J.J.（桑原武夫・前川貞次郎訳）（1954）『社会契約論』岩波書店

若松隆・山田徹（2008）『ヨーロッパ分権改革の新潮流』中央大学出版部

和田八束他編（2004）『現代の地方財政』有斐閣

Boin, A., t' Hart, P., Stern, E,. and Sundelius, B. (2017) *The Politics of Crisis Management: Public Leadership under Pressure* (2nd ed.). Cambridge: Cambridge University Press.

Braybrook, D. and Lindblom, C. E. (1963) *A Strategy of Decision: Policy Evaluation as a Social Process,* Free Press.

Cooper, T. L. (2012) *The Responsible Administrator: An Approach to Ethics for the Administrative Role* (6th ed. ), Jossey-Bass.

Simon, H. A. (1982) *Models of Bounded Rationality,* The MIT Press.

Mayhew, D. R. (2004) *Congress: The Electoral Connection* (2nd ed.), Yale University Press.

National Election Committee, Elections in Estonia (https://www.valimised.ee/en)

Putnam, R. D., Leonardi, R. and Nanetti, R. Y. (2004), *Making Democracy Work: Civic Traditions in Modern Italy* (pbk), Princeton University Press.

Gilbert, C. E. (1959) 'The Framework of Administrative Responsibility,' *The Journal of Politics*, 21(3) (August), 373-407.

公共政策研究所HP（http://koukyou-seisaku.com/）

地方自治月報（https://www.soumu.go.jp/main_sosiki/jichi_gyousei/bunken/chousa.html）

ニセコ町HP（https://www.town.niseko.lg.jp/chosei/keikaku/machizukuri_jorei/machizukuri_jorei/）

全国市議会議長会（2021）「市議会議員の属性に関する調」（https://www.si-gichokai.jp/publish/index.html）

全国町村議会議長会（2021）『町村議会実態調査』（https://www.nactva.gr.jp/html/research/index.html）

e-Estonia, *Facts & Figures*（https://e-estonia.com/facts-and-figures/）

# あとがき

> 「何かをなし遂げようとするとき，そこでは目的に向けて行動する熱意が問われる。与えられた仕事として形式的にそれをこなすだけであれば，苦労もせず，無事時間が過ぎていくかもしれない。しかしながら，自己決定と自己責任とが問われる地方分権の社会ではそうはいかない。」
>
> （今川 2002：222）

　本書は，佐藤竺監修／今川晃・馬塲健編著『新訂版　市民のための地方自治入門』（実務教育出版，2009年）を底本とし，章の構成の大幅な見直しを行ったうえで新たな企画として起こしたものである。『市民のための地方自治入門』は，2002年に初版が刊行され，2005年の改訂版を経て，2009年に新訂版が刊行された。これら各版は多くの方々にご愛読いただいた。この「あとがき」では，2009年の『新訂版　市民のための地方自治入門』（以下「前著」という）と本書とは何が同じなのか，そして何が異なるのかについて触れたい。

　まず前著との類似点はコンセプトである。2000年分権改革が成し遂げられた後に刊行された前著は，章の構成にいわゆる「補完性の原理」を取り込む形で企画された。すなわち，住民をめぐる議論から説き起こし，歴史を踏まえ，自治体のあり方を解説していくというスタイルを採っていた。このコンセプトは本書でも継承している。それとともに，一部の章については内容上非常に高い連続性がある。特に第1章と第7章については前著の原稿を基本に，執筆者の了解を得て編者の責任で加筆を行った。本書に収録された初出一覧は以下のとおりである（※「本書」「前著」の形で記載）。

　　佐藤竺（馬塲健校注）「第1章　自治の歴史」［第1章　自治の歴史］
　　牛山久仁彦・山岸絵美理「第3章　地域と社会」［第3章　自治の基盤（住民）（牛山久仁彦の単著）］
　　飛田博史「第9章　政策と財務」［第7章　自治を支える財政］
　　佐藤竺（南島和久校注）「第7章　職員の責務」［第11章　自治の課題（公務員）］
　　前田成東「第13章　事業の実施」［第10章　自治の課題（自治体運営）］
　　南島和久「第14章　政策の評価」［第12章　自治の課題（評価）］

　次に，本書と前著の相違点であるが，主なポイントは以下の4点である。

　第1に，編者と執筆陣が大きく変わったことである。この点についてはまずは巻末の執筆者一覧を参照ありたい。ここでは特に従来の執筆陣に加え，気鋭の執筆者に参加を求めた点を強調しておく。新規の執筆者は，五十音順で，佐々木一如，鹿谷雄一，鈴木潔，田村秀，土屋耕平，山岸絵美理，山谷清秀，湯浅孝康の8名の先生方である。これらの執筆者の参加は本書の大きな活力源となった。

　第2に，本書では新たに側注を設けることとし，あわせて書き込みが可能な空間を用意することで，より初学者に親しみのある体裁となるよう努めた。このスタイルは，出版社である法律文化社の提案であるとともに，辻清明の『行政学概論　上』（東京大学出版会，1966年）や松下圭一の『現代政治学』（東京大学出版会，1968年）をモデルとしたものである。教科書には書き込む場所が必要である。どんどん書き込みをし，自分なりのテキストを作っていただきたい。

　第3に，地方自治論を「制度論」「管理論」「政策論」の3つに区分し，本書はこれらのうち「制度論」と「管理論」に特化することとしたという点である。「政策論」については思い切って姉妹本たる『自治体政策学』（法律文化社刊行予定）との間で役割分担を行った。事例があった方が教科書の内容が理解しやすくなると言われるが，他方でこうした役割分担があった方が読みやすくなるのではないかと考えた次第である。

　第4に，全体を4つの部に整理し，本書の全体の骨格を明確にした。それぞれの部には関連する3〜4つの章を置いた。第Ⅰ部は「自治体の基盤」とし，自治体を取り巻く全体的な概況をまとめた。第Ⅱ部は「自治体の構造」とし，自治体を理解するための基本知識をまとめた。第Ⅲ部は「自治体の運営」とし，法務・財務・情報に関する基礎事項をまとめた。あわせて行政統制の整理に基づく俯瞰の章を含めた。第Ⅳ部は「自治体の活動」とし自治体政策過程の基礎をまとめ，危機管理の章を配した。

　自治体を取り巻く社会環境は厳しい。なかでも人口減少社会，特に高齢化の進行と財政状況の悪化は，自治体にさらなる変容を迫っている。後の時代から振り返れば，2022年は牧歌的な時代に見えるかもしれない。現代の地方自治を取り巻く隘路（あいろ）を自らの手で切り開くのか否かは，自治体関係者だけの課題ではない。私たちはもっと多くのことを学ばなければならない。

　最後に，本書の刊行を今川晃先生にご報告申し上げる。今川先生は2016年9月24日に永い眠りにつかれた。本書は，今川先生のこれまでの自治への熱意を継承することを出発点としている。このことをここに刻んでおきたい。

謝辞　本書は多くの関係者の協力によって成り立っている。紙幅の関係上ごく一部となるが，お名前を挙げておきたい。まず筆頭は佐藤竺先生である。佐藤先生には前著までの監修・編者に引き続き本書にも2つの章の執筆者としてご参加をいただいた。掲載をご快諾くださった佐藤先生には感謝の言葉もない。ついで，今般の企画に前著の内容が含まれることにご了承をいただいた実務教育出版に御礼を申し上げたい。大幅な改訂を行ったとはいえ，本書は実務教育出版時代に育てていただいた大切なものが数多く詰まっている。最後に，法律文化社および本書の制作に多大なご尽力をいただいた法律文化社の梶谷修氏に感謝を申し上げる。梶谷氏の存在なくして本書を語ることはできない。ひとつの著作物を一緒に作っていくという梶谷氏の姿勢には頭が下がる思いであった。記して謝意を表したい。

2022年11月

編者　馬場　健
南島和久

# 索　引
（太字は側注解説のあるページ）

# 執筆者紹介

**馬場　健**（ばば　たけし）**編者　序章，第1章**

　成蹊大学大学院法学政治学研究科博士課程後期満期退学。博士（政治学）

　　現在：新潟大学法学部教授

　　専門分野：行政学，イギリス都市行政

　　主著：『戦後英国のニュータウン政策』敬文堂，2003年／『市民のための地方自治入門　新訂版』（共
　　　　　編著）実務教育出版，2009年／『英国の大都市行政と都市政策　1945-2000』敬文堂，2012年

**南島和久**（なじま　かずひさ）**編者　第7章，第14章**

　法政大学大学院社会科学研究科政治学専攻博士後期課程修了。博士（政治学）

　　現在：龍谷大学政策学部教授

　　専門分野：政策学，行政学

　　主著：『ホーンブック基礎行政学〔第3版〕』（共著）北樹出版，2015年／『公共政策学』（共著）ミネ
　　　　　ルヴァ書房，2018年／『政策評価の行政学—制度運用の理論と分析—』（単著）晃洋書房，
　　　　　2020年

**佐藤　竺**（さとう　あつし）**第1章，第7章**

　東京大学法学部卒業

　　現在：成蹊大学名誉教授

　　専門分野：行政学，地方自治

　　主著：『日本の地域開発』未来社，1965年／『武蔵野市百年史記述編　II，III，IV』1998，2000，
　　　　　2002年／『日本の自治と行政　上・下』敬文堂，2008年

　　翻訳：『フラーンデレン基礎自治体令の草稿』公職研，2019年

**鹿谷雄一**（しかたに　ゆういち）**第2章**

　大東文化大学大学院法学研究科博士後期課程修了。博士（政治学）

　　現在：北海学園大学法学部准教授

　　専門分野：地方自治論

　　主著：『行政と地方自治の現在』（共著）北樹出版，2015年／『合意形成と地方自治』（共著）敬文
　　　　　堂，2008年

**牛山久仁彦**（うしやま　くにひこ）**第3章**

　明治大学大学院政治経済学研究科博士後期課程単位取得退学

　　現在：明治大学政治経済学部教授

　　専門分野：行政学，地方自治論

　　主著：『自治・分権と地域行政』（編著）芦書房，2020年／『分権時代の地方自治』（編著）三省堂，
　　　　　2007年／『広域行政と自治体経営』（編著）ぎょうせい，2003年

**山岸絵美理**（やまぎし　えみり）**第3章**

　明治大学大学院政治経済学研究科博士後期課程修了。博士（政治学）

　　現在：大月市立大月短期大学経済科准教授

　　専門分野：行政学，地方自治論

　　主著：『大都市制度の構想と課題』（共著）晃洋書房，2022年／『自治体議会の構想と課題』（共著）

芦書房，2012年／「行政相談委員と市町村合併―自治体区域の変更にともなう民主的統制への影響―」『行政苦情救済＆オンブズマン』2021年5月

## 田村　秀（たむら　しげる）　第4章
東京大学工学部都市工学科卒業。博士（学術）（国際基督教大学）
現在：長野県立大学グローバルマネジメント学部教授
専門分野：行政学，地方自治，公共政策
主著：『道州制・連邦制―これまでの議論・これからの展望―』ぎょうせい，2004年／『公立大学の過去・現在そして未来―持続可能な将来への展望―』玉川大学出版部，2021年／『自治体庁舎の行政学』渓水社，2022年

## 佐藤　学（さとう　まなぶ）　第5章
ピッツバーグ大学政治学大学院満期退学（ABD）。博士（政治学）（中央大学）
現在：沖縄国際大学法学部教授
専門分野：地方自治，アメリカ政治，日米関係
主著：『米国型自治の行方―ピッツバーグ都市圏自治体破綻の研究―』敬文堂，2009年／『沖縄論―平和・環境・自治の島へ―』（共著）岩波書店，2010年／『新しい公共と自治の現場』（共著）コモンズ，2011年

## 湯浅孝康（ゆあさ　たかやす）　第6章
同志社大学大学院総合政策科学研究科博士後期課程単位取得満期退学。博士（政策科学）
現在：大阪国際大学経営経済学部講師
専門分野：行政学，政策学，地方自治論
主著：『政策と行政の管理―評価と責任―』晃洋書房，2021年／『地域を支えるエッセンシャル・ワーク』（共著）ぎょうせい，2021年／『政策と行政』（共著）ミネルヴァ書房，2021年

## 鈴木　潔（すずき　きよし）　第8章
明治大学大学院政治経済学研究科博士後期課程修了。博士（政治学）
現在：専修大学法学部教授
専門分野：行政学，公共政策，地方自治
主著：『強制する法務・争う法務』第一法規，2009年／『多機関連携の行政学』（共著）有斐閣，2019年／「ストリートレベル官僚制の管理手法―児童虐待防止行政を事例として―」『公共政策研究』(19)，2019年

## 飛田博史（とびた　ひろし）　第9章
明治大学大学院政治経済学研究科経済学専攻博士後期課程単位取得退学
現在：（公財）地方自治総合研究所　副所長
専門分野：地方財政論
主著：『市町村合併による防災力空洞化』（共著）ミネルヴァ書房，2013年／『財政の自治』公人社，2013年／『国税・森林環境税―問題だらけの増税―』（共著）公人の友社，2021年

## 土屋耕平（つちや　こうへい）　第10章
早稲田大学大学院政治学研究科博士後期課程単位取得退学。修士（政治学）
現在：中央学院大学法学部准教授

専門分野：行政学，地方自治論

主著：『新しい自治のしくみづくり』（共著）ぎょうせい，2006年／『危機の時代と「知」の挑戦（上）』（共著）論創社，2018年／「地方自治法における内部統制制度について」『中央学院大学法学論叢』36（1），2022年

## 山谷清秀（やまや　きよひで）　第11章

同志社大学大学院総合政策科学研究科博士後期課程修了。博士（政策科学）

現在：青森中央学院大学経営法学部講師

専門分野：行政学，地方自治論

主著：『地方自治を問いなおす』（共著）法律文化社，2014年／『公共部門のガバナンスとオンブズマン』晃洋書房，2017年／『地域を支えるエッセンシャル・ワーク』（共著）ぎょうせい，2021年

## 今里佳奈子（いまさと　かなこ）　第12章

同志社大学大学院総合政策科学研究科博士後期課程修了。博士（政策科学）

現在：龍谷大学政策学部教授

専門分野：行政学，地方自治論

主著：「農山村地域における買い物困難問題対策とコミュニティ・ガバナンス」『龍谷政策学論集』2022年／ *Depopulation, Deindustrialisation & Disasters*，（共著）Macmillan，2019年／『連携アプローチによるローカルガバナンス』（共著）日本評論社，2017年

## 前田成東（まえだ　しげとう）　第13章

中央大学大学院博士課程後期課程法学研究科政治学専攻退学。法学修士。

現在：東海大学政治経済学部教授

専門分野：行政学

主著：『新八王子市史（通史編6　近現代（下））』（共著）2017年／「欧米型サード・セクターと日本における第三セクターの展開」『運輸と経済』79（2），交通経済研究所，2019年／「日本の鉄道事業における上下分離方式の展開」『季刊行政管理研究』165，行政管理研究センター，2019年

## 佐々木一如（ささき　かずゆき）　第15章

明治大学政治経済学研究科博士後期課程中退。修士（政治学）

現在：常磐大学総合政策学部准教授

専門分野：行政学，公共政策学，危機管理論

主著：「New Group Syndrome in the Handling of the Fukushima Nuclear Power Plant Accident ─ Crises in Crisis Communication ─」『ガバナンス研究』（15），2019年／「エンドゲーム：危機管理と政策終了」『ガバナンス研究』（13），2017年／「"Glocal" Response to the Climate Change and its Socio Economic Impacts: Lessons from Cases of Emergency Managements」『ガバナンス研究』（11），2015年

Horitsu Bunka Sha

Basic Study Books

# 地方自治入門

2023年2月25日　初版第1刷発行

| | |
|---|---|
| 編著者 | 馬場　健・南島和久 |
| 発行者 | 畑　　光 |
| 発行所 | 株式会社 法律文化社 |

〒603-8053
京都市北区上賀茂岩ヶ垣内町71
電話 075(791)7131　FAX 075(721)8400
https://www.hou-bun.com/

印刷：中村印刷㈱／製本：㈲坂井製本所
装幀：白沢　正
ISBN 978-4-589-04247-7

© 2023 T. Baba, K. Najima Printed in Japan

| | |
|---|---|
| 上田道明編<br><br>いまから始める地方自治〔改訂版〕<br><br>A 5 判・226頁・2750円 | 町内会から地方財政まで、地域を幅広い視点で捉えた入門テキスト。初版（2018年）以降の動き、自治体DX等を盛り込み、自治体の可能性を考える。「まちづくりの担い手」「変わる地域社会」「地方自治の仕組み」の 3 部18章編成。 |
| 幸田雅治編<br><br>地 方 自 治 論<br>—変化と未来—<br><br>A 5 判・276頁・3080円 | 行政学，行政法学，社会学，哲学などの視点をとりいれ，「自治体とは何か」から住民論へと展開していく学際的地方自治論。先行研究をふまえつつ地方行政の運営実態を明らかにし，行政の課題や今後の展望を示す。 |
| 今川 晃編<br><br>地方自治を問いなおす<br>—住民自治の実践がひらく新地平<br><br>A 5 判・232頁・2750円 | 地域にくらす住民ひとりひとりの熱意にもとづく自治の実践こそ「地方自治の本旨」である——全章を通して現場と実践に焦点を当て，全国各地での実態調査と分析から，住民自治を基盤としたパラダイム転換，地方自治論更新の必要性を導き出す。 |
| 石田 徹・伊藤恭彦・上田道明編<br><br>ローカル・ガバナンスとデモクラシー<br>—地方自治の新たなかたち—<br><br>A 5 判・222頁・2530円 | 世界的な地方分権化の流れをふまえつつ，日本におけるローカル（地域・地方）レベルの統治に焦点をあて複眼的な視点から，地方自治の新たなかたちを提示する。政府—民間関係，中央政府—地方自治体関係，諸組織間連携の動向がわかる。 |
| 原田 久著<br><br>行 政 学 〔第 2 版〕<br><br>A 5 判・194頁・2420円 | 制度・管理・政策の次元から行政現象をとらえたコンパクトな入門書。「どうなっているか？」「なぜそうなのか？」という問いを中心に各章を構成。身近な事例と豊富な図表から現代日本の行政をつかむ。政治状況の変化をふまえて事例をアップデート。 |

————————————— 法律文化社 —————————————

表示価格は消費税10%を含んだ価格です